楊伯峻四書全譯

楊伯峻　著

中華書局

前　言

　　《四書》這一書名，從南宋朱熹開始。《四庫全書總目提要》説：「其編為《四書》，自宋淳熙始。」因為朱熹作《大學章句序》署「淳熙己酉二月甲子」；作《中庸章句序》署「淳熙己酉春三月戊申」。可見他編纂《四書》都在宋孝宗淳熙十六年，即公元 1189 年。第二年，光宗紹熙元年，他在知漳州任上用公款刊行《四子》，《四子》就是《四書》的另一名稱。《論語》是記載孔子和孔門弟子言行的書，漢朝人凡引《論語》，縱是別人的話，也稱「孔子曰」（詳見《論語譯注・堯曰第二十》第一章「修廢官」注），漢代可能把《論語》也叫《孔子》。《孟子》自是孟軻寫的。《中庸》據《史記・孔子世家》説是孔子的孫子子思寫的。《大學》，二程説是曾子所述；那麼，由孔子經過曾子，再經過子思，到孟子，便構成《四子》。《朱文公文集》卷八二有《書臨漳所刊〈四子〉後》一文足以為證。

　　《大學》和《中庸》本是《禮記》的兩篇，因為司馬遷説子思著《中庸》，便得到後人重視。《漢書・藝文志》有《中庸説》；《隋書・經籍志》有戴《中庸傳》二卷、梁武帝《中庸講疏》一卷。唐以前沒有人為《大學》作過解説，北宋司馬光曾著《大學廣義》一卷、《中庸廣義》一卷，見陳振孫《直齋書錄解題》。他把《大學》《中庸》從《禮記》中提出，加以解説闡發，早於當時的理學家二程。

　　朱熹為《大學》《中庸》寫了「章句」，為《論語》《孟子》寫了「集注」，合為一書，稱為《四書章句集注》，簡稱《四書集注》。自元代延祐二年（公元 1315 年）恢復科舉，尤其明、清以後更加重視

《四書》，考試題目多出自《四書》，甚至答卷文字內容也不能違背朱注，《四書集注》是應考士子的必讀書。自光緒三十一年（公元 1905年）廢科舉以後，這一風氣才完全消除。

　　《四書》究竟是儒家傳統正宗，歷代受它的影響很大，我們要瞭解中國的古代文化精神，仍然要讀它。雖有些語句固然要批判，甚至徹底批判，但有些語句，未嘗沒有可取之處，這次我把譯注過的《論語》《孟子》的白話稍加修改，補譯《大學》《中庸》，合成本書，並將各自的原文及相應的譯文加上編號，可能對廣大讀者也是一種方便。

目　錄

孟子全譯

大學

全譯

　　《大學》本是《禮記》的一篇，不知是什麼人寫的。程顥之弟程頤認為是「孔氏之遺書，而初學入德之門也」，而且還認為它大概是「孔子之言，而曾子述之」，又妄自改變次序，定為「經」一章、「傳」十章。朱熹作《大學章句》完全是聽從他的主張和論調。只有清儒戴震幼時曾懷疑這種論調，問他老師「從曾參到程頤有一千多年，他怎麼會知道」。這一疑問，到今天也沒有能找出強有力的證據予以否定，但也沒有任何證據給以肯定，我們只能闕疑。

　　程頤這種安排，既然由朱熹承襲下來，傳到現在，近九百年，「積非成是」，我們只能聽之任之。

　　程頤最大的罪惡是反對婦女再嫁，縱是丈夫死了，生活無著，也不能再嫁。他說：「餓死事小，失節事大。」（見《伊川先生語錄》八下）在封建社會中，為這兩句話而婦女受害的，真難以數計。道學殺人，這句話並不冤枉。

　　《大學》既不能肯定其作者是誰，因此對這書的基本觀念，甚至若干抽象名詞，便找不到旁證來理解。即如第一句「大學之道在明明德」，什麼是「明德」？我也翻閱了一些書，各有各的說法，實在難以找得證據來辨別是非。朱熹用孟子的性善來解釋，文字上沒有這樣說，實際就是如此。（他的《大學章句序》作了暗示。）是否符合作者本意，也無法辨別，姑且聽之任之。

　　《大學》基本上是對統治階級講的，主要有三綱八目。

　　三綱是「明明德」「親民」「止於至善」。八目是「格物」「致知」「誠意」「正心」「修身」「齊家」「治國」「平天下」。有的講

得比較好懂，有的就比較玄虛。如格物致知，從秦漢以前直到清末，沒有物理、化學這類課程；清末初行新學，把「理化」叫做「格致」，豈不是借舊瓶裝新酒，或者說張冠李戴！明朝王守仁，「格」了一天竹子，「格」不出所以然來，後來卻說「夫物理不外於吾心」（《明儒學案・姚江學案》）。朱熹說：「在即物而窮其理也。」如何「窮其理」？他也說不出所以然來。科學和理學是絕對不能並存的，科學懂一點是一點，沒有所謂「一旦豁然貫通焉，則眾物之表裏精粗無不到，而吾心之全體大用無不明矣」。他對於《四書》，自少至老，用功幾十年，是不是真「豁然貫通」，我想只有天知道。

◇ 1 ·····································

大學之道，在明明德，在親民，在止於至善。

知止而後有定，定而後能靜，靜而後能安，安而後能慮，慮而後能得。物有本末，事有終始。知所先後，則近道矣。

古之欲明明德於天下者，先治其國。欲治其國者，先齊其家。欲齊其家者，先修其身。欲修其身者，先正其心。欲正其心者，先誠其意。欲誠其意者，先致其知。致知在格物。

物格而後知至，知至而後意誠，意誠而後心正，心正而後身修，身修而後家齊，家齊而後國治，國治而後天下平。

自天子以至於庶人，壹是皆以修身為本。其本亂而末治者否矣。其所厚者薄，而其所薄者厚，未之有也。

右經一章，蓋孔子之言，而曾子述之。其傳十章，則曾子之意而門人記之也。

大德之人講習的學問道理，在於發揚人們天賦的善良美德；在於革除舊習，勉作新人；在於歸宿到才德完美無缺的最高境界。

知道歸宿之所在，然後言語行動有一定的方向；言行有了一定的方向，然後心志能夠清靜，不胡思亂想；心志清靜了，然後能安寧閒適，不亂不躁；安寧閒適了，然後能考慮周詳，瞻前顧後；考慮周詳了，然後能有所收穫。任何物體都有根本和末節，任何事情也都有終結和開始。知道什麼該先，什麼該後，就接近於最合宜的程式和目標了。

古代想要使天下人人都能發揚自己天賦的善良美德的人，必須先治理好自己的國家；想要治理好自己的國家，先要整頓自己的家庭；想要整頓好自己的家庭，先要修養好自身；想要修養好自身，先要端正自己的心志；想要端正自己的心志，先要使自己意念誠實無妄；想要使自己的意念誠實無妄，先要豐富自己的各類知識；要豐富自己各類的知識，在於窮究事物的道理。

窮究了事物的道理，知識就豐富了；知識豐富了，意念就誠實無妄了；意念誠實無妄了，心志就端正了；心志端正了，自身也就修養好了；自身修養好了，家庭也就整頓了；家庭整頓好了，國家也就治理好了；國家治理好後，天下也就太平了。

從天子到老百姓，一切都以修養自身作為根本。其根本紊亂，然而末節想治好，是不可能的。應該重視的反而輕視，應該輕視的卻很重視，是從來沒有的事。

以上二程認為是大學的「經」，即總綱。以下則是「傳」，分為十章。

◇ 2 ....

《康誥》曰：「克明德。」《大甲》曰：「顧諟天之明命。」《帝典》曰：「克明峻德。」皆自明也。

右傳之首章，釋「明明德」。

《尚書·康誥》上說：「能夠發揚自己天賦的善良美德。」《太甲》上說：「經常唸叨着這個上天賦予的善良天性。」又《堯典》上說：「能夠發揚偉大崇高的美德。」這些都是說要人們自己去發揚它。

以上是「傳」的第一章，解釋「明明德」。

◇ 3 ....

湯之《盤銘》曰：「苟日新，日日新，又日新。」《康誥》曰：「作新民。」《詩》曰：「周雖舊邦，其命惟新。」是故君

子無所不用其極。

　　右傳之二章，釋「新民」。

　　商湯在洗臉盛水的盤子上刻着：「果真要每天洗滌污垢，刷新自己，就要每天每天地刷新，又每天更加刷新。」《尚書·康誥》上說：「做一位毫不慚愧嶄新的人。」《詩經·大雅·文王》上說：「岐周雖然是個古老的國家，她所接受的使命是嶄新的。」所以，她的最高層人物做什麼都達到至高無上的頂峰。

　　以上是「傳」的第二章，解釋「新民」。

　　◇ 4　　　　..

　　《詩》云：「邦畿千里，惟民所止。」《詩》云：「緡（miǎn）蠻黃鳥，止于丘隅。」子曰：「於止，知其所止，可以人而不如鳥乎？」《詩》云：「穆穆文王，於緝熙敬止。」為人君，止於仁；為人臣，止於敬；為人子，止於孝；為人父，止於慈；與國人交，止於信。

　　《詩》云：「瞻彼淇澳，菉竹猗猗。有斐君子，如切如磋，如琢如磨。瑟兮僩兮，赫兮喧兮。有斐君子，終不可諠兮！」「如切如磋」者，道學也。「如琢如磨」者，自修也。「瑟兮僩兮」者，恂慄也。「赫兮喧兮」者，威儀也。「有斐君子，終不可諠兮」者，道盛德至善，民之不能忘也。《詩》云：「於戲，前王不忘！」君子賢其賢而親其親，小人樂其樂而利其利，此以沒世不忘也。

　　右傳之三章，釋「止於至善」。

　　《詩經·商頌·玄鳥》上說：「帝王京都一千里，百姓聚居在那裏。」又《詩經·小雅·緜蠻》上說：「黃鳥鳴聲緡蠻，歸宿於草木茂密的山灣。」孔子說：「到應該歸宿之處，便知道那是自己的歸宿地。難道人可以不如禽鳥麼？」《詩經·大雅·文王》上說：「思慮深遠的文王呀！光明而端莊，歸宿於善良。」做君王的，歸

宿於仁德；為臣子的，歸宿於工作認真；做兒子的，歸宿於孝順；做父親的，歸宿於慈愛；和朋友往來，歸宿於誠信。

《詩經‧衞風‧淇澳》上説：「遠望淇水那一方，綠竹翠翠蒼蒼；高層統治者有道德有文章，好比玉石犀角和象牙，一樣一樣在我旁。先開料，再糙鑢，然後細刻又磨光，一件件，一樁樁。細密而又剛強，偉大而又盛昌。文質彬彬的帝王，永遠不能把他忘。」開料糙鑢，用來比喻學問的講習；細刻磨光，用來比喻品德的修養；細密而又剛強，實際是叫人恐懼警惕；偉大而盛昌，實際是叫人有威嚴可以使人畏懼，有儀容可以引導人模仿。文質彬彬的帝王，永遠不能把他忘，説的是他道德高尚，才能完備，百姓因此不能把他忘掉。《詩經‧周頌‧烈文》又説：「哎呀！不會忘記以前的文王、武王。」後世的上層人物尊敬賢良的人，親近應該親近的人；百姓則因有樂趣而快樂，因有利益而得到好處，所以對於文、武二王一直到死久久不能忘記。

以上是「傳」的第三章，解釋「止於至善」。

◇ 5 ·····································

子曰：「聽訟，吾猶人也。必也使無訟乎！」無情者不得盡其辭，大畏民志。此謂知本。

右傳之四章，釋「本末」。

孔子説：「審判官司，我同別人不相上下；〔若用我，〕一定要使社會上沒有人去打官司吧。」沒有真情實況的人作為訴訟一方，他的訴狀就慚愧地不能説完要説的話，因為上層德高望重，使人民個個非常敬畏，不敢欺哄。這叫做懂得政治的根本。

以上是「傳」的第四章，解釋「本末」。

◇ 6 ·····································

此謂知本①，此謂知之至也②。

右傳之五章。

①程頤說：「這是多餘的文字。」從前叫「衍文」。

②朱熹說，這句之上有闕失的文字，只留一斷語。他還認為，亡失了「釋格物致知」一章，他大膽補上。我認為不應該為他譯出。

這個是懂得根本，這是知識的頂峰。

以上是「傳」的第五章。

◇ 7 ···

所謂誠其意者，毋自欺也。如惡惡臭，如好好色，此之謂自謙。故君子必慎其獨也。小人閒居為不善，無所不至，見君子而後厭然，掩其不善，而著其善。人之視己，如見其肺肝然，則何益矣？此謂誠於中，形於外，故君子必慎其獨也。曾子曰：「十目所視，十手所指，其嚴乎！」富潤屋，德潤身，心廣體胖，故君子必誠其意。

右傳之六章，釋「誠意」。

所說的使意念誠實無妄，就是不要自己哄自己。好比厭惡難聞的奇臭，喜愛豔麗的美色，這叫做自然的感觸。〔自然感觸，人人都知，不能隱瞞。〕所以君子在獨自一人的時候，一定要謹慎小心。小人平日做壞事，沒有什麼不幹的；一碰見君子便躲躲藏藏，掩蓋自己的壞行為，顯示自己好的表現；別人看他，好像看見他的五臟六腑一樣，那有什麼益處呢？這叫做心裏真有什麼，外貌自然要表現出來。所以，君子一定要在獨自一人時謹慎小心。曾參說：「十隻眼睛注視着你，十隻手指向着你，〔監督真嚴，〕厲害得很呀！」擁有財富能裝飾房屋，有道德能潤澤身心，心境寬廣則身軀健壯，所以君子一定要使意念誠實無妄。

以上是「傳」的第六章，解釋「誠意」。

◇ 8 ···

所謂修身在正其心者：身有所忿懥，則不得其正；有所恐懼，則不得其正；有所好樂，則不得其正；有所憂患，

則不得其正。心不在焉，視而不見，聽而不聞，食而不知其味。此謂修身在正其心。

　　右傳之七章，釋「正心」「修身」。

　　所說的修養自身，在於端正自己心志的道理：因為自身有所憤怒，心志〔為其所累〕就不可能端正；有所畏懼，也不可能端正；有所喜好快樂，也不可能端正；有所憂愁疑慮，也不可能端正。心不在那裏，〔另想別處，〕看什麼也看不見，聽什麼也聽不到，吃什麼也不曉得味道。這就是修養自身在於端正心志。

　　以上是「傳」的第七章，解釋「正心」「修身」。

◇ 9　　　　　　　　……………………………………

　　所謂齊其家在修其身者：人之其所親愛而辟焉，之其所賤惡而辟焉，之其所畏敬而辟焉，之其所哀矜而辟焉，之其所敖惰而辟焉。故好而知其惡，惡而知其美者，天下鮮矣。故諺有之曰：「人莫知其子之惡，莫知其苗之碩。」此謂身不修不可以齊其家。

　　右傳之八章，釋「修身」「齊家」。

　　所說的整治家庭在於修養自身的道理：因為人們對於他所親愛的會有偏袒，對於他所輕視而厭惡的會產生偏見，對於他所害怕而尊敬的會有偏意，對於他所憐憫而同情的會有偏念，對於他所認為驕傲而懈怠的會有偏想。所以，對他所喜歡的人卻知道其缺點的，對他所厭惡的人卻知道其優點的，這在社會上是很少的。因此，有這樣一句俗話，說：「在社會上沒有人知道自己兒子的壞處，沒有人知道自己禾苗的健壯。」這是說，自身不修養好，就不可以整治家庭。〔連自己兒子的好壞、禾苗的肥瘦都不能知道，怎能整治家庭呢？〕

　　以上是「傳」的第八章，解釋「修身」「齊家」。

所謂治國必先齊其家者，其家不可教而能教人者，無之。

故君子不出家而成教於國：孝者，所以事君也；弟者，所以事長也；慈者，所以使眾也。《康誥》曰：「如保赤子。」心誠求之，雖不中，不遠矣。未有學養子而後嫁者也。

一家仁，一國興仁；一家讓，一國興讓；一人貪戾，一國作亂。其機如此。此謂一言僨事，一人定國。堯、舜帥天下以仁，而民從之。桀、紂帥天下以暴，而民從之。其所令反其所好，而民不從。是故君子有諸己而後求諸人，無諸己而後非諸人。

所藏乎身不恕，而能喻諸人者，未之有也。故治國在齊其家。

《詩》云：「桃之夭夭，其葉蓁蓁。之子于歸，宜其家人。」宜其家人，而後可以教國人。《詩》云：「宜兄宜弟。」宜兄宜弟，而後可以教國人。《詩》云：「其儀不忒，正是四國。」其為父子兄弟足法，而後民法之也。此謂治國在齊其家。

右傳之九章，釋「齊家」「治國」。

所說的治理國家一定要先整治家庭的道理：因為連自己家庭中的人都不可能教導好，卻能教導別人的，這是沒有的事。所以君子用不着離開家庭，卻能使國內養成一種有教養的風氣。孝順父母，就是要用同一態度來侍奉君主；敬愛兄長，就是要用同一態度來敬奉長上；慈愛幼小，就是要用同一態度來使喚民眾。《尚書・康誥》上說：「愛護人民像愛護自己嬰兒一樣。」誠心實意地探求這個道理，雖然未必事事能夠完全合乎理想，也就差不多了。從來沒有先學會生育兒女然後才嫁人的。

一家仁愛，全國就興起仁愛的風尚；一家謙讓，全國就興起

謙讓的風尚；一個君主貪污兇暴，一國的人都會起來作亂。影響就是這樣。這叫做一句話能敗壞事情，一個人能安邦定國。堯和舜帶領天下人民實行仁德，民眾都跟隨着實行仁德；桀和紂帶領天下暴虐無道，百姓也就跟隨着搶奪作亂。統治者的命令若和他本人的好惡相反，百姓就不會聽從。〔統治者貪污腐敗，卻號召大家廉潔，百姓會聽從嗎？〕所以，君子應該先具備了這優點，然後才要求別人也要有；自己沒有那缺點，然後才能批評別人。自己的心中沒藏有恕道，卻能教導別人實行恕道的，是從來沒有的。所以治理國家在於整治好自己的家庭。《詩經‧周南‧桃夭》上說：「桃花豔如火，葉片密似雲，這姑娘嫁去，能配合婆家的人。」和一家人配合好，才能去教導一國的人。《詩經‧小雅‧蓼蕭》上說：「兄弟相處，和睦融洽。」兄弟和睦，才可以去教導一國的人。《詩經‧曹風‧鳲鳩》上又說：「他所作所為沒有偏差，才能匡正四方的國家。」他作為父子兄弟足為模範，然後百姓也都把他當做模範了。這就叫做治理國家在於整治好自己的家庭。

以上是「傳」的第九章，解釋「齊家」「治國」。

◇ 11 ....

所謂平天下在治其國者：上老老而民興孝，上長長而民興弟，上恤孤而民不倍。是以君子有絜矩之道也：所惡於上，毋以使下；所惡於下，毋以事上；所惡於前，毋以先後；所惡於後，毋以從前；所惡於右，毋以交於左；所惡於左，毋以交於右。此之謂絜矩之道。《詩》云：「樂只君子，民之父母。」民之所好好之，民之所惡惡之，此之謂民之父母。《詩》云：「節彼南山，維石巖巖。赫赫師尹，民具爾瞻。」有國者不可以不慎，辟則為天下僇矣。

《詩》云：「殷之未喪師，克配上帝。儀監于殷，峻命不易。」道得眾則得國，失眾則失國。是故君子先慎乎德。有德此有人，有人此有土，有土此有財，有財此有用。德

者，本也。財者，末也。外本內末，爭民施奪。是故財聚則民散，財散則民聚。是故言悖而出者，亦悖而入；貨悖而入者，亦悖而出。《康誥》曰：「惟命不于常。」道善則得之，不善則失之矣。《楚書》曰：「楚國無以為寶，惟善以為寶。」舅犯曰：「亡人無以為寶，仁親以為寶。」《秦誓》曰：「若有一個臣，斷斷兮無他技，其心休休焉，其如有容焉。人之有技，若己有之；人之彥聖，其心好之，不啻若自其口出，寔能容之，以能保我子孫黎民，尚亦有利哉！人之有技，媢疾以惡之；人之彥聖，而違之俾不通：寔不能容，以不能保我子孫黎民，亦曰殆哉！」唯仁人放流之，迸諸四夷，不與同中國。此謂唯仁人為能愛人，能惡人。見賢而不能舉，舉而不能先，命也；見不善而不能退，退而不能遠，過也。好人之所惡，惡人之所好，是謂拂人之性，菑必逮夫身。是故君子有大道，必忠信以得之，驕泰以失之。

生財有大道。生之者眾，食之者寡，為之者疾，用之者舒，則財恆足矣。仁者以財發身，不仁者以身發財。未有上好仁而下不好義者也，未有好義其事不終者也，未有府庫財非其財者也。孟獻子曰：「畜馬乘，不察於雞豚；伐冰之家，不畜牛羊；百乘之家，不畜聚斂之臣。與其有聚斂之臣，寧有盜臣。」此謂國不以利為利，以義為利也。長國家而務財用者，必自小人矣。

彼為善之，小人之使為國家，菑害並至。雖有善者，亦無如之何矣！此謂國不以利為利，以義為利也。

右傳之十章，釋「治國」「平天下」。

所說的使天下太平在於治理好自己國家的道理：因為最高統治者能敬重老年人，民眾就會興起孝順之風；統治者尊敬年長者，民眾就會興起尊敬兄長之風；統治者能憐撫孤兒，民眾就不會拋棄幼小。所以君子有個衡量方正的原則：你所厭惡於上級的言語行

動，你便不要用來對待下級；你所厭惡於下級的，便不要用來侍奉上級；在你前面的人所厭惡的，你便不要加之於你後面的人；在你後面的人所厭惡的，你便不要加之於你前面的人；在你右邊的人所厭惡的，你便不要加之於在你左邊的人；在你左邊的人所厭惡的，你便不要加於在你右邊的人。這便是衡量方正的原則。《詩經·小雅·南山有台》上說：「君子多快樂喜歡，他是百姓的父母官。」百姓所喜愛的他喜愛，百姓所厭惡的他厭惡，這才叫做百姓的父母官。《詩經·小雅·節南山》上說：「高大的南山，巖石累累。偉大光明的師尹，百姓全都伸長脖子仰望你。」一國的統治者不可以不謹慎，一走上邪路，便會被廣大人民所殺戮了。

《詩經·大雅·文王》上又說：「當殷商還沒脫離民眾時，能夠無愧地面對上帝。我們要以它作面鏡子，證明要保持國運昌盛是不容易的。」這就說明，得到民眾的心，就能得到整個國家；失掉民眾的心，就會失掉整個國家。所以君子最先要謹慎對待的是堅持道德準則。有道德這才有人民，有人民這才有土地，有土地這才有財富，有財富這才有用度。道德是根本，財富是末節。輕視道德，重視財富，這是教導人民互相爭奪。所以，一個國家，財富聚集於極少數人手中，百姓就會離散；財富分散在民眾那裏，百姓就團結聚攏。話語，不合理地胡亂講出去，也就有不合理的胡言亂語聽進來。財貨，以不合理的方式胡亂地拿進來，也會不合理地胡亂花出去。《尚書·康誥》上說：「命運不一定定在某一處。」這是說，你行好就得到它，不行好就失掉它。《楚書》上說：「楚國沒有什麼可當作寶貝的，只有以善良奉為寶貝。」晉文公母舅狐偃說：「逃亡者重耳沒有什麼可做寶貝的，把仁愛父母奉為寶貝。」《尚書·秦誓》上說：「有位這樣的臣子，篤厚專一，卻沒有其他技能，只是心胸寬闊，能容納一切。人家有本領，好像是他自己有一樣；人家美好通達，他心中喜愛這人，不單像自己口裏稱頌的那樣，而是實實在在能完全容納他們，因此用他來保護我們子子孫孫和老百姓，大概是很有好處的啊！如果人家有本領，嫉妒而又厭惡他；人家美

好通達，卻阻抑他，使他走投無路，而不能容忍他，以致我們的子孫和老百姓得不到保護，這也危險得很呀！」只有仁德的人能夠把這種人驅逐出境，流放到落後地區去，不同中原諸國人民在一地。這叫做只有仁德的人能夠愛護好人，憎惡壞人。看見賢良的人不能推舉提拔，舉拔又不能早一些，這是由於怠慢。看見壞人卻不能斥退，斥退又不能流徙到遠方，這是一種過失。喜愛人們所厭惡的，厭惡人們所喜愛的，這叫做違背民眾的心意，災難一定會降到他身上。所以君子治國有個大的原則：一定要用忠誠信實來得到人民擁護，而驕傲奢侈一定會失掉人民。

增殖財富有個大的原則：生產的人多，消費的人少；工作得努力，花費得舒緩，這樣，財富便經常充足了。仁德的人靠自己身體力行以增殖財富，不仁德的人不愛惜自身聲譽貪圖財富。沒有統治者喜愛仁德而百姓不講道義的，沒有講道義的人而工作不是善始善終的，沒有府庫的財富不是屬於國家的。孟獻子說：「自備有馬匹車輛的高官，不可去考慮養雞養豬這樣的小利；有喪事或者祭祀能用自然冰塊的卿大夫，不可去考慮放牧牛羊的出息；有兵車百輛的大夫不可任用搜刮剝削民財的下屬。與其有搜刮剝削民財的下屬，寧可有盜竊公物的下屬。」這就是說，國家不以聚集財富為利益，而以實行道義為利益。一國之君若專以聚集財富為目的，一定是從任用小人開始。小人自以為得意，若讓他們來治理國家，天災人禍便一塊都會來了。縱是有好人能人，也沒有辦法挽救了。這便叫做國家不以聚集財富為利益，而以實行道義為利益。

以上是「傳」的第十章，解釋「治國」「平天下」。

中庸

全譯

「中庸」二字出自《論語·雍也篇》，是孔子理想的道德最高境界。《禮記》中有《中庸》一篇，據《史記·孔子世家》，司馬遷說是孔子的孫子子思作《中庸》。司馬遷曾經到曲阜，流連孔子廟堂，敍孔子子孫十幾代到當時孔安國之孫孔驩，估計不會絲毫沒有根據。但一部五十二萬多字首創的通史，作者又遭逢最為悲憤的奇恥大辱，寫作時斷時續，自然難免有疏忽失實的地方。即以《孔子世家》而論，如說孔子「適周問禮，蓋見老子云」，幸而用一「蓋」字，句末又有一「云」字，表示不能肯定。但又說老子送了孔子一段話，說得有頭有尾。老子其人，司馬遷在《老莊列傳》中還不能肯定是什麼時代、怎樣的人，這裏又把老子和孔子的關係說得很認真，未免可疑。至於說孔子刪《詩》，序《易》的〈繫辭〉〈說卦〉〈文言〉等，尤其不可信。那麼，子思作《中庸》，我們也得審查一下。《中庸》第二十八章說：「今天下車同軌，書同文，行同倫。」這是敍述當時情況的話，然而這種情況只有在秦始皇二十六年（公元前 221 年）統一天下以後才能出現，子思不但看不到，甚至想都想不到。從周平王被諸侯擁立，天下就不曾統一，子思出世，分裂局面已經好幾百年，連做夢也夢不到秦始皇居然統一天下。《中庸》第一句便說：「天命之謂性，率性之謂道。」這便事先肯定人的本性是至為善良的。孟子講性善，只說有善的萌芽，《中庸》這種主張比孟子又進了一大步，不應該在孟子前，而應該在孟子後。又以地域論，子思是山東人，寫書舉例，不應該捨近求遠。他卻說「載華嶽而不重」，華嶽可能僅指華山，也可能兼指華山和嶽山，

華山、嶽山都在陝西。子思不舉山東的泰山，卻舉出離他老遠老遠、他並不曾去過的華嶽，（子思僅到過宋國，宋在今河南商丘，離曲阜不遠，這是完全可能的。）這又是一個大可懷疑之點。

《中庸》的有些觀念是和孔子的思想體系有距離的。孔子不講「神」（《論語‧述而篇》），不事鬼（《先進篇》），可《中庸》卻說「鬼神之為德，其盛矣乎！」（第十五章）一部《論語》只有兩個「誠」字，而且其中一字是引《詩》，並沒有實義，《中庸》不但有較多的「誠」字，而且特別強調「誠」的作用，這是這部書的基本觀念。若說是孔子思想的發展，未必是向進步方面的發展，至少強調鬼神是向後退的。

無論讀什麼書，都應該有批判精神，尤其讀中國古籍。中國有過長期的專制社會，在這種封閉式的社會中生活若干年的古人，他們的頭腦中藏着些什麼，是可想而知的。我雖然把《四書》譯為白話，但孟子說「盡信書，不如無書」，這句話在這裏仍很適用。

《中庸》本只一章，宋人分為三十三章。今仍之。

◇ 1 ···

天命之謂性，率性之謂道，修道之謂教。道也者，不可須臾離也，可離，非道也。是故君子戒慎乎其所不睹，恐懼乎其所不聞。莫見乎隱，莫顯乎微，故君子慎其獨也。喜怒哀樂之未發，謂之中；發而皆中節，謂之和。中也者，天下之大本也；和也者，天下之達道也。致中和，天地位焉，萬物育焉。

天賦予人的氣質叫做「性」，一切順着本性叫做「道」，修明道的方式方法叫做「教」。道，是人一會兒都不可以離開的。如果是可以離開的話，便不是道了。所以君子在別人看不到的地方，也警惕小心；在別人聽不到的地方，也畏懼謹慎。縱是最隱蔽的東西，也沒有不表現的；縱是最細微的東西，也沒有不顯示的。所以君子在一人獨處的時候，也謹慎小心。喜歡、憤怒、悲哀、快樂幾種感情還沒有激發的時候叫做「中」；發作了，都合乎義理禮節，叫做「和」。中是天下事物共同的自然本性，和是天下四處通達的道路。達到中和的最高頂峰，天地便各安居其位，萬物也依其本性而生長了。

◇ 2 ···

仲尼曰：「君子中庸，小人反中庸。君子之中庸也，君子而時中；小人之中庸也，小人而無忌憚也。」

仲尼說：「君子實行的是不偏不倚、永恆不變的中庸之道，小

人卻違反這中庸之道。君子實行中庸之道，君子時時刻刻合乎中庸；小人違反中庸之道，因為小人無所顧忌，無所畏懼。」

◇ 3

　子曰：「中庸其至矣乎！民鮮能久矣！」

　孔子說：「中庸之道達到最高的境界了！百姓很少能做到，已經很久很久了。」

◇ 4

　子曰：「道之不行也，我知之矣：知者過之，愚者不及也。道之不明也，我知之矣：賢者過之，不肖者不及也。人莫不飲食也，鮮能知味也。」

　孔子說：「中庸之道行不通，我知道那原因了：聰明人做過了頭，愚笨的人趕不上。中庸之道不能被人透徹瞭解，我知道那原因了：好人講過了頭，壞人講得很少。沒有人不吃喝的，卻很少人真正知道其味道。」

◇ 5

　子曰：「道其不行矣夫！」

　孔子說：「中庸之道，怕永遠不能實現了吧！」

◇ 6

　子曰：「舜其大知也與！舜好問而好察邇言，隱惡而揚善，執其兩端，用其中於民，其斯以為舜乎！」

　孔子說：「舜可算是頂聰明的人吧！他喜歡請教別人，而且喜歡體察平常人淺近的話語；他隱瞞別人的壞處，宣揚別人的好處，抓住大家議論中過分和不及這兩個極端，調和起來採用中道，施行於百姓，這就是舜之所以為舜的原因吧！」

◇ 7

子曰：「人皆曰『予知』，驅而納諸罟擭陷阱之中，而莫之知辟也。人皆曰『予知』，擇乎中庸，而不能期月守也。」

孔子說：「人人都說自己聰明，把他趕進網罟、檻籠、陷阱之中，卻不知道躲避。人人都說自己聰明，好不容易選擇了中庸之道，卻連一個月都保持不住。」

◇ 8

子曰：「回之為人也，擇乎中庸，得一善，則拳拳服膺而弗失之矣。」

孔子說：「顏回的為人，選擇了中庸之道，得到一點真理，就誠誠懇懇地保持在胸懷之中，不丟掉它。」

◇ 9

子曰：「天下國家可均也，爵祿可辭也，白刃可蹈也，中庸不可能也。」

孔子說：「天下、國家可以治理好，高位厚祿可以辭去，銳利光亮的刀鋒可以去冒犯，中庸之道卻幾乎不可能做到。」

◇ 10

子路問強。子曰：「南方之強與？北方之強與？抑而強與？寬柔以教，不報無道，南方之強也，君子居之。衽金革，死而不厭，北方之強也，而強者居之。故君子和而不流，強哉矯！中立而不倚，強哉矯！國有道，不變塞焉，強哉矯！國無道，至死不變，強哉矯！」

子路問怎麼叫「強」。孔子說：「你問的是南方的強呢？北方的強呢？還是你自己所謂的強呢？寬厚柔和地教導人，人家強暴無

禮地對待自己，自己不報復，這是南方的強，君子是這樣的。以戈矛為手段，以盔甲為枕席，戰鬥到死都不厭倦，這是北方的強，堅強的人是這樣的。所以君子隨和卻不同流合污，這是真正堅強呀！不偏不倚地堅守中道，這是真正堅強呀！國家太平，若遇行不通的情況，也不改變本意而去屈從，這是真正堅強呀！國家昏亂，寧死也不改變本意而去屈從，這是真正堅強呀！」

◇ 11 ·······························

子曰：「素隱行怪，後世有述焉，吾弗為之矣。君子遵道而行，半塗而廢，吾弗能已矣。君子依乎中庸，遁世不見知而不悔，唯聖者能之。」

孔子說：「探求偏僻的主張，幹那些詭怪的事情，縱是後代能傳述下來，我是不幹的。君子遵循中庸之道前行，若在半路上便不再走了，我卻是不能停止步伐的。君子依循中庸之道，即使隱遁到山林中，不被人所知，也不後悔，這只有聖人能夠這樣。」

◇ 12 ·······························

君子之道費而隱。夫婦之愚，可以與知焉；及其至也，雖聖人亦有所不知焉。夫婦之不肖，可以能行焉；及其至也，雖聖人亦有所不能焉。天地之大也，人猶有所憾。故君子語大，天下莫能載焉；語小，天下莫能破焉。《詩》云：「鳶飛戾天，魚躍于淵。」言其上下察也[1]。君子之道，造端乎夫婦；及其至也，察乎天地。

①「言其上下察也」，察和際本作際，同從祭聲，二字相通，察即際。舊說欠妥。

君子之道廣大得無處不在，卻精微得不是常人所能見聞。一對常人夫婦，雖說沒有知識，也可以懂得一點；至於它的最高境界，即使是聖人也有些不懂得。一對常人夫婦，雖然說不上賢

良，也可以做到一些；至於它的最高境界，即使聖人也有難以做到的。天地極其廣大，人們對它仍未免有所遺憾。所以君子講到道的廣大，縱是天地無邊無際，也裝載它不了；講到它的精微，天下任何東西也破碎它不了。《詩經·大雅·旱麓》說：「鳶鷹高飛接上天，游魚跳躍在深淵。」這是說，道可以和天地上下交接。君子之道，從夫妻之間開端，到了頂峰，就上和天、下和地互相交接了。

◇ 13 ··

子曰：「道不遠人。人之為道而遠人，不可以為道。《詩》云：『伐柯，伐柯，其則不遠。』執柯以伐柯，睨而視之，猶以為遠。故君子以人治人，改而止。忠恕違道不遠，施諸己而不願，亦勿施於人。君子之道四，丘未能一焉：所求乎子，以事父，未能也；所求乎臣，以事君，未能也；所求乎弟，以事兄，未能也；所求乎朋友，先施之，未能也。庸德之行，庸言之謹，有所不足，不敢不勉，有餘不敢盡；言顧行，行顧言，君子胡不慥慥爾！」

孔子說：「中庸之道和人沒有距離。人們若認為它和人有較遠的距離，這就不能稱之為道了。《詩經·豳風·伐柯》上說：『拿把斧子砍木做斧柄，斧柄樣式在眼前〔，就是手中的舊斧柄〕。』拿着斧柄做斧柄，斜眼望着手中柄，難道還說樣式差得很遠嗎？所以君子拿自己怎樣做人來揣摩別人，別人有錯，改正便夠了。『忠』和『恕』兩種準則極近於中庸之道：不願意加在自己身上的，也就不加在別人身上。君子行為準則有四項，我孔丘可一項也沒能完全做好：比如要求兒子對待我的，我也這樣對待父親，我沒能完全做到；要求臣下對待國君的，我也這樣對待國君，我沒能完全做到；要求弟弟對待兄長的，我也這樣對待兄長，我沒能完全做到；要求朋友對待我的，我先這樣對待他，我沒能完全做到。一般道德的實行，一般言語的謹慎，我做得不夠，不敢不努力；做得很好，也不

敢說做夠了，應該再努一把力。說話時要顧及實踐，實踐時顧及所說的話，兩相無疚，君子為什麼還不急急於實行呢？」

◇ 14 ⋯⋯⋯⋯⋯⋯⋯⋯⋯⋯⋯⋯⋯⋯⋯⋯

　　君子素其位而行，不願乎其外。素富貴，行乎富貴；素貧賤，行乎貧賤；素夷狄，行乎夷狄；素患難，行乎患難：君子無入而不自得焉。在上位不陵下，在下位不援上，正己而不求於人，則無怨。上不怨天，下不尤人。故君子居易以俟命，小人行險以徼幸。子曰：「射有似乎君子；失諸正鵠，反求諸其身。」

　　君子按照目前的處境去行事，不作分外之想。處在富貴的環境中，就按富貴的人所應做的去做；處在貧賤的環境中，就按貧賤的人所應做的去做；處在落後部落的環境中，就按落後部落的習俗去做；處在憂患災難的環境中，就按在憂患災難環境中所能做的去做。君子無論遇到什麼情況，沒有不悠然自得，各得其樂的。在上層位置上，不對下層人無禮；在下層地位上，不攀附上層人，端正自己，不苛求別人，就沒有怨恨；上不埋怨天，下不責怪人。所以君子能安處自己的環境來等待天命的安排，小人則冒險來妄求得到僥倖於萬一。孔子說：「行禮時的射箭，有些像君子一般，偏離了靶心，就反躬自問，求之於自己。」

◇ 15 ⋯⋯⋯⋯⋯⋯⋯⋯⋯⋯⋯⋯⋯⋯⋯⋯

　　君子之道，辟如行遠必自邇，辟如登高必自卑。《詩》曰：「妻子好合，如鼓瑟琴。兄弟既翕，和樂且耽。宜爾室家，樂爾妻帑。」子曰：「父母其順矣乎！」

　　君子實行中庸之道，譬如走遠路，一定從近處起步；登高山，一定要從低地方走起。《詩經・小雅・棠棣》上說：「夫妻相敬並蒂花，互助互諒人人誇。兄弟相得一家樂，樂聲諧和像琵琶。全

家大小都融洽，如花如苗初發芽。」孔子説：「一家若能這樣，老父老母將稱心快意了！」

◇ 16

子曰：「鬼神之為德，其盛矣乎！視之而弗見，聽之而弗聞，體物而不可遺。使天下之人齊明盛服，以承祭祀。洋洋乎如在其上，如在其左右。《詩》曰：『神之格思，不可度思，矧可射思？』夫微之顯，誠之不可掩如此夫。」

孔子説：「鬼神之為鬼神，真盛大呀！看它看不見，聽它沒聲音。它卻體現於萬物中，萬物不能缺少它。能使天下的人齊戒潔淨，穿着華麗來祭祀它。它充滿祭堂無處不在，好像在頭上，又像在左右。《詩經·大雅·抑》上説：『神靈降臨，不可以預測，難道可以存心不純嗎？』神靈本極微妙，卻體現出無所不在，明顯至極。真誠之掩蓋不了，有像這樣的呀！」

◇ 17

子曰：「舜其大孝也與！德為聖人，尊為天子，富有四海之內。宗廟饗之，子孫保之。故大德必得其位，必得其祿，必得其名，必得其壽。故天之生物，必因其材而篤焉。故栽者培之，傾者覆之。《詩》曰：『嘉樂君子，憲憲令德。宜民宜人，受祿于天。保佑命之，自天申之。』故大德者必受命。」

孔子説：「舜是一位大孝子吧！論品德，可説是聖人，論尊貴，做到了天子，財富擁有整個天下，死後還建有宗廟祭祀他，子子孫孫都繼續不斷地保持他的舊業。所以，有最高道德的人，一定得到最高的地位，一定得到最豐富的俸祿，一定得到最美好的名譽，一定得到最長的壽命。因此，上天對萬物一定依照他的本質而加以厚重，可以栽培的就培植，傾危的就推倒。《詩經·

大雅・假樂》上説:『善良而可愛的君子,具有光明磊落的美德,能夠安撫百姓,能夠任用賢臣,接受上天的福祿,上天保佑他,多多賜以恩澤。』所以,有最高道德的人,一定受命於上天而為天子。」

◇ 18 ....

子曰:「無憂者,其惟文王乎!以王季為父,以武王為子,父作之,子述之。武王纘大王、王季、文王之緒,壹戎衣①而有天下,身不失天下之顯名。尊為天子,富有四海之內。宗廟饗之,子孫保之。武王末受命,周公成文、武之德,追王大王、王季,上祀先公以天子之禮。斯禮也,達乎諸侯大夫,及士庶人。父為大夫,子為士,葬以大夫,祭以士。父為士,子為大夫,葬以士,祭以大夫。期之喪,達乎大夫。三年之喪,達乎天子。父母之喪,無貴賤,一也。」

①「壹戎衣」,《尚書・康誥》上作「殪戎殷」。衣讀為殷,大的意思,當時殷自稱「大」,周代也尊之為大。壹是殪的簡筆字。

孔子説:「沒有什麼可憂慮的,那只有周文王吧!父親是王季,兒子是武王;父親創造宏基,兒子繼承功業。武王繼承太王、王季、文王的基業,戰滅大國殷商得到天下,本身沒有失去顯赫於天下的名聲。尊貴地做了天子,財富擁有整個天下的一切。有宗廟的祭品供他享受,子子孫孫不斷保持他的功業。武王年老才受命為天子,周公完成文王、武王的德業,追崇太王、王季為王,祭祀祖先時他們用帝王的禮節。這種禮節,通行到諸侯、大夫,一直到士人和平民。父親是大夫,兒子是士人,用大夫的禮儀埋葬他,用士人的禮儀祭祀他。父親是士人,兒子是大夫,用士人的禮儀埋葬他,用大夫的禮儀祭祀他。旁系親屬一年的喪期,到大夫為止。三年的喪期一直通行到天子。至於父母的喪,不論地位高低,是一個樣的服喪。」

◇ 19

子曰：「武王、周公，其達孝矣乎！夫孝者，善繼人之志，善述人之事者也。春秋修其祖廟，陳其宗器，設其裳衣，薦其時食。宗廟之禮，所以序昭穆也。序爵，所以辨貴賤也。序事，所以辨賢也。旅酬下為上，所以逮賤也。燕毛，所以序齒也。踐其位，行其禮，奏其樂，敬其所尊，愛其所親，事死如事生，事亡如事存，孝之至也。郊社之禮。所以事上帝也。宗廟之禮，所以祀乎其先也。明乎郊社之禮、禘嘗之義，治國其如示諸掌乎！」

孔子說：「武王和周公是天下公認的大孝子吧！孝是什麼呢？它是最恰當地繼承上輩先祖的意志，最恰當地完成上輩先祖的事業。在春秋二季，修理好宗廟，陳設妥貼傳世的寶器，擺設好他們穿戴的衣冠，供奉四季的應時食品。宗廟的禮儀按左昭右穆的次序放置神主，以表示歷代的先後。依爵位高低來排列，是為了辨明貴賤的；分配祭祀時禮儀人員的職務，是為了辨別各人才能的。互相酬飲時，晚輩向長輩敬酒，自己先導飲，是藉此使後輩人人普遍有飲食的機會。飲宴的時候，按頭髮的顏色黑白來定座位，是為了表明年齡長幼的。登先王先公的神位，行他們的禮儀，奏他們的音樂，敬重他們所尊敬的人，愛他們所親的人；事奉死者好像他們仍然活着，事奉已經逝世的長輩，好像他們仍然生存着，這可以說是盡孝到極點了。祭天祭地的禮，是為了事奉上帝的；祭祖廟的禮，是為了供奉歷代祖先的。能夠明白祭祀天地和合祭祖先、秋祭先人各種禮儀的意義，那治理國家就像把一件小物擺在手掌上那樣容易。」

◇ 20

哀公問政。子曰：「文武之政，布在方策。其人存，則其政舉；其人亡，則其政息。人道敏政，地道敏樹。夫政也者，蒲盧也。故為政在人，取人以身，修身以道，修道

以仁。仁者人也，親親為大；義者宜也，尊賢為大。親親之殺，尊賢之等，禮所生也。在下位不獲乎上，民不可得而治矣！故君子不可以不修身；思修身，不可以不事親；思事親，不可以不知人；思知人，不可以不知天。天下之達道五，所以行之者三。曰：君臣也，父子也，夫婦也，昆弟也，朋友之交也，五者天下之達道也。知，仁，勇，三者天下之達德也，所以行之者一也。或生而知之，或學而知之，或困而知之，及其知之，一也。或安而行之，或利而行之，或勉強而行之，及其成功，一也。」子曰：「好學近乎知，力行近乎仁，知恥近乎勇。知斯三者，則知所以修身；知所以修身，則知所以治人；知所以治人，則知所以治天下國家矣。」凡為天下國家有九經，曰：修身也，尊賢也，親親也，敬大臣也，體羣臣也，子庶民也，來百工也，柔遠人也，懷諸侯也。修身則道立，尊賢則不惑，親親則諸父昆弟不怨，敬大臣則不眩，體羣臣則士之報禮重，子庶民則百姓勸，來百工則財用足，柔遠人則四方歸之，懷諸侯則天下畏之。齊明盛服，非禮不動，所以修身也；去讒遠色，賤貨而貴德，所以勸賢也；尊其位，重其祿，同其好惡，所以勸親親也；官盛任使，所以勸大臣也；忠信重祿，所以勸士也；時使薄斂，所以勸百姓也；日省月試，既稟稱事，所以勸百工也；送往迎來，嘉善而矜不能，所以柔遠人也；繼絕世，舉廢國，治亂持危，朝聘以時，厚往而薄來，所以懷諸侯也。凡為天下國家有九經，所以行之者一也。

凡事豫則立，不豫則廢。言前定則不跲，事前定則不困，行前定則不疚，道前定則不窮。在下位不獲乎上，民不可得而治矣；獲乎上有道：不信乎朋友，不獲乎上矣；信乎朋友有道：不順乎親，不信乎朋友矣；順乎親有道：反諸身不誠，不順乎親矣；誠身有道：不明乎善，不誠乎身矣。誠者，天之道也；誠之者，人之道也。誠者不勉而中，不思而

得，從容中道，聖人也。誠之者，擇善而固執之者也。」博學之，審問之，慎思之，明辨之，篤行之。有弗學，學之弗能，弗措也；有弗問，問之弗知，弗措也；有弗思，思之弗得，弗措也；有弗辨，辨之弗明，弗措也；有弗行，行之弗篤，弗措也。人一能之己百之，人十能之己千之。果能此道矣，雖愚必明，雖柔必強。

　　魯哀公問怎樣治理國家。孔子答道：「文王、武王的主張，書籍上都記載着。賢能之人當政，那政見便被執行；賢能之人不當政，那政見便被廢棄。人民對政治最敏感，猶如樹木對土地最敏感一樣。政治好比水邊的蒲葦，易生易長。所以掌管政治在於當政的人。選取當政的人要靠自身有修養，修養自身要憑藉道德，修養道德要依靠仁德。仁德是人和人之間不可少的準則，以親愛親族長輩為第一義；義是合宜的意思，以尊敬賢人為第一義。由親到疏，親近的程度也逐漸下降；由最賢到稍賢，尊敬的程度也逐漸不同，禮節便由此產生。所以君子不可以不修養自身。想要修養自身，不可以不事奉親族長輩；想要事奉親族長輩，不可以不瞭解人；想要瞭解人，不可以不知道天地間的自然法則。天下公認的關係有五種，作為行為的準則有三種。君臣、父子、夫婦、兄弟、朋友這五種關係是普天之下難於避免的。智慧、仁愛、勇敢這三種是普天之下都應具有的品德。用這三種品德來協調這五種關係，完全是同樣必要的。對此，有的人生下來就懂得，有的人學習了便懂得，有的人在遇到困難時才想方設法懂得，到了懂得時，那效果是同樣的。有的人安心去這樣幹，不這樣幹就於心不安；有的人認為這樣對他有長遠利益，便這樣幹；有的人迫於環境才勉強這樣幹，幹成功了，那結果也是同樣的。」孔子說：「喜好學問接近智慧，努力行善接近仁德，知道恥辱接近勇敢。懂得這三種，便知道怎樣修養自身了；知道怎樣修養自身，便知道怎樣管理別人了；知道怎樣管理別人，就知道怎樣治理天下和國家了。」治理天下國家永恆不變的項目有

九條，即修養自身、尊重賢人、親愛親族、恭敬大臣、體貼一般臣子、愛護百姓、招致各種工匠、安撫境外人民、感召各國諸侯。自身修養了，道德便能樹立；尊重賢人，就不致遇事迷惑；親愛親族，那麼父輩和兄弟們就不致怨恨；恭敬大臣，就不致受人迷亂；體貼一般臣子，他們對你的報答就會厚重；愛護百姓，百姓就會互相勸勉；招致各種工匠，財富用品就會充足；安撫境外人民，四方百姓就會歸服；感召各國諸侯，天下都會害怕你。齋戒潔淨，穿戴整齊，不合禮法的行為不幹，這樣就是修養自身；斥退讒言毀謗挑撥離間的人，不貪喜漂亮女色，輕視財貨，重視品德，這是使賢人得到勸勉的方法；提高官位，豐厚俸祿，他們所喜好所厭惡的，我也和他們一樣，這是勸勉親愛親屬的方法；大臣下屬多，足夠他差使命令，這是勸勉大臣的方法；誠懇相待，給以信任而且俸祿優厚，這是勸勉一般官吏的方法；按一定季節使喚，賦稅很輕，這是勸勉百姓的方法；每天省察，按月考核，按工作成果給予酬金，這是勸勉各種工匠的方法；護送去的，歡迎來的，獎勵能力高強的，同情能力薄弱的，這是安撫境外遠方之人的方法；承續世系已斷的諸侯，振興政事已經廢弛的國家，為他們平靖禍亂，扶持傾危，按時朝貢聘問，送去禮品豐厚，而收受禮品不嫌菲薄，這是感召諸侯的方法。一切治理天下國家的方法有九項，但實行起來只有一個「誠」字。

任何事情，有準備就能成功，沒有準備就會失敗。話語先準備好了，就不致詞窮理屈；辦事情先準備好了，就不致處於困境；動先準備好了，就不致自感慚愧；履行做人的原則，有準備，就不致有滯礙。在低下的崗位上，得不到上級信任，百姓便不可能得到治理了；得到上級信任有方法：若朋友不信任你，也得不到上級的信任了；得到朋友信任有方法：若不孝順於父母，就得不到朋友信任了；孝順父母有方法：問問自己，若對雙親不是誠心誠意，也就不可能孝順父母了；誠心誠意有方法：若不徹底明白什麼是善良，自身也就難以誠心誠意了。誠，是宇宙的自然法則；使自己

做到誠，是做人的法則。實行誠的自然法則，不必勉強而事事合於中道，不用思慮而能得到所求之理，從容不迫地做到事事合於中道，這是聖人。使自己做到誠，就是要選擇善良的要義而緊緊把握着。」廣博地學習，周詳地求教，慎重地思考，明白地辨別，踏踏實實地實行。有沒有學過的，去學，沒有學好，不停止；有沒有問過的，去問，沒有問明白，不停止；有沒有思考過的，去思考，沒有思考到，不停止；有沒有辨別過的，去辨別，沒有辨別明白，不停止；有沒有實行過的，去幹，幹得不踏實，不停止。別人一次就能做到的，我反覆一百次；別人十次就能做到的，我反覆一千次。果真能夠這樣，縱使愚蠢，也一定會明白；縱使柔弱，也一定會剛強。

◇ 21 ···

　　自誠明，謂之性。自明誠，謂之教。誠則明矣，明則誠矣。

　　從誠心到明白，這是出於天性；從明白到誠心，這是由於教化，有至誠之心就能明白聖人之道了；能明白聖人之道就有至誠之心了。

◇ 22 ···

　　唯天下至誠，為能盡其性；能盡其性，則能盡人之性；能盡人之性，則能盡物之性；能盡物之性，則可以贊天地之化育；可以贊天地之化育，則可以與天地參矣。

　　只有天下至誠的人，才能全部發揚自己的本性；能夠全部發揚自己的本性，也就能全部發揚別人的本性；能夠全部發揚別人的本性，也就能全部發揚萬物的本性；能夠全部發揚萬物的本性，就可以贊助天地的變化孳生和養育了；可以贊助天地的變化孳生和養育，就和天地鼎立為三了。

其次致曲。曲能有誠，誠則形，形則著，著則明，明則動，動則變，變則化。唯天下至誠為能化。

次一等的賢人僅推求一部分事物的道理，這樣也能產生誠心：

有誠心就表現在外，表現在外就日漸顯著，顯著就會光明磊落，光明磊落就會有感動力，有感動力就會使別人改變舊習惡俗，能改變別人的惡習就可以使社會有好的風俗教化。只有天下至誠之心，才能形成新的好的風俗教化。

至誠之道，可以前知。國家將興，必有禎祥。國家將亡，必有妖孽。見乎蓍龜，動乎四體，禍福將至，善，必先知之；不善，必先知之。故至誠如神。

至誠的效果可以事先知道。國家將興旺，一定有吉祥的預兆；國家將滅亡，一定有怪異的凶兆。它表現在占卜龜殼的裂紋或占筮的蓍草排列上，也表現在人們四肢的舉止儀態上。災禍或福氣將要到來，是福，一定有預感；是禍，也一定有預感。所以至誠的心猶如有神明一般。

誠者自成也，而道自道也。誠者物之終始，不誠無物。是故君子誠之為貴。誠者非自成己而已也，所以成物也。成己，仁也；成物，知也。性之德也，合外內之道也，故時措之宜也。

誠，是自己完成道德本性的舉動。道，是為完成自己本性所應該走的道路。誠是具體的，有過程的，萬物有始有終。不誠，就空無一物。所以君子以使自己心誠為最可貴。誠，不僅僅只成就自己便算了，還要使別人也同樣有成就。成就自己是仁德，成就別人

是智慧。這都是天賦的德性，內則成己，外則成物，這是綜合內外的規律，因此隨時施行無不合宜。

◇ 26　·····································

故至誠無息。不息則久，久則徵。徵則悠遠，悠遠則博厚，博厚則高明。博厚，所以載物也；高明，所以覆物也；悠久，所以成物也。博厚配地，高明配天，悠久無疆。如此者，不見而章，不動而變，無為而成。天地之道，可一言而盡也：其為物不貳，則其生物不測。天地之道，博也，厚也，高也，明也，悠也，久也。今夫天，斯昭昭之多，及其無窮也，日月星辰繫焉，萬物覆焉。今夫地，一撮土之多，及其廣厚，載華嶽而不重，振河海而不泄，萬物載焉。今夫山，一卷石之多，及其廣大，草木生之，禽獸居之，寶藏興焉。今夫水，一勺之多，及其不測，黿鼉、蛟龍、魚鱉生焉，貨財殖焉。《詩》云：「維天之命，於穆不已！」蓋曰天之所以為天也。「於乎不顯，文王之德之純！」蓋曰文王之所以為文也，純亦不已。

至誠是不間斷的。不間斷地存心至誠，就能保持長久。長久保持至誠，自有效驗表現於外；效驗表現於外，就可以悠久長遠；悠久長遠，就能博大深厚；博大深厚，就能崇高光明。博大深厚，可以負載萬物；崇高光明，可以覆蓋萬物；悠久長遠，可以成熟萬物。博大深厚是地的形象，崇高光明是天的形象，悠久長遠，沒有邊際。像這樣，它不必自己表現，自然彰明較著；不必自己行動，自然變化莫測；不必自己有所作為，自然成熟萬物。天地的法則，可以用一句話把它包括盡：它作為天地，至誠純一，它化育萬物，不可測量。天地的形象是博大、深厚、崇高、光明、悠久、長遠。以天而論，在一處，只一線明亮罷了，積累至於無窮，日月星辰被它維繫，萬物被它覆蓋。以地而論，在一處，只一撮土罷了，積累至於廣大深厚，負載着華山、嶽山而不覺得重，收容着江河海洋而

不洩漏，萬物都負載在它上面。以山而論，在一處，只一塊土石罷了，積累至於廣大，草木生長於山，禽獸棲息於山，寶物礦藏開發於山。以水而論，在一處，只一勺兒罷了，積累到無底無涯，黿鼉、蛟鱷、蛟龍在那裏產生長大，不少的財富貨物也取自那裏。《詩經·周頌·維天之命》上說：「想那天道在運行，啊！莊嚴肅穆永不停。」大概就是說天之所以為天吧！又說：「啊呀！多麼光明顯赫！文王的德性確純真！」大概就是說文王之所以為文王，純潔真摯得無止境！

◇ 27 ....

大哉聖人之道！洋洋乎發育萬物，峻極于天。優優大哉！禮儀三百，威儀三千，待其人而後行。故曰：「苟不至德，至道不凝焉。」故君子尊德性而道問學，致廣大而盡精微，極高明而道中庸，溫故而知新，敦厚以崇禮。是故居上不驕，為下不倍；國有道，其言足以興；國無道，其默足以容。《詩》曰：「既明且哲，以保其身。」其此之謂與！

聖人的學說真偉大呀！在天地之間無所不在，使萬物生長發育，它高與天齊。禮儀制度也偉大呀！大綱要目三百條，細節小段三千條，等待聖人去施行。所以說：「假設不達到道德的頂峰，最高境界就難跨進。」所以君子奉持本身的德性而從事學問，致力於道體的廣大而研究到它的精細處，達到最高明的境界卻仍走着不偏不倚的常路。他溫習已有的知識，進而能發現新的所不知的，為人忠厚篤實而崇尚禮儀。因此，居於高位不致驕傲，處於下位不會違背上級；國家清平，他的話語足以使國家興盛；國家腐敗黑暗，他保持沉默足以安身。《詩經·大雅·烝民》上說：「既明白事理，又聰明智慧，自身安全，足以保證。」就是說的這個道理吧！

◇ 28 ....

子曰：「愚而好自用，賤而好自專。生乎今之世，反古

之道。如此者，災及其身者也。」非天子，不議禮，不制度，不考文。今天下車同軌，書同文，行同倫。雖有其位，苟無其德，不敢作禮樂焉；雖有其德，苟無其位，亦不敢作禮樂焉。子曰：「吾說夏禮，杞不足徵也。吾學殷禮，有宋存焉。吾學周禮，今用之，吾從周。」

孔子說：「愚蠢的人卻偏要自以為是，實行自己的主張，下賤的人卻偏要專斷獨行。生在今天，違反古道。這樣的人，禍害是會降臨到他身上的。」不是天子不議論禮的是非，不制定法度，不考論文字。現在的天下，車輛同一軌跡，書寫的文字同一形體，行為品德同一規範。縱有那高位，如果沒有那樣的道德，便不敢制禮作樂；縱有那樣的道德，如果沒有那高位，也不敢制禮作樂。孔子說：「我講夏代的禮，夏的後裔杞國不能引用它來作證明；我學殷商的禮，還有商的後代宋國在，可供參考；我學周的禮儀，現在用的就是，我贊成周代的禮儀。」

◇ 29 ....

王天下有三重焉，其寡過矣乎！上焉者雖善無徵，無徵不信，不信民弗從；下焉者雖善不尊，不尊不信，不信民弗從。故君子之道，本諸身，徵諸庶民，考諸三王而不繆，建諸天地而不悖，質諸鬼神而無疑，百世以俟聖人而不惑。質諸鬼神而無疑，知天也；百世以俟聖人而不惑，知人也。是故君子動而世為天下道，行而世為天下法，言而世為天下則。遠之則有望，近之則不厭。《詩》曰：「在彼無惡，在此無射。庶幾夙夜，以永終譽。」君子未有不如此而蚤有譽於天下者也。

以道德統一天下而為天子，有三個重要任務——議禮、制度、考文，這樣做了，將減少過失吧！在周以前，雖然做得好，卻無從證明；不能證明，別人就不大相信；不大相信，百姓就不聽

從。在民間的聖人，雖然有研究，但不在最尊貴的地位，別人也不大相信；別人不大相信，百姓就不聽從。所以君子的學說，要從本身的才德出發，再從老百姓那裏驗證是不是聽從，然後考證夏、商、周三代盛世是否有謬誤，建立於天地之間而不相違背，向鬼神質正而沒有懷疑，等到百代以後聖人出世而不會有疑惑。向鬼神質正沒有懷疑，這是懂得天理；等到百代以後聖人出世而不會有疑惑，這是懂得人情。所以，這樣統一天下的人，一舉一動，世世代代可以為天下的法度；一言一行，世世代代可以為天下的規範。遠離他，則他為天下人所仰慕；接近他，卻從不感到厭倦。《詩經‧周頌‧振鷺》上說：「他在那裏不被人怨恨，在這兒不被人討厭，早早晚晚努力不倦，庶幾乎美名傳揚無止境。」君子沒有不這樣而能早稱譽於天下後世的。

◇ 30 ⋯⋯⋯⋯⋯⋯⋯⋯⋯⋯⋯⋯⋯⋯⋯⋯

仲尼祖述堯舜，憲章文武；上律天時，下襲水土。辟如天地之無不持載，無不覆幬，辟如四時之錯行，如日月之代明。萬物並育而不相害，道並行而不相悖，小德川流，大德敦化，此天地之所以為大也。

孔子以堯舜之道為遠祖而加以傳述，取法周文王、武王之道而加以闡明；上則效法天時的運行，下則因襲水土的習性加以利用。譬如天地沒有不能負載的，沒有不能覆蓋的。又譬如四季交替的運行，和日月交替的照耀。萬物同時發育而不互相妨害，各種規律同時起作用而不相違背。小的德行像江河川流，脈絡分明，長流不息，大的德行則紮紮實實地化育萬物，這就是天地之所以偉大之處。

◇ 31 ⋯⋯⋯⋯⋯⋯⋯⋯⋯⋯⋯⋯⋯⋯⋯⋯

唯天下至聖為能聰明睿知，足以有臨也；寬裕溫柔，足以有容也；發強剛毅，足以有執也；齊莊中正，足以有敬

也；文理密察，足以有別也。溥博淵泉，而時出之。溥博如天，淵泉如淵。見而民莫不敬，言而民莫不信，行而民莫不說。是以聲名洋溢乎中國，施及蠻貊。舟車所至，人力所通，天之所覆，地之所載，日月所照，霜露所隊，凡有血氣者，莫不尊親，故曰配天。

只有天下最有聖德的人，才能耳聰目明，思想敏銳，足以做天下的共主，去監臨百姓；寬宏大量，溫柔和順，足以包容一切；奮發堅強，剛健果毅，足以保持正義；莊重肅敬，守中正直，足以認真負責地對待一切；有文彩條理，又細密考察，足以分辨事理的性質類別。聖人這五種德行，廣大深厚，時時表現在儀容言行之中。他的廣大就像天空，他的深厚就像深潭。不論誰見到他，沒有不敬仰的；聽他的話，沒有不深信不疑的；知道他的行為，沒有不興高采烈的。所以他的榮譽充滿於中國，傳播到落後部落中去。在車船所到，人跡所通，天所覆蓋，地所負載，日月所照耀，霜露所潤澤之處，凡是有血氣的人沒有不尊敬而親近他的，所以他能和天相配。

◇ 32 ．．．．．．．．．．．．．．．．．．．．．．．．．．．．．．

唯天下至誠，為能經綸天下之大經，立天下之大本，知天地之化育。夫焉有所倚？肫肫其仁！淵淵其淵！浩浩其天！苟不固聰明聖知達天德者，其孰能知之？

只有天下至誠之人才能治理天下的人倫綱常，樹立天下的根本事業，懂得天地的變化繁育。他哪裏有什麼倚靠？誠心至仁，而智慧至深至遠，浩瀚像上天的廣闊無邊。假若不是本來聰明聖智、有通達天賦德性的人，那誰能知道呢？

◇ 33 ．．．．．．．．．．．．．．．．．．．．．．．．．．．．．．

《詩》曰：「衣錦尚絅。」惡其文之著也。故君子之道，闇然而日章；小人之道，的然而日亡。君子之道，淡而不

厭，簡而文，溫而理，知遠之近，知風之自，知微之顯，可
與入德矣。《詩》云：「潛雖伏矣，亦孔之昭！」故君子內省
不疚，無惡於志。君子之所不可及者，其唯人之所不見乎！
《詩》云：「相在爾室，尚不愧于屋漏。」故君子不動而敬，
不言而信。《詩》曰：「奏假無言，時靡有爭。」是故君子不
賞而民勸，不怒而民威於鈇鉞。《詩》曰：「不顯惟德！百辟
其刑之。」是故君子篤恭而天下平。《詩》云：「予懷明德，
不大聲以色。」子曰：「聲色之於以化民，末也。」《詩》曰
「德輶如毛」，毛猶有倫；「上天之載，無聲無臭」，至矣！

《詩經·衛風·碩人》上說：「穿着花緞衣，加上彩色綢。」君
子卻討厭他文彩太顯著了。所以君子的力行道德，不露於外表，美
在內心，自然地日益彰明；小人相反，自我表揚，內心卻有愧，這
樣，道德自然地日益消亡。君子的為人，平淡而不使人討厭，簡樸
卻有文彩，溫和而有道理，知道遠處總由近處開始，知道風來自何
方，知道隱微的東西一定會顯露，這樣，便可以和他一同進入道德
的境界了。《詩經·小雅·正月》上說：「縱使潛伏很深，其實明顯
得很！」所以君子捫心自問，毫無愧疚，心情一直平靜。君子之所
以不可以趕上，就在於他獨自不為人所見所聞之處吧！《詩經·大
雅·抑》上說：「看你單獨在屋內，雖在屋角最深處，對人也無內
疚。」所以君子不待行動，別人也尊敬他；不待說話，別人也相信
他。《詩經·商頌·烈祖》上又說：「默默祭禱，不議不爭。」所以
君子不用獎賞，而百姓自動勸勉；不用憤怒，百姓比腰斬之刑還害
怕他。《詩經·周頌·烈文》上說：「道德的力量最顯赫，各方諸侯
奉為法則。」所以君子篤實自敬，天下自然太平。《詩經·大雅·
皇矣》上說：「我懷念天賦的美德，用不着惡聲厲色。」孔子說：
「用言語臉色來感化百姓，這效果是最差的。」《詩經·大雅·烝民》
上說：「道德輕若羽毛。」羽毛雖輕，還有同類的東西可以比擬。
《詩經·大雅·文王》上說：「上天的主宰，沒有聲音，沒有氣味。」
這便是到極點了。

論 語　全譯

　　班固《漢書‧藝文志》說:「《論語》者,孔子應答弟子、時人及弟子相與言而接聞於夫子之語也。當時弟子各有所記,夫子既卒,門人相與輯而論纂,故謂之《論語》。」這就是說,在《論語》中,不但有孔子的話,有孔子和他學生問答的話,有孔子和當時人的對話,還有孔門弟子間互相談論的話語。其實還有孔子行動的記載,《鄉黨篇》便是。既然「各有所記」,記者自然不止一人,不免重複。如「巧言令色鮮矣仁」,既見於《學而篇》,又見於《陽貨篇》。「博學於文」章既見於《雍也篇》,又見於《顏淵篇》,文字完全相同。還有基本相同,原意一樣而重複出現的,如《里仁篇》「不患莫己知,求為可知也」,《憲問篇》又說「不患人之不己知,患其不能也」,《衛靈公》又說「君子病無能焉,不病人之不己知也」,只是文字略有不同,意思一個樣。還有基本上是重複,只是詳略不同的,如《學而篇》「君子不重」章,《子罕篇》沒有「君子不重」幾句,重複「主忠信」以下十四字;又如《學而篇》「父在觀其志」章,《里仁篇》只載「三年」以下十二字。這些都證明《漢書‧藝文志》所說「各有所記」,「門人相與輯而論纂」。各記所聞,自然早已不知道哪些是誰所記,但有些跡象未嘗不可以推測到誰的筆墨。如《子罕篇》「牢曰:子云『吾不試,故藝』」,牢是琴牢,這章似乎可以推測是琴牢自己所記。孔子言語一般只記「子曰」,除非別有原因,不用另外人的言語。這章有「牢曰」二字,和其他章不同,可能是琴牢自己標出的。又如《憲問篇》「憲問恥」,一般學生問,都用姓和他的字,顏回問,則寫「顏淵問」,如《顏淵篇》「顏淵問仁」「仲弓問仁」「司馬牛問仁」等。這裏不寫姓,也不用字,只用名,孔門弟子都自稱名,孔子也直呼他的名,也可能是原思(憲)自己的筆墨。有些是孔子再傳弟子記的,如《泰伯篇》「曾子有疾,召門弟子曰」一章,自然是曾參學生記述的。一部《論語》只有對曾參稱「曾子」,從不用字。縱是對他父親

曾晳也稱字，孔子則仍稱他為「點」，稱名。其餘的學生偶有稱「子」的，如閔子騫曾有一次被稱閔子（《先進篇》第十三章），又有若竟有三四次被稱為「有子」（俱在《學而篇》），冉有二次被稱為「冉子」（俱在《雍也篇》第四章）。這些被尊稱「子」的，可能是被尊者的學生或其他有關係的人所記，也有記孔子的話，記述者恐怕後人不十分瞭解，先加一段說明，如《微子篇》第八章中孔子評論伯夷叔齊等人，記述者先加「逸民」等十七字，總述孔子所評論的人都是「逸民」。至於這書最後編定者，前人多認為是曾參的學生，很有道理。第一，全書唯有曾參一人全部稱「子」，而他又最年輕，記載他的話也最多；《子張篇》第十九章記陽膚向曾參請教，陽膚似乎是曾參的學生，如果所言不錯，這是孔子再傳弟子姓字唯一見於《論語》的一次。尤其可注意的是，有兩處記載曾參死前的言語。一次臨終對他學生的話，這自然是曾參學生記述的；一是他在病中對孟敬子說的話（俱見於《泰伯篇》），孟敬子死年雖然難以確切知道，但在《論語》一書中，這是記載最晚的一章，可以肯定。《論語》的編纂者很可能出自曾參的學生。

《論語》寫作的人不少，歷時也長。即以用詞而論，「夫子」一詞，有幾個意義，一是「他老人家」，夫舊讀扶（fú），係指示形容詞，可譯為「那」或「這」。「子」是「男子之美稱」。《論語》一般分為《上論》（自《學而》至《鄉黨》）和《下論》（自《先進》至《堯曰》），《上論》中的「夫子」都是「他老人家」的意義。但在《陽貨篇》中兩處，一為言偃對孔子說「昔者偃也聞諸夫子」，一為子路對孔子說「昔者由也聞諸夫子」，這都是面對面地稱對方為「夫子」，是「你老人家」的意義。以後「夫子」便用作「老師」的意義。這種詞義的變動或擴大，足以表現《論語》從開始記錄到編纂成書，不但經過多人，也歷時很長。

學而第一

此為書之首篇，故所記多務本之意，乃入道之門、積德之基、學者之先務也。凡十六章。

◇ 1‧1　……………………………………

子曰：「學而時習之，不亦說乎？有朋自遠方來，不亦樂乎？人不知而不慍，不亦君子乎？」

孔子說：「學得了知識，按一定的時間去複習，不也高興麼？有志同道合的人從遠道來，不也快樂麼？別人不賞識我，我卻不怨恨，不也是道德高尚的君子麼？」

◇ 1‧2　……………………………………

有子曰：「其為人也孝弟，而好犯上者，鮮矣；不好犯上，而好作亂者，未之有也。君子務本，本立而道生。孝弟也者，其為仁之本與！」

有子（魯國人，名若，孔子弟子）說：「他的為人，孝順父母，敬愛兄長，但總喜歡觸犯上級，這是不多的；不喜歡觸犯上級，卻總是反叛作亂，這是沒有的。君子致力於根本的工作，根本樹立了，人生的大道理也就有了。孝順父母，敬愛兄長，就是『仁』的根本吧。」

◇ 1‧3 ………………………………

子曰：「巧言令色，鮮矣仁。」

孔子說：「花言巧語，討好的臉色，這樣的人沒有多少仁德。」

◇ 1‧4 ………………………………

曾子曰：「吾日三省吾身：為人謀而不忠乎？與朋友交而不信乎？傳不習乎？」

曾子（名參，孔子弟子）說：「我每天多次自我反問：替別人辦事，是不是竭盡心力了呢？和朋友交往，是不是誠心實意呢？老師傳授的學問，是不是複習了呢？」

◇ 1‧5 ………………………………

子曰：「道千乘之國：敬事而信，節用而愛人，使民以時。」

孔子說：「治理擁有兵車千輛的國家，要嚴肅認真地處理政事，信實無欺，節約費用，愛護下屬，在農閒季節，才派給老百姓一些活幹。」

◇ 1‧6 ………………………………

子曰：「弟子入則孝，出則弟，謹而信，泛愛眾，而親仁。行有餘力，則以學文。」

孔子說：「後生小子，在爹娘跟前得孝順，在兄長處得敬愛，說話得謹慎，誠實可信，廣泛地友愛大眾，親近仁德的人。這樣做了之後，有多餘的力量，再來學習文獻方面的知識。」

◇ 1‧7 ………………………………

子夏曰：「賢賢易色；事父母，能竭其力；事君，能致其身；與朋友交，言而有信。雖曰未學，吾必謂之學矣。」

子夏（姓卜名商，孔子弟子）說：「〔選擇妻子，〕能重視品性，不重視美貌；事奉爹娘，能盡心竭力；侍候君王，能不顧性命；和朋友交往，說話誠實可信。這種人，雖說沒有什麼教養，我卻肯定地說他早已有教養了。」

◇ 1·8

子曰：「君子不重則不威，學則不固。主忠信。無友不如己者。過則勿憚改。」

孔子說：「君子，如果不莊重，就沒有威望，即使學習了，因為付諸實踐，難取信於人，也就難以鞏固。應以忠心和信實兩種品德為主。不要和不如自己的人交朋友。有錯誤，就不要怕改正。」

◇ 1·9

曾子曰：「慎終追遠，民德歸厚矣。」

曾子說：「慎重地對待父母的死喪，追念遠代祖宗，這樣做，就可以使老百姓的德行趨於忠厚老實了。」

◇ 1·10

子禽問於子貢曰：「夫子至於是邦也，必聞其政，求之與？抑與之與？」子貢曰：「夫子溫、良、恭、儉、讓以得之。夫子之求之也，其諸異乎人之求之與？」

子禽（姓陳名亢，孔子弟子）問子貢（姓端木名賜，孔子弟子）說：「先生每到哪個國家，一定能瞭解到那裏的朝廷大事，是自己去打聽來的呢？還是別人告訴他的呢？」子貢說：「先生是靠溫和、善良、嚴肅、節儉、謙遜的態度得來的。他老人家得來的方式方法，總和別人的不一樣吧？」

◇ 1‧11

子曰：「父在，觀其志。父沒，觀其行；三年無改於父之道，可謂孝矣。」

孔子説：「看一個人，當他父親在世時，因為他不能擅自行動只能觀察他的志向。在父親逝世以後，該看他的行為；如果仍舊長期繼承父親好的思想，不加改變，可以説是盡孝了。」

◇ 1‧12

有子曰：「禮之用，和為貴。先王之道斯為美，小大由之。有所不行：知和而和，不以禮節之，亦不可行也。」

有子説：「禮的作用，以事事做得恰當最為可貴。過去聖明的帝王治理國家，也以禮儀恰當為最好，小事大事都這樣做。但也有行不通的地方，即為了恰當而去求恰當，而不是用一定的規章制度去節制，這也不行。」

◇ 1‧13

有子曰：「信近於義，言可復也。恭近於禮，遠恥辱也。因不失其親，亦可宗也。」

有子説：「所承擔的諾言合情合理，説的話就能兌現。為人恭敬近於有禮節，就可以避免遭受恥辱。所倚靠的都是關係密切的人，也就靠得住了。」

◇ 1‧14

子曰：「君子食無求飽，居無求安，敏於事而慎於言，就有道而正焉，可謂好學也已。」

孔子説：「君子吃飯不求飽足，居住不求舒適，工作勤勞敏捷，説話謹慎小心，向有道德的人學習，從而改正自己的缺點。這

樣的人，可說是好學的人了。」

◇ 1·15 ⋯⋯⋯⋯⋯⋯⋯⋯⋯⋯⋯⋯⋯⋯

子貢曰：「貧而無諂，富而無驕，何如？」子曰：「可也。未若貧而樂，富而好禮者也。」子貢曰：「《詩》云：『如切如磋，如琢如磨。』其斯之謂與？」子曰：「賜也，始可與言《詩》已矣！告諸往而知來者。」

子貢說：「貧窮卻不巴結奉承，富裕卻不驕傲自大，這種人怎麼樣？」孔子說：「可以，但還不如安於貧窮而樂於道義，即使富裕而又謙虛講究禮節的人！」子貢說：「《詩經·衛風·淇奧》上說：『像對待骨、角、象牙、玉石一樣，先開料，再糙銼、細刻，然後磨光。』就是您說的這個意思吧？」孔子說：「端木賜呀！現在可以和你討論《詩經》了。因為把已知的事告訴你，你就能舉一反三，推知你所不知的。」

◇ 1·16 ⋯⋯⋯⋯⋯⋯⋯⋯⋯⋯⋯⋯⋯⋯

子曰：「不患人之不己知，患不知人也。」

孔子說：「我不愁別人不瞭解自己，卻愁自己不瞭解別人。」

為政第二

凡二十四章。

◇ 2·1 ⋯⋯⋯⋯⋯⋯⋯⋯⋯⋯⋯⋯⋯⋯

子曰：「為政以德，譬如北辰，居其所而眾星共之。」

孔子說：「用道德去治理國家，就會像北極星一樣，自己安穩地坐在位置上，別的星都環繞着它。」

◇ 2 · 2 ....

子曰：「《詩》三百，一言以蔽之，曰『思無邪』。」

孔子説：「《詩經》三百篇，一句話可以概括：思想純正，沒有邪念。」

◇ 2 · 3 ....

子曰：「道之以政，齊之以刑，民免而無恥。道之以德，齊之以禮，有恥且格。」

孔子説：「用政令法制誘導百姓，用刑罰整治百姓，百姓只能克制自己，而不曉得犯罪是極為恥辱的事。用道德誘導百姓，用禮法整治百姓，他們不但認為做壞事可恥，而且言行都歸於正道了。」

◇ 2 · 4 ....

子曰：「吾十有五而志於學，三十而立，四十而不惑，五十而知天命，六十而耳順，七十而從心所欲，不逾矩。」

孔子説：「我十五歲，就有志去學習；三十歲，知道規矩，能在社會上站得住腳；四十歲，知識較豐富，聽各種不同議論，不致迷惑；五十歲，知道大自然賦予人們的命運；六十歲，一聽別人言語，便能分別真假，判明是非；七十歲，便可以隨心所欲，不至於離開規矩準則了。」

◇ 2 · 5 ....

孟懿子問孝。子曰：「無違。」樊遲御，子告之曰：「孟孫問孝於我，我對曰『無違』。」樊遲曰：「何謂也？」子曰：「生，事之以禮；死，葬之以禮，祭之以禮。」

孟懿子（魯國大夫，姓仲孫，名何忌）問孔子怎樣才是孝。孔

子說:「不要違背禮節。」不久樊遲（名須，孔子弟子）替孔子駕車，孔子說:「孟孫（即仲孫）問我怎樣是孝，我答道:『不要違背禮節。』」樊遲說:「這是什麼意思？」孔子說:「父母在世，依規定的禮節侍奉他們；死了，依規定的禮節埋葬和祭祀。」

◇ 2 · 6 ································

孟武伯問孝。子曰:「父母唯其疾之憂。」

孟武伯（孟懿子之子，名彘）問孔子什麼是孝。孔子說:「做父母的只擔心他兒子的疾病。①」

①也可以譯為「兒子只擔心父母的疾病」。

◇ 2 · 7 ································

子游問孝。子曰:「今之孝者，是謂能養。至於犬馬，皆能有養；不敬，何以別乎？」

子游（姓言名偃，孔子弟子）問孝道。孔子說:「如今的所謂『孝』，只要養活父母便行了。其實，連狗和馬都有人養活；若不盡心恭敬地孝順父母，那供養父母和養活狗馬有什麼區別呢？」

◇ 2 · 8 ································

子夏問孝。子曰:「色難。有事，弟子服其勞；有酒食，先生饌，曾是以為孝乎？」

子夏問孝道。孔子說:「在父母跟前，難的是經常保持愉悅的顏色。如果只是有事情讓兒子操勞，有酒有菜讓年長者吃喝，難道這就可以認為是孝麼？」

◇ 2 · 9 ································

子曰:「吾與回言終日，不違如愚。退而省其私，亦足以發。回也不愚。」

孔子說：「我整天對顏回講學，他不發表一點不同意見，像個傻子。可是等他回去，自己琢磨，也有所發揮，可見他並不傻。」

◇ 2‧10 ································

　子曰：「視其所以，觀其所由，察其所安。人焉廋哉？人焉廋哉？」

孔子說：「瞭解一個人，看他交結什麼樣的朋友，觀察他用什麼方式方法去達到一定的目的，再瞭解他的內心安於什麼，不安於什麼。這樣，他怎麼可以隱藏得了呢？他怎麼可以隱藏得了呢？」

◇ 2‧11 ································

　子曰：「溫故而知新，可以為師矣。」

孔子說：「溫習舊的知識，進而能有新體會，便可以做老師了。」

◇ 2‧12 ································

　子曰：「君子不器。」

孔子說：「君子不像器皿一樣〔，只有一種用處〕。」

◇ 2‧13 ································

　子貢問君子。子曰：「先行其言而後從之。」

子貢問怎樣才可以做個君子。孔子說：「你打算做什麼，先做了，再說出來。」

◇ 2‧14 ································

　子曰：「君子周而不比，小人比而不周。」

孔子說：「君子團結而不互相勾結，小人互相勾結而不團結。」

◇ 2·15　⋯⋯⋯⋯⋯⋯⋯⋯⋯⋯⋯⋯⋯⋯⋯⋯⋯

子曰：「學而不思則罔，思而不學則殆。」

孔子説：「只讀書卻不思考，就容易被書本欺哄，迷罔無所得；只空想卻不讀書，就會感到危殆，沒有信心。」

◇ 2·16　⋯⋯⋯⋯⋯⋯⋯⋯⋯⋯⋯⋯⋯⋯

子曰：「攻乎異端，斯害也已。」

孔子説：「批判那些不正確的議論，壞事就會消滅。」

◇ 2·17　⋯⋯⋯⋯⋯⋯⋯⋯⋯⋯⋯⋯⋯⋯

子曰：「由，誨女知之乎！知之為知之，不知為不知，是知也。」

孔子説：「仲由！我教給你求知的正確態度吧。知道的就説知道，不知道的就説不知道。這才是真正的聰明。」

◇ 2·18　⋯⋯⋯⋯⋯⋯⋯⋯⋯⋯⋯⋯⋯⋯

子張學干祿。子曰：「多聞闕疑，慎言其餘，則寡尤。多見闕殆，慎行其餘，則寡悔。言寡尤，行寡悔，祿在其中矣。」

子張（姓顓孫，名師，孔子弟子）向孔子請教獲得官職和俸祿的方法。孔子説：「多聽，有可疑的地方保留在心裏，把那有把握的部分謹慎地説出來，就可以減少錯誤。多看，有可疑的地方保留在心裏，把那有把握的部分謹慎地去實行，就可以減少後悔。言語少錯誤，行為少後悔，你的官職、俸祿自然會有了。」

◇ 2·19　⋯⋯⋯⋯⋯⋯⋯⋯⋯⋯⋯⋯⋯⋯

哀公問曰：「何為則民服？」孔子對曰：「舉直錯諸枉，則民服，舉枉錯諸直，則民不服。」

魯哀公（魯君，名蔣）問道：「怎樣才能使老百姓服從？」孔子答道：「提拔正直的人放在邪惡的人之上，百姓就服從了。若是提拔邪惡的人放在正直的人之上，百姓就不會服從。」

◇ 2 · 20 ⋯⋯⋯⋯⋯⋯⋯⋯⋯⋯⋯⋯⋯⋯⋯⋯

季康子問：「使民敬，忠以勸，如之何？」子曰：「臨之以莊則敬，孝慈則忠，舉善而教不能則勸。」

季康子（魯國大夫，姓季孫，名肥）問道：「要使百姓嚴肅認真，盡心竭力，又互相鼓勵勸勉，怎麼辦才行？」孔子說：「你對待百姓的事嚴肅認真，百姓對待你也會嚴肅認真了；你孝順老人，慈愛幼小，百姓對你也會盡心竭力了；你提拔好人，教育能力弱的人，百姓自然會互相鼓勵勸勉了。」

◇ 2 · 21 ⋯⋯⋯⋯⋯⋯⋯⋯⋯⋯⋯⋯⋯⋯⋯⋯

或謂孔子曰：「子奚不為政？」子曰：「《書》云：『孝乎！惟孝，友於兄弟，施於有政。』是亦為政，奚其為為政？」

有人對孔子說：「您為什麼不做官？」孔子說：「《尚書》上說：『孝呀，只有孝順父母，友愛兄弟，把這種風氣推廣到政治圈子裏去。』這就是參與政事了，為什麼一定要做官才叫做參與政事呢？」

◇ 2 · 22 ⋯⋯⋯⋯⋯⋯⋯⋯⋯⋯⋯⋯⋯⋯⋯⋯

子曰：「人而無信，不知其可也。大車無輗，小車無軏，其何以行之哉？」

孔子說：「一個人在社會上，如果沒有信用，我不知他怎麼可以站得住腳。譬如拉載重的大牛車，沒有安裝穩住橫木的活銷，拉載人的小馬車，沒有安裝穩住橫木的活銷，怎樣可以驅趕它們走動呢？」

子張問：「十世可知也？」子曰：「殷因於夏禮，所損益，可知也；周因於殷禮，所損益，可知也；其或繼周者，雖百世可知也。」

子張問：「今後十代禮儀制度的變革，可以預料得到麼？」孔子說：「殷商因襲夏朝的禮儀制度，所廢除的和新創的，這種變革是可以知道的；周朝沿襲殷商，所廢除的和新創的，這種變革也是可以知道的；假若有人繼承周朝而當政，那他的禮儀制度，也不外乎既有因襲，又有創新變革，就是一百代以後，這也是可以預先料到的。」

子曰：「非其鬼而祭之，諂也。見義不為，無勇也。」

孔子說：「不是自己的祖先，〔不應該去祭祀，〕卻去祭祀，這是獻媚。看見應該挺身而出、仗義以行的事，自己卻袖手旁觀，這是怯懦的膽小鬼。」

八佾第三

凡二十六章。通前篇末二章，皆論禮樂之事。

孔子謂季氏：「八佾舞於庭，是可忍也，孰不可忍也？」

孔子講到魯國權臣季氏（即季孫氏），說：「他用只有天子才能用的八八六十四人的樂隊舞隊，在庭院中奏樂舞蹈，像這樣僭禮的事都狠心幹了，還有什麼事不可以狠心幹出來呢？」

◇ 3・2 ··

三家者以《雍》徹。子曰:「『相維辟公,天子穆穆』,奚取於三家之堂?」

魯國仲孫、叔孫、季孫三家祭祖撤除祭品時,奏唱着《雍》的詩篇〔——這是只有周天子才能用的〕。孔子說:「《雍》詩說:『助祭的是各國諸侯,主祭的天子嚴肅靜穆。』這兩句話用在三家祭祖的大堂上,有哪一點合適呢?」

◇ 3・3 ··

子曰:「人而不仁,如禮何?人而不仁,如樂何?」

孔子說:「做人沒仁愛之心,怎樣對待禮儀制度呢?做人沒有仁愛之心,怎樣對待音樂呢?」

◇ 3・4 ··

林放問禮之本。子曰:「大哉問!禮,與其奢也,寧儉。喪,與其易也,寧戚。」

林放(魯國人)向孔子請教「禮」的本質。孔子說:「這問題意義重大呀!就一般禮儀說,與其浪費鋪張,寧可樸素省儉;就喪禮說,與其儀式周到,寧可哀慟悲傷。」

◇ 3・5 ··

子曰:「夷狄之有君,不如諸夏之亡也①。」

①魯昭公、哀公都曾逃亡國外,魯國無君,孔子所親見。

孔子說:「落後部落或國家,雖然有君主,〔卻沒有禮儀,〕還不如中國的某些諸侯國家某個時期沒有君主〔,卻保存着一些禮儀〕。」

◇ 3·6　┈┈┈┈┈┈┈┈┈┈┈┈┈┈┈┈┈┈┈┈

　　季氏旅於泰山。子謂冉有曰：「女弗能救與？」對曰：「不能。」子曰：「嗚呼！曾謂泰山不如林放乎？」

　　季氏要去祭祀泰山〔——這是規定只有天子或諸侯才有資格的〕。孔子對冉有（名求，孔子弟子）說：「你不能阻止嗎？」冉有答道：「不能。」孔子說：「哎呀！難道說泰山之神竟不如林放〔懂禮，居然接受這不合禮的祭祀〕嗎？」

◇ 3·7　┈┈┈┈┈┈┈┈┈┈┈┈┈┈┈┈┈┈┈┈

　　子曰：「君子無所爭，必也射乎！揖讓而升，下而飲。其爭也君子。」

　　孔子說：「君子沒有什麼可以和人相爭的事情。萬一有相爭，必定只是比射箭吧。〔當射箭的時候，〕互相作揖然後升堂，〔射箭完了，〕走下堂來，然後〔作揖〕喝酒。那種競賽是很有禮貌的君子之爭。」

◇ 3·8　┈┈┈┈┈┈┈┈┈┈┈┈┈┈┈┈┈┈┈┈

　　子夏問曰：「『巧笑倩兮，美目盼兮，素以為絢兮。』何謂也？」子曰：「繪事後素。」曰：「禮後乎？」子曰：「起予者商也！始可與言《詩》已矣。」

　　子夏問道：「『有酒渦的臉笑得多美呀，黑白分明的眼睛流轉得多媚呀，潔白底子上畫着花卉呀。』這幾句詩是什麼意思？」孔子說：「先有白色底子，然後才畫花。」子夏說：「那麼，禮儀是產生在〔仁義〕以後麼？」孔子說：「卜商呀，你真是能啟發我的人。現在可以和你討論《詩經》了。」

◇ 3·9　┈┈┈┈┈┈┈┈┈┈┈┈┈┈┈┈┈┈┈┈

　　子曰：「夏禮吾能言之，杞不足徵也。殷禮吾能言之，

宋不足徵也。文獻不足故也。足，則吾能徵之矣。」

孔子說：「夏代的禮，我說得出來，可是它的後世杞國不足以作證明；殷代的禮，我也說得出來，可是它的後世宋國不足以作證明。這是因為這兩國的歷史文件和賢者都不夠的緣故。如果有足夠的歷史文件和賢者，我就可以引來作證明了。」

◇ 3·10 ⋯⋯⋯⋯⋯⋯⋯⋯⋯⋯

子曰：「禘，自既灌而往者，吾不欲觀之矣。」

孔子說：「舉行只有天子才能用的合祭祖先的大祭禮，〔魯國行這禮，〕自第一次獻酒之後，我就不想再看了〔，因為我認為魯國祖先的靈魂未必肯來受祭〕。」

◇ 3·11 ⋯⋯⋯⋯⋯⋯⋯⋯⋯⋯

或問禘之說。子曰：「不知也①。知其說者之於天下也，其如示諸斯乎！」指其掌。

①禘禮，規定只有天子才能舉行。但周公死後，周朝認為周公有大功，而且曾攝天子位，也賜他這禮。孔子批評，便涉及伯禽等魯國先公，只好說「不知道」。

有人問大祭的禘禮。孔子說：「我不知道；懂得這一道理的人，他對於治理天下，好像把物件擺在這裏一樣容易吧。」他一面說，一面指着手掌。

◇ 3·12 ⋯⋯⋯⋯⋯⋯⋯⋯⋯⋯

祭如在，祭神如神在。子曰：「吾不與祭，如不祭。」

孔子說：「我祭祖的時候，好像祖先就在我上面；祭神時候，好像神就在我前面。我假若不參加祭祀，有人代祭，也同沒祭一樣。」

◇ 3·13

　　王孫賈問曰：「『與其媚於奧，寧媚於灶』，何謂也？」子曰：「不然；獲罪於天，無所禱也。」

　　衛國大臣王孫賈問：「『與其巴結住室西南角的奧神，還不如去巴結灶君司命。』這句話是什麼意思？」孔子說：「不對；得罪了上天，怎樣祈禱巴結也沒用。」

◇ 3·14

　　子曰：「周監於二代，郁郁乎文哉！吾從周。」

　　孔子說：「周朝的禮樂制度是借鑒於夏、商兩代，取長補短後制定的，真豐富多彩呀！我贊成周朝的。」

◇ 3·15

　　子入大廟，每事問。或曰：「孰謂鄹人之子知禮乎？入大廟，每事問。」子聞之，曰：「是禮也。」

　　孔子到了周公廟，遇到任何事情，每件都要請教。有人說：「誰說叔梁紇（孔子父）的兒子懂禮呢？到了周公廟，每件事情都請教。」孔子聽見了，說：「這就是禮呀！」

◇ 3·16

　　子曰：「射不主皮，為力不同科，古之道也。」

　　孔子說：「演習禮樂時比射箭，不一定強調射穿靶子，因為各人力量不相等，這是古人習射的道理。」

◇ 3·17

　　子貢欲去告朔之餼羊①。子曰：「賜也，爾愛其羊，我愛其禮。」

①古禮，諸侯每月初一（朔）要親自到祖廟殺羊祭祀，然後還回朝廷聽取政事彙報。後來魯君失掉政權，既不聽政，也不去祖廟祭祀，只殺一隻活羊「虛應故事」。

子貢要把魯國每月初一告祭祖廟的那隻活羊廢去不用。孔子說：「端木賜呀！你可惜那隻羊，我可惜那種儀式〔留著這儀式，可以啟發人知道一些事情〕。」

◇ 3·18

子曰：「事君盡禮，人以為諂也。」

孔子說：「服事國君，完全依照為臣的禮節做去，別人還以為在向國君討好哩。」

◇ 3·19

定公問：「君使臣，臣事君，如之何？」孔子對曰：「君使臣以禮，臣事君以忠。」

魯定公問：「國君使喚臣子，臣子侍奉國君，應當怎樣？」孔子答道：「國君應當依照禮節使喚臣子，臣子應當以忠心侍奉國君。」

◇ 3·20

子曰：「《關雎》樂而不淫，哀而不傷。」

孔子說：「《詩經·關雎》這首詩快樂而不放蕩，哀傷而不過分。」

◇ 3·21

哀公問社於宰我。宰我對曰：「夏后氏以松，殷人以柏，周人以栗，曰使民戰栗。」子聞之，曰：「成事不說，遂事不諫，既往不咎。」

魯哀公問宰我（名予，孔子弟子），做土地神牌位，該用哪種木料。宰我答道：「夏代用松木，殷代用柏木，周代用栗木，意思是使百姓戰戰慄慄。」孔子聽到了，〔責備宰我〕説：「已經完成的事不用解釋了，已經做過的事不用勸阻了，已經過去的事不用追究了。」

◇ 3·22 ....

子曰：「管仲之器小哉！」或曰：「管仲儉乎？」曰：「管氏有三歸，官事不攝，焉得儉？」「然則管仲知禮乎？」曰：「邦君樹塞門，管氏亦樹塞門。邦君為兩君之好，有反坫，管氏亦有反坫。管氏而知禮，孰不知禮？」

孔子説：「管仲的器量狹小得很啦！」有人問：「管仲節儉嗎？」孔子説：「管仲收取大量市租，手下人員各有專職，從不兼任，怎麼能説是節儉呢？」那人又問：「那麼，管仲懂得規矩禮節嗎？」孔子説：「國君在大門口立一個阻隔內外視線的照壁，管仲也立一個照壁。國君與他國君主交往，宴會時在堂上設置一個放空酒杯的反坫，管仲也設置有反坫。管仲若是懂禮，誰還不懂禮呢？」

◇ 3·23 ....

子語魯大師樂，曰：「樂其可知也：始作，翕如也；從之，純如也，皦如也，繹如也，以成。」

孔子把奏樂的過程和感受告訴魯國的樂官太師，説：「音樂演奏是可以知道的，開始，翕翕地熱烈；繼續下去，和諧而清晰，樂音繹繹地不斷，直到完成。」

◇ 3·24 ....

儀封人請見，曰：「君子之至於斯也，吾未嘗不得見也。」從者見之。出，曰：「二三子何患於喪乎？天下之無道也久矣，天將以夫子為木鐸。」

儀這個地方的邊防長官請求會見孔子，說：「所有來這裏有道德學問的人，我從來沒有不和他們相見的。」孔子的隨從學生請孔子接見他。孔子一出來，便對學生們說：「你們為什麼擔心得不到官職呢？天下腐敗黑暗得太久了，〔聖人也應該有得意之時了，〕上天將會把他老人家當做人民的導師哩。」

◇ 3‧25 ....

子謂《韶》：「盡美矣，又盡善也。」謂《武》：「盡美矣，未盡善也。」

孔子講到虞舜時的樂曲《韶》，說：「美極了，好極了。」講到周武王的樂曲《武》，說：「美極了，卻還不夠好。」〔舜接受堯的禪位，自己又禪讓於禹；周武王是用武力滅紂才得位的。〕

◇ 3‧26 ....

子曰：「居上不寬，為禮不敬，臨喪不哀，吾何以觀之哉？」

孔子說：「居於上層地位不寬宏大量，行禮時不嚴肅認真，參加喪事不哀傷，這種樣子，我怎麼能看得下去呢？」

里仁第四

凡二十六章。

◇ 4‧1 ....

子曰：「里仁為美。擇不處仁，焉得知？」

孔子說：「和有仁德的人同住一個里巷就是好。選擇住址，不選擇鄰里，怎麼能說是聰明呢？」

◇ 4·2 ··

子曰：「不仁者不可以久處約，不可以長處樂。仁者安仁，知者利仁。」

孔子説：「不仁德的人不能長久處在貧困之中，也不能長久處在安樂之中。仁德的人實行仁道便心安理得，明智的人〔知道仁道的好處，〕便也想要實行仁道。」

◇ 4·3 ··

子曰：「唯仁者能好人，能惡人。」

孔子説：「只有仁德的人才能喜歡好人，也才能厭惡壞人。」

◇ 4·4 ··

子曰：「苟志於仁矣，無惡也。」

孔子説：「若是決心向仁道靠攏，也就不會做壞事。」

◇ 4·5 ··

子曰：「富與貴，是人之所欲也；不以其道得之，不處也。貧與賤，是人之所惡也；不以其道得之，不去也。君子去仁，惡乎成名？君子無終食之間違仁，造次必於是，顛沛必於是。」

孔子説：「發大財，做大官，這是人人都想要的；不用合理合法的方式去得到它，君子也不幹。貧困和下賤，是人人所厭惡的；不用正當的手段去擺脫它，君子也不擺脫。君子拋棄仁德，怎能成就名聲呢？君子沒有一餐飯久的時間能離開仁德，在倉猝匆忙的時候一定這樣，在顛沛流離的時候也一定這樣。」

◇ 4·6 ··

子曰：「我未見好仁者、惡不仁者。好仁者，無以尚之；

惡不仁者，其為仁矣，不使不仁者加乎其身。有能一日用其力於仁矣乎？我未見力不足者。蓋有之矣，我未之見也。」

孔子說：「我沒看見過喜愛仁德和厭惡不仁德的人。喜愛仁德的人是再好不過了；厭惡不仁德的人，他實行仁德，只是不使不仁德的事物惹到自己身上。有人能把一天的力量用在仁德上嗎？我沒見過力量不夠的人。大概也有曾用過力的人吧，只是我不曾見到。」

◇ 4 · 7

子曰：「人之過也，各於其黨。觀過，斯知仁矣。」

孔子說：「人的過錯有各種各樣的情況和原因。觀察他產生錯誤的情況和原因，便知道他是什麼樣式的人了。」

◇ 4 · 8

子曰：「朝聞道，夕死可矣。」

孔子說：「早晨聽到真理，晚上死去，我都可以。」

◇ 4 · 9

子曰：「士志於道，而恥惡衣惡食者，未足與議也。」

孔子說：「讀書人有志於追求真理，卻以穿得差、吃得差為恥辱，這種人值不得和他談論了。」

◇ 4 · 10

子曰：「君子之於天下也，無適也，無莫也，義之與比。」

孔子說：「君子對於天下事物，沒有一定模式確定要怎樣幹，也沒有一定模式確定不要怎樣幹，怎樣合情合理，合於正義，便怎樣幹。」

子曰：「君子懷德，小人懷土。君子懷刑，小人懷惠。」

孔子説：「君子念念不忘道德，小人念念不忘鄉土。君子關心法制，小人關心恩惠。」

子曰：「放於利而行，多怨。」

孔子説：「任憑個人利益來行動，會招來很多怨恨。」

子曰：「能以禮讓為國乎？何有？不能以禮讓為國，如禮何？」

孔子説：「能夠用禮貌和謙讓來治理國家嗎？這有什麼為難呢？不能用禮貌和謙讓治理國家，怎樣對待禮儀呢？」

子曰：「不患無位，患所以立。不患莫己知，求為可知也。」

孔子説：「不愁沒有職位，只愁沒有盡職的本領。不怕沒有人瞭解自己，但求有被人瞭解的才能。」

子曰：「參乎！吾道一以貫之。」曾子曰：「唯。」子出，門人問曰：「何謂也？」曾子曰：「夫子之道，忠恕而已矣。」

孔子説：「曾參呀！我的學說貫穿着一個基本觀念。」曾子説：「是。」孔子走了出去，別的學生便問曾參：「這是什麼意思？」曾子説：「他老人家的學說，只是忠和恕罷了。」

◇ 4·16

子曰：「君子喻於義，小人喻於利。」

孔子說：「君子懂得正義，小人只懂得私利。」

◇ 4·17

子曰：「見賢思齊焉；見不賢而內自省也。」

孔子說：「看見賢良的人，便考慮自己怎樣向他看齊；看見不賢良的人，便自我反省〔，看有沒有類似的缺點〕。」

◇ 4·18

子曰：「事父母幾諫，見志不從，又敬不違，勞而不怨。」

孔子說：「侍奉父母，〔他們如果有不合理地方，〕要婉轉地勸阻，他們不接受，仍然恭敬，不加違抗，雖然擔憂，卻不埋怨。」

◇ 4·19

子曰：「父母在，不遠遊。遊必有方。」

孔子說：「父母在世，不出遠門。即使出遠門，也一定有某個去處。」

◇ 4·20

子曰：「三年無改於父之道，可謂孝矣。」①

①此處已見《學而篇》1·11。

孔子說：「〔父親死後，〕如果長期繼承父親好的思想，不加改變，可說是盡孝了。」

◇ 4·21 ⋯⋯⋯⋯⋯⋯⋯⋯⋯⋯⋯⋯⋯⋯

子曰：「父母之年，不可不知也，一則以喜，一則以懼。」

孔子說：「父母的年齡不能不知道，一方面因〔他們高壽〕而高興，一方面又因〔他們壽高〕而擔心。」

◇ 4·22 ⋯⋯⋯⋯⋯⋯⋯⋯⋯⋯⋯⋯⋯⋯

子曰：「古者言之不出，恥躬之不逮也。」

孔子說：「古人不輕易開口，就怕因行動跟不上而引以為羞恥。」

◇ 4·23 ⋯⋯⋯⋯⋯⋯⋯⋯⋯⋯⋯⋯⋯⋯

子曰：「以約失之者鮮矣。」

孔子說：「因為謹言慎行、節制約束自己而發生過失，這是很少的。」

◇ 4·24 ⋯⋯⋯⋯⋯⋯⋯⋯⋯⋯⋯⋯⋯⋯

子曰：「君子欲訥於言而敏於行。」

孔子說：「君子要言語遲鈍，行動迅速。」

◇ 4·25 ⋯⋯⋯⋯⋯⋯⋯⋯⋯⋯⋯⋯⋯⋯

子曰：「德不孤，必有鄰。」

孔子說：「有道德的人不會孤單，一定有相鄰的夥伴。」

◇ 4·26 ⋯⋯⋯⋯⋯⋯⋯⋯⋯⋯⋯⋯⋯⋯

子游曰：「事君數，斯辱矣；朋友數，斯疏矣。」

子游說：「侍奉國君過於煩瑣，就會惹來侮辱；朋友間過於親

密，反會導致疏遠。」

公冶長第五

此篇皆論古今人物賢否得失，蓋格物窮理之一端也。凡二十八章。

◇ 5·1 ....

子謂公冶長，可妻也。雖在縲絏之中，非其罪也。以其子妻之。

孔子告訴公冶長（孔子弟子，後為其婿），可以把女兒嫁給他。雖然蹲在牢獄裏，但不是他的罪過。孔子便把自己女兒嫁給他。

◇ 5·2 ....

子謂南容：「邦有道，不廢；邦無道，免於刑戮。」以其兄之子妻之。

孔子告訴南容（魯國人，名适，字子容，孔子兄孟皮之婿）：「國家太平，總有官職；國家昏亂，〔不觸犯法律，〕免遭刑罰。」孔子便把他哥哥的女兒嫁給他。

◇ 5·3 ....

子謂子賤：「君子哉若人！魯無君子者，斯焉取斯？」

孔子講到子賤（姓宓，名不齊，孔子弟子），說：「這人是一位君子呀！魯國假使沒有君子，這人的好品德是從哪裏學來的呢？」

◇ 5·4 ....

子貢問曰：「賜也何如？」子曰：「女，器也。」曰：「何

器也？」曰：「瑚璉也。」

子貢問道：「我怎麼樣？」孔子説：「你好比是一具器皿。」子貢又問：「什麼器皿？」孔子説：「宗廟裏盛黍稷的〔尊貴的〕瑚璉。」

◇ 5·5 ....

或曰：「雍也仁而不佞。」子曰：「焉用佞？禦人以口給，屢憎於人。不知其仁，焉用佞？」

有人説：「冉雍（字仲弓，孔子弟子）有仁德，卻沒有口才。」孔子説：「要什麼口才？尖嘴利舌同人辯駁，經常被人討厭。他仁不仁，我不知道，但用得着什麼口才呢？」

◇ 5·6 ....

子使漆雕開仕。對曰：「吾斯之未能信。」子説。

孔子要漆雕開（姓漆雕，名開，孔子弟子）去做官。他答道：「我對這沒有信心。」孔子很高興。

◇ 5·7 ....

子曰：「道不行，乘桴浮於海。從我者，其由與？」子路聞之喜。子曰：「由也好勇過我，無所取材。」

孔子説：「我的主張行不通，想坐個木排向海外漂去，跟隨我的恐怕只是仲由（子路名）吧？」子路聽了很高興。孔子説：「仲由〔這人太好勇了，他〕的勇敢精神超過了我，〔不能裁奪事理，〕也就沒有什麼可取的了。」

◇ 5·8 ....

孟武伯問：「子路仁乎？」子曰：「不知也。」又問。子曰：「由也，千乘之國，可使治其賦也。不知其仁也。」「求也何如？」子曰：「求也，千室之邑，百乘之家，可使為之宰

也。不知其仁也。」「赤也何如？」子曰：「赤也，束帶立於朝，可使與賓客言也。不知其仁也。」

孟武伯問孔子：「子路仁不仁？」孔子說：「不知道。」他又問。孔子說：「仲由，一個具有千輛兵車的中等國家，可以叫他負責軍隊徵召、訓練和作戰等工作。他仁不仁，我不知道。」又問：「冉求（字有，孔子弟子）怎麼樣？」孔子說：「冉求，千戶人家的地方，可以要他做縣長；百輛兵車的卿大夫的世襲領土，可以要他做總管。他仁不仁，我不知道。」又問：「公西赤（姓公西，名赤，孔子弟子）怎麼樣？」孔子說：「公西赤，穿着禮服立於朝廷，可以叫他和外賓會談。他仁不仁，我不知道。」

◇ 5·9

子謂子貢曰：「女與回也孰愈？」對曰：「賜也何敢望回？回也聞一以知十，賜也聞一以知二。」子曰：「弗如也，吾與女弗如也。」

孔子對子貢說：「你和顏回，哪個強些？」子貢答：「我呀，怎麼敢和顏回相比？他呀，聽到一件事，就能推知十件；我咧，聽到一件事，只知道兩件罷了。」孔子說：「你趕不上他，我同意你趕不上他。」

◇ 5·10

宰予晝寢。子曰：「朽木不可雕也，糞土之牆不可杇也。於予與何誅？」子曰：「始吾於人也，聽其言而信其行；今吾於人也，聽其言而觀其行。於予與改是。」

宰予（又稱宰我，孔子弟子）白天睡覺。孔子說：「腐朽的木頭雕刻不得，糞土一樣的牆壁粉刷不得。對於宰予，值得責備嗎？」又說：「最初我聽到別人的話，便相信他的行為；今天，我聽別人的話，卻要考察他的行為。從宰予這件事起，我改變了態度。」

◇ 5・11 ⋯⋯⋯⋯⋯⋯⋯⋯⋯⋯⋯⋯⋯⋯⋯

子曰：「吾未見剛者。」或對曰：「申棖（chéng）。」子曰：「棖也慾，焉得剛？」

孔子説：「我沒有見過剛毅的人。」有人説：「申棖（魯國人，孔子弟子）是這樣的。」孔子説：「申棖有私慾，怎麼能夠剛強？」

◇ 5・12 ⋯⋯⋯⋯⋯⋯⋯⋯⋯⋯⋯⋯⋯⋯⋯

子貢曰：「我不欲人之加諸我也，吾亦欲無加諸人。」子曰：「賜也，非爾所及也。」

子貢説：「我不想別人強加於我，我也想不去強加於別人。」孔子説：「端木賜呀，這不是你所能做到的。」

◇ 5・13 ⋯⋯⋯⋯⋯⋯⋯⋯⋯⋯⋯⋯⋯⋯⋯

子貢曰：「夫子之文章，可得而聞也；夫子之言性與天道，不可得而聞也。」

子貢説：「老師關於文獻方面的知識和議論，我們能聽到；老師關於天性和天道的言論，我們聽不到。」

◇ 5・14 ⋯⋯⋯⋯⋯⋯⋯⋯⋯⋯⋯⋯⋯⋯⋯

子路有聞，未之能行，唯恐有聞。

子路聽到某件事，還沒有能去實行，便害怕再聽見另一件。

◇ 5・15 ⋯⋯⋯⋯⋯⋯⋯⋯⋯⋯⋯⋯⋯⋯⋯

子貢問曰：「孔文子何以謂之文也？」子曰：「敏而好學，不恥下問，是以謂之文也。」

子貢問道：「孔文子（衛國大夫，姓孔，名圉）為什麼謚號叫『文』？」孔子説：「敏鋭而愛好學問，向不如自己的人請教，不以

為恥，因此他死後給他『文』這個諡號。」

◇ 5·16

　　子謂子產：「有君子之道四焉：其行己也恭，其事上也敬，其養民也惠，其使民也義。」

　　孔子評論子產（鄭國大夫，姓公孫，名僑）說：「有四種行為合於君子之道：他自己的言語行動莊重謙恭，他對上級認真負責，他教養百姓有恩惠，他役使百姓合乎道理。」

◇ 5·17

　　子曰：「晏平仲善與人交，久而敬之。」

　　孔子說：「晏平仲（齊國大夫，名嬰，字仲，諡號為平）善於交朋友，相交越久，別人越發敬重他。」

◇ 5·18

　　子曰：「臧文仲居蔡①，山節藻梲，何如其知也？」

　　①古人用烏龜腹甲占卜，龜殼越大，認為越靈。「蔡」是大龜的通名。

　　孔子說：「臧文仲（魯國大夫，姓臧孫，名辰，字仲，諡號為文）藏着一個叫蔡的大烏龜殼，替它蓋了一間房，有雕刻着像山一樣的斗拱，有畫着藻草的樑上短柱，這個人的聰明，怎麼會這樣呢？」

◇ 5·19

　　子張問曰：「令尹子文三仕為令尹，無喜色；三已之，無慍色。舊令尹之政，必以告新令尹。何如？」子曰：「忠矣。」曰：「仁矣乎？」曰：「未知。焉得仁？」「崔子弒齊君。陳文子有馬十乘，棄而違之。至於他邦，則曰：『猶吾大夫崔子也。』違之。之一邦，則又曰：『猶吾大夫崔子也。』違之。

何如？」子曰：「清矣。」曰：「仁矣乎？」曰：「未知。焉得
仁？」

子張問道：「令尹子文（姓鬬，名穀於菟）三次出任令尹（楚
國宰相），不見有高興的容顏；三次罷免他，也沒有不高興的容
顏。自己任內的工作一定一件件交代給下一屆令尹。這個人怎麼
樣？」孔子説：「盡忠於國家了。」子張説：「算合於仁德麼？」孔
子説：「不知道。──這怎麼能算是合於仁德呢？」子張又問：「崔
杼（齊國大夫）殺掉齊莊公，陳文子（齊國大夫，名須無）有駕十
輛車的四十匹馬，扔掉不管，離開齊國，到了另一個國家，説：
『這裏的執政大臣和我國的崔杼差不多』。於是又離開，到另一國，
又説：『這裏的執政大臣和我國的崔杼差不多。』又離開。這人怎
麼樣？」孔子説：「清白得很。」子張説：「算合於仁德麼？」孔子
説：「不知道。──這怎麼能算是合乎仁德呢？」

◇ 5·20 ·······························

季文子三思而後行。子聞之，曰：「再，斯可矣。」

季文子（魯國大夫，姓季孫，名行父）每遇見一件事，總是考
慮多次才去執行。孔子知道了，便説：「考慮兩次就可以了。」

◇ 5·21 ·······························

**子曰：「寧武子邦有道則知，邦無道則愚。其知可及也，
其愚不可及也。」**

孔子説：「寧武子（衞國大夫，姓寧，名俞，諡號武）當國家
政治清平的時候，便顯得聰明；當政治腐敗黑暗的時候，便裝作愚
笨。他的聰明，人家做得到；他的愚笨，人家便做不到了。」

◇ 5·22 ·······························

子在陳，曰：「歸與！歸與！吾黨之小子狂簡，斐然成

章，不知所以裁之。」

孔子在陳國，說：「回去吧！回去吧！我們那裏的學生們志高氣大，文章又斐然可觀，我不知如何指導他們。」

◇ 5.23

子曰：「伯夷、叔齊不念舊惡，怨是用希。」

孔子說：「伯夷、叔齊（孤竹君之子，武王滅紂，二人不食周粟，餓死首陽山）兩兄弟，不記舊恨宿怨，所以怨恨他們的也少。」

◇ 5.24

子曰：「孰謂微生高直？或乞醯焉，乞諸其鄰而與之。」

孔子說：「誰說微生高（魯國人，姓微生，名高）這人直爽？有人向他討點醋，他卻轉向鄰居討來給人家。」

◇ 5.25

子曰：「巧言、令色、足恭，左丘明恥之，丘亦恥之。匿怨而友其人，左丘明恥之，丘亦恥之。」

孔子說：「花言巧語，討好的臉色，十足的恭敬，這個樣子，左丘明（魯國太史）認為可恥，我也認為可恥。對某人，內心包藏着怨恨，表面卻和他交朋友，這種人，左丘明認為可恥，我也認為可恥。」

◇ 5.26

顏淵、季路侍。子曰：「盍各言爾志？」子路曰：「願車馬、衣輕裘與朋友共，敝之而無憾。」顏淵曰：「願無伐善，無施勞。」子路曰：「願聞子之志。」子曰：「老者安之，朋友信之，少者懷之。」

顏淵、子路陪伴在旁，孔子坐談。孔子説：「何不各人説説自己志向？」子路説：「我願意把車馬、衣服、皮裘和朋友共同穿用，直到破爛，我沒有絲毫怨恨。」顏淵説：「我願意不誇張自己的好處，也不表白自己的功勞。」子路説：「希望聽到您的志向。」孔子説：「使老年人安逸，使朋友信任，使年青人懷念我。」

◇ 5‧27 ··················

子曰：「已矣乎！吾未見能見其過而內自訟者也。」

孔子説：「算了吧！我沒見過自己有錯而能在內心自我責備的人哩。」

◇ 5‧28 ··················

子曰：「十室之邑，必有忠信如丘者焉，不如丘之好學也。」

孔子説：「十戶人家的小地方，一定有像我這樣既忠心又信實的人，只是不及我愛好學習呢。」

雍也第六

凡三十章。

◇ 6‧1 ··················

子曰：「雍也可使南面。」

孔子説：「冉雍，可以讓他做一個部門或者一個地方的長官。」

◇ 6‧2 ··················

仲弓問子桑伯子，子曰：「可也簡。」仲弓曰：「居敬而行簡，以臨其民，不亦可乎？居簡而行簡，無乃大簡乎？」

子曰：「雍之言然。」

　　仲弓問到子桑伯子（此人已無可考）怎麼樣。孔子説：「簡單
得好。」仲弓説：「他若存心嚴肅認真，而又執簡以馭繁，來治理
百姓，不也可以嗎？若存心簡單，又以簡單行之，不是過於簡單了
嗎？」孔子説：「你的話對。」

◇ 6.3 ....

　　哀公問：「弟子孰為好學？」孔子對曰：「有顏回者好
學，不遷怒，不貳過。不幸短命死矣！今也則亡，未聞好學
者也。」

　　哀公問：「你的學生中誰最愛好學習？」孔子答道：「有個叫顏
回的愛好學習，不拿別人出氣，也從不重犯同樣的錯誤，可是不幸
短命死了，現在再沒有這樣的人了，沒聽説過愛好學習的人了。」

◇ 6.4 ....

　　子華使於齊，冉子為其母請粟，子曰：「與之釜。」請
益。曰：「與之庾。」冉子與之粟五秉。子曰：「赤之適齊也，
乘肥馬，衣輕裘。吾聞之也，君子周急不繼富。」

　　子華（即公西赤）以使者身份去齊國，冉有替他的母親請求孔
子給些小米作補助。孔子説：「給他六斗四升。」冉有請求多給一
點，孔子説：「再給他二斗四升。」冉有卻給了八十石。孔子説：「公
西赤到齊國去，趕着肥壯馬匹駕的車輛，穿着輕而暖和的皮袍。我
聽説過：君子雪裏送炭，不錦上添花。」

◇ 6.5 ....

　　原思為之宰，與之粟九百，辭。子曰：「毋！以與爾鄰
里鄉黨乎！」

原思（姓原，名憲，字子思，孔子弟子）做孔子家的總管，孔子給他小米九百斗，他不受。孔子說：「不要推辭！你有多的，分給你當地的窮人吧！」

◇ 6‧6 ....

子謂仲弓曰：「犁牛之子騂且角，雖欲勿用①，山川其舍諸？」

①古人不用耕牛或者耕牛的牛犢供祭祀。孔子用來比喻仲弓，雖然出身不好，本人卻好，不應該不任用他。

孔子講到仲弓，說：「耕牛生下的牛犢，長着整齊赤色的毛，端正的兩角，雖不想用它當祭品，山水之神難道會放棄它麼？」

◇ 6‧7 ....

子曰：「回也，其心三月不違仁。其餘則日月至焉而已矣。」

孔子說：「顏回，他的心志長時間不離開仁德。其他的學生麼，只是偶然想起來罷了。」

◇ 6‧8 ....

季康子問：「仲由可使從政也與？」子曰：「由也果，於從政乎何有？」曰：「賜也可使從政也與？」曰：「賜也達，於從政乎何有？」曰：「求也可使從政也與？」曰：「求也藝，於從政乎何有？」

季康子問：「仲由可以參與政事嗎？」孔子說：「仲由勇敢果斷，對參與政事有什麼困難呢？」又問：「端木賜可以叫他參與政事嗎？」孔子說：「端木賜通達事理，對參與政事有什麼困難呢？」又問：「冉求可以參與政事嗎？」孔子說：「冉求多才多藝，對參與政事有什麼困難呢？」

◇ 6·9

　季氏使閔子騫為費宰。閔子騫曰：「善為我辭焉。如有復我者，則吾必在汶上^①矣。」

　　①汶水以北，暗指齊國。

　季孫派閔子騫（姓閔，名損，字子騫，孔子弟子）作費邑的縣長。閔子騫說：「好好替我辭掉吧！若是再來找我，我就會逃向汶水以北去了。」

◇ 6·10

　伯牛有疾，子問之，自牖執其手，曰：「亡之，命矣夫！斯人也而有斯疾也！斯人也而有斯疾也！」

　冉伯牛（姓冉，名耕，字伯牛，孔子弟子）病了，孔子去探視，從窗子裏握着他的手，說：「難得活了，這是命呀！這樣的人卻有這樣的病！這樣的人卻有這樣的病！」

◇ 6·11

　子曰：「賢哉，回也！一簞食，一瓢飲，在陋巷，人不堪其憂，回也不改其樂。賢哉，回也！」

　孔子說：「顏回多麼賢明呀！吃一竹筐飯，喝一瓜瓢水，住在簡陋狹小的巷子裏，別人都受不了那種窮苦，他卻不改變他自有的樂趣。多麼賢明的顏回！」

◇ 6·12

　冉求曰：「非不說子之道，力不足也。」子曰：「力不足者，中道而廢。今女畫。」

　冉求說：「不是我不喜歡您的學說，是我能力不夠。」孔子說：「假若你能力不夠，走到半路會前進不動了。現在你還沒有起步呀。」

◇ 6·13

子謂子夏曰：「女為君子儒，無為小人儒。」

孔子對子夏說：「你要做個有道德的儒者，不要做個沒有道德的儒者。」

◇ 6·14

子游為武城宰。子曰：「女得人焉爾乎？」曰：「有澹台滅明者，行不由徑，非公事，未嘗至於偃之室也。」

子游做了武城縣長。孔子說：「你得到了人才麼？」子游說：「有一位叫澹台滅明（姓澹台，名滅明，後為孔子弟子）的人，走路不走小路，不是公事，不曾到我屋裏來。」

◇ 6·15

子曰：「孟之反不伐，奔而殿。將入門，策其馬，曰：『非敢後也，馬不進也。』」

孔子說：「孟之反（魯國大夫，名側）不誇耀自己，軍隊往回逃奔，他卻殿後掩護。將進城門，一面鞭打馬匹，一面說：『不是我大膽殿後，是馬匹不肯向前跑呵！』」

◇ 6·16

子曰：「不有祝鮀之佞，而有宋朝之美，難乎免於今之世矣。」

孔子說：「假使沒有祝鮀（衛國大夫，字子魚）那樣的口才，卻有宋朝（宋國的公子朝）那樣的美麗，在當今社會之中，恐怕難以避免麻煩了。」

◇ 6·17

子曰：「誰能出不由戶？何莫由斯道也？」

孔子說：「誰能走出房間卻不經過房門？為什麼沒有人從這必經之道行走呢？」

◇ 6．18

子曰：「質勝文則野，文勝質則史。文質彬彬，然後君子。」

孔子說：「樸實多於文采就顯得粗野，文采多於樸實就顯得虛浮。文采和樸實配合得當，這才是個君子。」

◇ 6．19

子曰：「人之生也直，罔之生也幸而免。」

孔子說：「人在社會中生存，本該正直。不正直的人也能生存，那只是僥倖避免了禍害。」

◇ 6．20

子曰：「知之者不如好之者，好之者不如樂之者。」

孔子說：「〔對於任何事情〕懂得的人比不上愛好的人，愛好的人比不上以此為樂而不覺疲倦的人。」

◇ 6．21

子曰：「中人以上，可以語上也；中人以下，不可以語上也。」

孔子說：「中等水準以上的人，可以同他談論高深道理；中等水準以下的人，不可以同他談高深道理。」

◇ 6．22

樊遲問知。子曰：「務民之義，敬鬼神而遠之，可謂知矣。問仁。曰：「仁者先難而後獲，可謂仁矣。」

樊遲問怎樣才是聰明。孔子說：「致力於使百姓做事合情合理，嚴肅地對待鬼神，卻不想接近而遠離它，可以說是聰明了。」他又問怎樣算是仁德。孔子說：「有仁德的人對艱難的工作搶先幹，對獲利的事情卻甘願退居別人之後，這可算是仁德了。」

◇ 6·23 ···

子曰：「知者樂水，仁者樂山。知者動，仁者靜。知者樂，仁者壽。」

孔子說：「聰明的人喜愛水，仁德的人喜愛山。聰明的人活躍，仁德的人沉靜。聰明的人快樂，仁德的人長壽。」

◇ 6·24 ···

子曰：「齊一變，至於魯；魯一變，至於道。」

孔子說：「齊國政治教化一有變革，就達到魯國的水準；魯國一變革，就達到先王的大道了。」

◇ 6·25 ···

子曰：「觚（gū）不觚，觚哉？觚哉？」

孔子說：「觚不像個觚，這是觚麼？這是觚麼？」

◇ 6·26 ···

宰我問曰：「仁者，雖告之曰『井有仁焉』，其從之也？」子曰：「何為其然也？君子，可逝也，不可陷也；可欺也，不可罔也。」

宰我問道：「對仁德的人，就告訴他『井裏掉下一位仁人』，他會跟着下井嗎？」孔子說：「為什麼要這麼幹呢？對君子，可以叫他遠遠走開不再回頭，卻不可以陷害他；可以欺騙他，卻不可以愚弄他。」

◇ 6‧27 ·····················

子曰：「君子博學於文，約之以禮，亦可以弗畔矣夫！」

孔子說：「君子廣泛地學習文獻，再用禮制約束自己，也就不至於離經叛道了。」

◇ 6‧28 ·····················

子見南子，子路不說。夫子矢之曰：「予所否者，天厭之！天厭之！」

孔子和衞靈公夫人南子（她把持國政，行為不正，名聲不好）相見，子路不高興。孔子發誓說：「我若有不對的地方，天厭棄我吧！天厭棄我吧！」

◇ 6‧29 ·····················

子曰：「中庸之為德也，其至矣乎！民鮮久矣。」

孔子說：「中庸是道德中至高無上的了，大家已經長久缺乏了。」

◇ 6‧30 ·····················

子貢曰：「如有博施於民而能濟眾，何如？可謂仁乎？」子曰：「何事於仁！必也聖乎！堯、舜其猶病諸！夫仁者，己欲立而立人，己欲達而達人。能近取譬，可謂仁之方也已。」

子貢說：「假若有人，能夠廣泛地給人以好處，又能幫助眾人過好生活，怎麼樣？可以說是仁德麼？」孔子說：「哪裏只是有仁德！一定達到聖德的境界了！堯和舜還辦不到哩！仁是什麼呢？自己要站得住腳，便要使他人也站得住腳；自己要行得通，便要使他人也行得通。能夠從身邊拿一件事作例子，推廣開去，可以說是實行仁德的方法了。」

述而第七

此篇多記聖人謙己誨人之辭及其容貌行事之實。凡三十八章。

◇ 7·1

子曰：「述而不作，信而好古，竊比於我老彭。」

孔子說：「傳述而不創作，相信並愛好古代文化，我私自和我那老彭（傳說是殷商時的賢大夫）相比。」

◇ 7·2

子曰：「默而識之，學而不厭，誨人不倦，何有於我哉？」

孔子說：「將所聞所見默默地記在心裏，學習不厭棄，教人不疲倦，這些我做到了哪些呢？」

◇ 7·3

子曰：「德之不修，學之不講，聞義不能徙，不善不能改，是吾憂也。」

孔子說：「不修養品德，不講求學問，聽到應該做的合理事情不能去幹，自己的毛病不能改正，這些都是我的憂慮。」

◇ 7·4

子之燕居，申申如也，夭夭如也。

孔子在家閒居，整齊清潔，和樂舒展。

◇ 7·5

子曰：「甚矣吾衰也！久矣吾不復夢見周公。」

孔子說：「我衰老得多麼厲害呀！好久沒再夢到周公（姓姬，

名旦，周武王之弟，為孔子最敬服的古聖人）了。」

◇ 7‧6 ⋯⋯⋯⋯⋯⋯⋯⋯⋯⋯⋯⋯

子曰：「志於道，據於德，依於仁，遊於藝。」

孔子説：「志向在『道』，根據在『德』，依靠在『仁』，遊樂在禮、樂、射、御、書、數六藝之中。」

◇ 7‧7 ⋯⋯⋯⋯⋯⋯⋯⋯⋯⋯⋯⋯

子曰：「自行束脩以上，吾未嘗無誨焉。」

孔子説：「只要送給我一點拜師薄禮，我從沒有不教導的。」

◇ 7‧8 ⋯⋯⋯⋯⋯⋯⋯⋯⋯⋯⋯⋯

子曰：「不憤不啟，不悱不發。舉一隅不以三隅反，則不復也。」

孔子説：「不到他想求明白而感到困難的時候不去啟發他，不到他想説而又説不出來的時候不去開導他。告訴他一方，卻不能推想而知道另外三方的，我就不再教他了。」

◇ 7‧9 ⋯⋯⋯⋯⋯⋯⋯⋯⋯⋯⋯⋯

子食於有喪者之側，未嘗飽也。

孔子在死了親屬的人旁邊吃飯，不曾吃飽過。

◇ 7‧10 ⋯⋯⋯⋯⋯⋯⋯⋯⋯⋯⋯⋯

子於是日哭，則不歌。

孔子在這一天哭泣過，就不再唱歌。

◇ 7‧11 ⋯⋯⋯⋯⋯⋯⋯⋯⋯⋯⋯⋯

子謂顏淵曰：「用之則行，舍之則藏，唯我與爾有是

夫！」子路曰：「子行三軍，則誰與？」子曰：「暴虎馮河，死而無悔者，吾不與也。必也臨事而懼，好謀而成者也。」

孔子對顏淵說：「用我呢，就幹起來；不用呢，就收藏起來。只有我和你這樣吧！」子路說：「您假若統帥軍隊，找誰同去？」孔子說：「赤手空拳和老虎搏鬥，不坐船徒步過河，這樣死了都不後悔的人，我是不跟他共事的。我要共事的，一定是面對工作恐懼謹慎，講究謀略而能成功的人。」

◇ 7・12

子曰：「富而可求也，雖執鞭之士，吾亦為之。如不可求，從吾所好。」

孔子說：「財富如果可以求得，縱是拿着鞭子做市場的守門卒，我也去幹。如果不可以求得，還是我幹我喜歡的。」

◇ 7・13

子之所慎：齊，戰，疾。

孔子所小心謹慎的是：齋戒，戰爭，疾病。

◇ 7・14

子在齊聞《韶》，三月不知肉味，曰：「不圖為樂之至於斯也！」

孔子在齊國聽到《韶》的樂章，很長時間嘗不出肉的味道，便說：「想不到欣賞音樂竟到了這種境界！」

◇ 7・15

冉有曰：「夫子為衛君①乎？」子貢曰：「諾，吾將問之。」入，曰：「伯夷、叔齊何人也？」曰：「古之賢人也。」曰：「怨乎？」曰：「求仁而得仁，又何怨！」出，曰：「夫子不為也。」

①衛君，衛出公蒯輒。他拒絕晉軍護送他父親進入衛國，等於父子爭國，和伯夷、叔齊的互相讓國恰成對比。

冉有說：「老師會幫助衛君嗎？」子貢說：「好吧，我去探聽探聽。」子貢來到孔子住處，問道：「伯夷、叔齊是什麼樣的人？」孔子說：「是古代的賢人。」子貢說：「他們〔互相推讓，拋棄君位，〕悔恨嗎？」孔子說：「他們尋求仁德，就得到仁德，又悔恨什麼呢？」子貢出來，對冉有說：「老師不會幫助衛君。」

◇ 7 · 16

子曰：「飯疏食，飲水，曲肱而枕之，樂亦在其中矣。不義而富且貴，於我如浮雲。」

孔子說：「吃糙米，喝冷水，彎着胳膊枕着腦袋，其中也自有樂趣。幹不應該做的事從而做官發財，對我來說，好比是天空中浮來浮去的過眼雲朵一般。」

◇ 7 · 17

子曰：「加我數年，五十以學《易》，可以無大過矣。」

孔子說：「讓我再活幾年，到五十歲時學習《易經》，便可以沒有大錯誤了。」

◇ 7 · 18

子所雅言，《詩》《書》、執禮，皆雅言也。

孔子用普通話說話，那是在講習《詩經》《書經》和執行禮儀的時候，這些都用的普通話。

◇ 7 · 19

葉公問孔子於子路，子路不對。子曰：「女奚不曰：『其為人也，發憤忘食，樂以忘憂，不知老之將至云爾。』」

葉縣縣長（沈諸梁）向子路問到孔子，子路沒有回答。孔子說：「你怎麼不說：『他的為人，用功忘記了吃飯，快樂以致忘記了憂愁，不曉得老境會要到來，如此罷了。』」

◇ 7·20 ⋯⋯⋯⋯⋯⋯⋯⋯⋯⋯⋯⋯⋯⋯⋯⋯

子曰：「我非生而知之者，好古，敏以求之者也。」

孔子說：「我不是生下來便有知識的人，而是喜愛古代文化，勤快地求得來的人。」

◇ 7·21 ⋯⋯⋯⋯⋯⋯⋯⋯⋯⋯⋯⋯⋯⋯⋯⋯

子不語：怪、力、亂、神。

孔子不講的是：怪異、強力、叛亂和鬼神。

◇ 7·22 ⋯⋯⋯⋯⋯⋯⋯⋯⋯⋯⋯⋯⋯⋯⋯⋯

子曰：「三人行，必有我師焉：擇其善者而從之，其不善者而改之。」

孔子說：「幾個人一道走路，其中一定有我的老師：我選擇他們中的長處，就跟着學習；對其中的缺點，就自己檢查加以改正。」

◇ 7·23 ⋯⋯⋯⋯⋯⋯⋯⋯⋯⋯⋯⋯⋯⋯⋯⋯

子曰：「天生德於予，桓魋（tuí）①其如予何？」

①桓魋，宋國大官，孔子從曹國到宋國，桓魋企圖在路上殺死孔子。

孔子說：「上天賦予我這樣的品德，桓魋將把我怎麼樣？」

◇ 7·24 ⋯⋯⋯⋯⋯⋯⋯⋯⋯⋯⋯⋯⋯⋯⋯⋯

子曰：「二三子以我為隱乎？吾無隱乎爾。吾無行而不與二三子者，是丘也。」

孔子說：「你們這些學生以為我對你們有所隱瞞嗎？我沒有任何隱瞞。我沒有一絲言行不能向你們公開，這就我孔丘的為人。」

◇ 7·25

子以四教：文、行、忠、信。

孔子用四樣課程教誨學生：文獻知識，社會實踐，對人對事赤膽忠心，和別人往來誠實講信用。

◇ 7·26

子曰：「聖人，吾不得而見之矣；得見君子者，斯可矣。」子曰：「善人，吾不得而見之矣；得見有恆者，斯可矣。亡而為有，虛而為盈，約而為泰，難乎有恆矣。」

孔子說：「聖人，我不能看到了；能看到君子，這就可以了。」又說：「善良的人，我不能看到了；能看到有一定操守的人，這就可以了。沒有卻裝成有，空虛卻裝成充足，貧乏卻裝成豪華，這樣的人難以有操守了。」

◇ 7·27

子釣而不綱，弋不射宿。

孔子用竹竿釣魚，不用大繩做網上的綱來橫斷水流攔魚；用帶生絲的箭射鳥，不射歸巢歇宿的鳥。

◇ 7·28

子曰：「蓋有不知而作之者，我無是也。多聞，擇其善者而從之，多見而識之，知之次也。」

孔子說：「大概有一種人，並無所知，卻憑空瞎說一氣，我沒有這種毛病。多多地聽，選擇其中好的跟着學，多多看，記在心裏，這就是比生而知之的『上智』次一等的求知方法。」

◇ 7·29

互鄉難與言。童子見，門人惑。子曰：「與其進也，不與其退也，唯何甚？人潔己以進，與其潔也，不保其往也。」

互鄉（今地名不詳）這地方的人〔習俗不好，〕很難和他們說話。有個童子受到孔子接見，學生們有疑惑。孔子說：「我贊成他的進步，不贊成他的退步，何必做得過火？別人乾乾淨淨地來，應該看他乾淨的一面，不要死盯住他過去的一面。」

◇ 7·30

子曰：「仁遠乎哉？我欲仁，斯仁至矣。」

孔子說：「仁德距離我遠麼？我要仁德，仁德就來了。」

◇ 7·31

陳司敗問：「昭公知禮乎？」孔子曰：「知禮。」孔子退，揖巫馬期而進之，曰：「吾聞君子不黨，君子亦黨乎？君取於吳為同姓，謂之吳孟子。君而知禮，孰不知禮？」巫馬期以告。子曰：「丘也幸，苟有過，人必知之。」

陳司敗（即陳國的司寇官）問：「魯昭公懂得禮法麼？」孔子說：「懂得禮法。」孔子退了出來，陳司敗向巫馬期（姓巫馬，名施，字期，孔子弟子）作了個揖，請他朝自己走近，說：「我聽說君子不偏袒，孔子也偏袒嗎？魯昭公從吳國娶了一位夫人，吳國和魯國同姓姬，〔不便叫『吳姬』，〕改叫吳孟子。魯君若是懂得禮法，誰不懂得禮法呢？」巫馬期把話告訴孔子。孔子說：「我很幸運，如果有了錯過，別人一定知道。」

◇ 7·32

子與人歌而善，必使反之，而後和之。

孔子和別人一道歌唱，別人唱得好，一定請他再來一遍，然後跟着他再唱。

◇ 7·33 ┈┈┈┈┈┈┈┈┈┈┈┈┈┈┈

子曰：「文，莫吾猶人也。躬行君子，則吾未之有得。」

孔子説：「文獻知識，我大概同別人不相上下。在社會生活中親自實踐做一個君子，我還沒有做到。」

◇ 7·34 ┈┈┈┈┈┈┈┈┈┈┈┈┈┈┈

子曰：「若聖與仁，則吾豈敢？抑為之不厭，誨人不倦，則可謂云爾已矣。」公西華曰：「正唯弟子不能學也。」

孔子説：「講到聖和仁，我怎麼敢當？不過是工作不厭煩，教誨別人不疲倦，可説是如此罷了。」公西華説：「這正是學生們學不到的。」

◇ 7·35 ┈┈┈┈┈┈┈┈┈┈┈┈┈┈┈

子疾病，子路請禱。子曰：「有諸？」子路對曰：「有之。《誄》曰：『禱爾于上下神祇。』」子曰：「丘之禱久矣。」

孔子病重，子路請求祈禱。孔子説：「有這回事麼？」子路答道：「有的。《誄》文説：『在天神地神前面為你祈禱吧！』」孔子曰：「我早就祈禱過了。」

◇ 7·36 ┈┈┈┈┈┈┈┈┈┈┈┈┈┈┈

子曰：「奢則不孫，儉則固。與其不孫也，寧固。」

孔子説：「奢侈就顯得倨傲，節儉就顯得寒傖。與其倨傲，寧可寒傖。」

◇ 7・37

子曰：「君子坦蕩蕩，小人長戚戚。」

孔子說：「君子心地平坦寬廣，小人常常局促憂愁。」

◇ 7・38

子溫而厲，威而不猛，恭而安。

孔子溫和卻嚴厲，有威儀卻不兇狠，莊嚴而且安詳。

泰伯第八

凡二十一章。

◇ 8・1

子曰：「泰伯①，其可謂至德也已矣。三以天下讓，民無得而稱焉。」

①泰伯是周朝祖先古公亶父的長子，因讓國與次弟仲雍出走，而遂其父之願。

孔子說：「泰伯，那可以說是道德至高無上的了。多次把王位讓給小老弟，百姓看不到禮讓的形跡，因而無法來稱讚他。」

◇ 8・2

子曰：「恭而無禮則勞，慎而無禮則葸，勇而無禮則亂，直而無禮則絞。君子篤於親，則民興於仁；故舊不遺，則民不偷。」

孔子說：「一味恭敬而不知禮法就會辛勞，一味謹慎而不顧禮法就會膽小怕事，一味勇敢而不懂禮法就會闖禍作亂，心直口快而不守禮法就會尖刻刺人。統治者對待親族講厚道，百姓就會趨向仁德；不遺忘各種老關係與老交情，百姓就不致對人淡薄無情。」

◇ 8・3 ·················

曾子有疾，召門弟子曰：「啟予足！啟予手！《詩》云：『戰戰兢兢，如臨深淵，如履薄冰。』而今而後，吾知免夫！小子！」

曾參病了，把學生們召集攏來，說：「看看我的腳！看看我的手！《詩經・小雅・小旻》上說：『戰戰兢兢，謹慎小心，好像面臨深深的水坑，好像行走在薄冰之上。』從今以後，我知道自己能夠免於禍害刑戮，得以善終了，學生們！」

◇ 8・4 ·················

曾子有疾，孟敬子問之。曾子言曰：「鳥之將死，其鳴也哀；人之將死，其言也善。君子所貴乎道者三：動容貌，斯遠暴慢矣；正顏色，斯近信矣；出辭氣，斯遠鄙倍矣。籩豆之事，則有司存。」

曾參病了，孟敬子（魯國大夫，仲孫捷）去探問。曾參說：「鳥要死時，鳴聲是悲哀的；人要死時，說出的話是和善的。在上位的人應重視的儀容態度有三個方面：容貌莊嚴，這就不致招來粗暴和怠慢；面色端正，這就接近於誠信；措詞得體，聲調合宜，這就避免鄙陋和錯誤。至於禮儀中的具體小節，自有主管官吏去佈置。」

◇ 8・5 ·················

曾子曰：「以能問於不能，以多問於寡；有若無，實若虛，犯而不校。昔者吾友嘗從事於斯矣。」

曾子說：「自己有才能卻向沒有什麼才能的請教，知識豐富卻向知識不多的請教；有十分本領卻像一無所有，滿肚子才華卻像空無一物；別人觸犯他，他不計較。從前我有一位朋友是這樣做人的。」

◇ 8‧6

曾子曰：「可以託六尺之孤，可以寄百里之命，臨大節而不可奪也，君子人與？君子人也。」

曾子說：「可以把幼小孤兒託付給他，可以把方圓百里的國家的命運委託給他，面臨生死存亡的關頭也不會動搖，這是君子一樣的人嗎？是君子一樣的人呵！」

◇ 8‧7

曾子曰：「士不可以不弘毅，任重而道遠。仁以為己任，不亦重乎？死而後已，不亦遠乎？」

曾子說：「讀書人不可以不剛強而有毅力，因為他責任重大，道路遙遠。以實行仁德為自己的責任，不也重大嗎？到死才停下，不也遙遠嗎？」

◇ 8‧8

子曰：「興於《詩》，立於禮，成於樂。」

孔子說：「《詩經》使我富於聯想力，禮法使我能立足於社會，音樂使我能完成學業。」

◇ 8‧9

子曰：「民可使由之，不可使知之。」

孔子說：「百姓可以指點他們走哪條路，不可以告訴他們那是為什麼。」

◇ 8‧10

子曰：「好勇疾貧，亂也。人而不仁，疾之已甚，亂也。」

孔子說：「喜愛逞英雄而厭惡貧困，這種人會作亂。有人不講仁德，人們卻厭惡他太甚，也會招致禍亂。」

◇ 8·11

子曰：「如有周公之才之美，使驕且吝，其餘不足觀也已。」

孔子說：「假如一個人，能有周公那樣美好的才能，他若驕傲而且吝嗇，其他方面也值不得一顧了。」

◇ 8·12

子曰：「三年學，不至於穀，不易得也。」

孔子說：「學了幾年，無意於做官得俸祿，這種人是難得的。」

◇ 8·13

子曰：「篤信好學，守死善道。危邦不入，亂邦不居。天下有道則見，無道則隱。邦有道，貧且賤焉，恥也。邦無道，富且貴焉，恥也。」

孔子說：「堅定地相信我們的思想觀念，努力學習，誓死保衛，使它完善。危險的國家不去進入，混亂國家不去居住。天下清平，就出來做官；腐敗黑暗，就隱居不出。國家興盛，自己貧窮卑賤，這是恥辱。國家腐敗黑暗，自己發財做官，也是恥辱。」

◇ 8·14

子曰：「不在其位，不謀其政。」

孔子說：「不在那個職位上，就不考慮那方面的工作。」

◇ 8·15

子曰：「師摯之始，《關雎》之亂，洋洋乎盈耳哉！」

孔子說：「當太師摯（魯國樂官）開始演奏的時候，當奏完《關睢》樂章的時候，悠揚的樂聲充耳，真好聽呀！」

◇ 8·16

子曰：「狂而不直，侗而不願，悾悾而不信，吾不知之矣。」

孔子說：「狂妄而又不直爽，幼稚而又不老實，無能而又不講信用，這種人，我不知道會有什麼下場。」

◇ 8·17

子曰：「學如不及，猶恐失之。」

孔子說：「做學問〔好似追趕什麼，〕生怕追不上；〔追上了，〕又生怕丟失它。」

◇ 8·18

子曰：「巍巍乎！舜、禹之有天下也，而不與焉。」

孔子說：「舜和禹真是崇高呀！貴為天子，富有四海，卻一點不圖個人享受。」

◇ 8·19

子曰：「大哉堯之為君也，巍巍乎！唯天為大，唯堯則之。蕩蕩乎，民無能名焉。巍巍乎其有成功也！煥乎其有文章！」

孔子說：「堯作為國君真偉大崇高呀！只有天最大，也只有堯能效法天。他的恩德廣博無邊，老百姓不知道怎樣去讚美他。他的豐功偉績真崇高呀！他的禮儀制度也太美好了！」

舜有臣五人而天下治。武王曰：「予有亂臣十人。」孔子曰：「才難，不其然乎？唐、虞之際，於斯為盛。有婦人焉，九人而已。三分天下有其二，以服事殷。周之德，其可謂至德也已矣。」

舜有五位賢良之臣，便天下太平。周武王說：「我有十位治理國家之臣。」孔子說：「人才難得，不是這樣麼？唐堯、虞舜相交的時候，在〔周武王〕這個時代，人才最盛。那十人之中還有位婦女，實際只有九人。周文王得了當時天下的三分之二，仍然向商紂稱臣。周朝的道德，可以說是至高無上的了。」

子曰：「禹，吾無間然矣。菲飲食，而致孝乎鬼神；惡衣服，而致美乎黻冕；卑宮室，而盡力乎溝洫。禹，吾無間然矣！」

孔子說：「禹，我對他沒有意見啦。他吃得很差，卻對鬼神祭祀很豐盛；穿得很壞，卻把祭服做得很華美；住得很簡陋，卻傾全力於興修溝渠水利。禹，我對他沒有意見啦！」

子罕第九

凡三十一章。

子罕言利與命與仁。

孔子很少講到利益、命運和仁德。

達巷黨人曰：「大哉孔子！博學而無所成名。」子聞之，謂門弟子曰：「吾何執？執御乎？執射乎？吾執御矣。」

達街的一個人說：「孔子真偉大！學問廣博，可惜沒有專長能夠出名。」孔子聽到，便對學生說：「我專長於幹什麼呢？駕車嗎？射箭嗎？我還是駕車好了。」

子曰：「麻冕，禮也；今也純，儉。吾從眾。拜下，禮也；今拜乎上，泰也。雖違眾，吾從下。」

孔子說：「用麻織成禮帽，是合於傳統禮儀的；今天改用黑色的絲，省工，我贊成大眾的做法。臣子朝見君主，先在堂下磕頭，這是禮節；今天只在登堂以後磕頭，是一種倨傲的表現。縱是違反大眾，我還是要先在堂下磕頭〔，然後升堂再磕頭〕。」

子絕四：毋意，毋必，毋固，毋我。

孔子絲毫沒有這四種毛病：不憑空揣測，不絕對肯定，不拘泥固執，不唯我獨是。

子畏於匡，曰：「文王既沒，文不在茲乎？天之將喪斯文也，後死者不得與於斯文也；天之未喪斯文也，匡人其如予何？」

孔子被匡地的民眾所拘禁，便說：「周文王死了之後，所有文化遺產不都掌握在我這裏嗎？上天若要消滅這些文化，那我也不會掌握它了；上天若是不想絕滅這些文化，那匡人能把我怎麼樣呢？」

太宰問於子貢曰：「夫子聖者與？何其多能也？」子貢曰：「固天縱之將聖，又多能也。」子聞之，曰：「太宰知我乎？吾少也賤，故多能鄙事。君子多乎哉？不多也。」

太宰（官名）問子貢說：「孔老夫子是聖人麼？為什麼這麼多才多藝呢？」子貢說：「上天本來就使他成為聖人，又多才多藝。」孔子聽到了，說：「太宰瞭解我嗎？我小時候窮苦，所以學會許多鄙賤的技藝。真正的上層人物會有很多技巧麼？不會有很多的。」

◇ 9．7　‧‧‧‧‧‧‧‧‧‧‧‧‧‧‧‧‧‧‧‧‧‧‧‧‧‧‧‧‧‧‧‧‧‧‧

牢曰：「子云：『吾不試，故藝。』」

琴牢（字子開，孔子弟子）說：「孔子說過：『我不曾為國家所用，所以學得一些技藝。』」

◇ 9．8　‧‧‧‧‧‧‧‧‧‧‧‧‧‧‧‧‧‧‧‧‧‧‧‧‧‧‧‧‧‧‧‧‧‧‧

子曰：「吾有知乎哉？無知也。有鄙夫問於我，空空如也，我叩其兩端而竭焉。」

孔子說：「我有知識麼？沒有哩。有一個莊稼漢問我，我一點也不知道。我就他的問題的始末一一盤問〔，才得到很多啟發，然後儘量答覆他〕。」

◇ 9．9　‧‧‧‧‧‧‧‧‧‧‧‧‧‧‧‧‧‧‧‧‧‧‧‧‧‧‧‧‧‧‧‧‧‧‧

子曰：「鳳鳥不至，河不出圖①，吾已矣夫！」

①鳳凰傳說是一種神鳥，黃河出現圖畫傳說有聖人受命，孔子說到這些，比喻當時天下清平無望。

孔子說：「鳳凰不飛來了，黃河也沒圖畫出來了，我這一生也就完了吧！」

◇ 9‧10　　⋯⋯⋯⋯⋯⋯⋯⋯⋯⋯⋯⋯⋯⋯⋯⋯

　　子見齊衰者、冕衣裳者與瞽者，見之，雖少，必作；過之，必趨①。

　　①這是古代同情和敬意的表示。

　　孔子遇見穿喪服的、戴禮帽穿禮服的和瞎了眼睛的，縱使他年輕，也一定起立；經過他們身旁，一定快走幾步。

◇ 9‧11　　⋯⋯⋯⋯⋯⋯⋯⋯⋯⋯⋯⋯⋯⋯⋯⋯

　　顏淵喟然歎曰：「仰之彌高，鑽之彌堅；瞻之在前，忽焉在後。夫子循循然善誘人，博我以文，約我以禮，欲罷不能。既竭吾才，如有所立卓爾。雖欲從之，末由也已。」

　　顏淵長長地感歎說：「〔老師之道〕抬頭望去，越望越覺得高；鑽研着，越鑽越覺得堅固。看它在前面，忽而又在後頭。老師有計劃有步驟地善於誘導我們，用各種文獻豐富我們的知識，又用禮法約制我們的思想和行為，我們想停止學習也不可能。我已經用盡了我全部的才能，似乎能夠獨立工作了。即使想要再邁進一步，又不曉得怎樣着手了。」

◇ 9‧12　　⋯⋯⋯⋯⋯⋯⋯⋯⋯⋯⋯⋯⋯⋯⋯⋯

　　子疾病，子路使門人為臣。病間，曰：「久矣哉，由之行詐也！無臣而為有臣。吾誰欺？欺天乎？且予與其死於臣之手也，無寧死於二三子之手乎！且予縱不得大葬，予死於道路乎？」

　　孔子病得厲害，子路叫同學們組織治喪處。過了一段時間，孔子的病漸漸痊癒，便說：「仲由幹這種欺假勾當竟這麼久了！我本不該有治喪處，竟組織治喪處。我欺哄誰？欺哄上天嗎？而且我與其死在治喪者的手裏，不如死在你們學生手裏。我即使不能熱熱鬧鬧大辦喪葬，我會死在路上嗎？」

◇ 9 · 13

子貢曰：「有美玉於斯，韞櫝而藏諸？求善賈而沽諸？」子曰：「沽之哉！沽之哉！我待賈者也。」

子貢説：「這裏有塊美玉，是放在櫃裏收藏起來，還是尋找識貨的人賣掉呢？」孔子説：「賣掉！賣掉！我在等識貨的人哩。」

◇ 9 · 14

子欲居九夷。或曰：「陋，如之何？」子曰：「君子居之，何陋之有？」

孔子想到九夷去居住。有人説：「那裏太簡陋，怎麼行？」孔子説：「君子居住在那兒，有什麼簡陋呢？」

◇ 9 · 15

子曰：「吾自衞反魯，然後樂正，《雅》《頌》各得其所。」

孔子説：「我從衞國回到魯國，然後《詩》的樂章得到訂正，《雅》歸《雅》，《頌》歸《頌》，各個篇章都安置在它應該在的地方。」

◇ 9 · 16

子曰：「出則事公卿，入則事父兄，喪事不敢不勉，不為酒困，何有於我哉？」

孔子説：「出外就服事公卿，在家就服事長輩，遇到喪事不敢不盡禮儀，不被飲酒所困擾，這幾項，我做到了哪些呢？」

◇ 9 · 17

子在川上，曰：「逝者如斯夫！不舍晝夜。」

孔子在河邊，感歎道：「一去不回頭的光陰就像這河水啊，日

日夜夜不停地流去。」

◇ 9·18

子曰：「吾未見好德如好色者也。」

孔子說：「我沒有見過愛好美德像愛好美色一樣的人。」

◇ 9·19

子曰：「譬如為山，未成一簣，止，吾止也。譬如平地，雖覆一簣，進，吾往也。」

孔子說：「好比堆土成山，只差一筐土，便停止不堆了，那是我自己停止的。又好比在一塊空地上，即使僅僅倒下一筐土，仍要繼續前進，那也是我自己前進的。」

◇ 9·20

子曰：「語之而不惰者，其回也與！」

孔子說：「聽我說話始終專心，絲毫不懈怠的，大概只顏回一個人吧！」

◇ 9·21

子謂顏淵，曰：「惜乎！吾見其進也，未見其止也。」

孔子講到顏淵，說：「可惜死了呀！我只看見他進步，沒有看見他停滯不前。」

◇ 9·22

子曰：「苗而不秀者有矣夫！秀而不實者有矣夫！」

孔子說：「莊稼生長起來而不吐穗開花，有過的吧！吐穗開花卻不凝漿結實，有過的吧！」

◇ 9‧23 ┈┈┈┈┈┈┈┈┈┈┈┈┈┈┈┈┈┈┈┈

子曰：「後生可畏，焉知來者之不如今也？四十、五十
而無聞焉，斯亦不足畏也已。」

孔子說：「年輕人是可敬畏的，怎能斷定他們將來趕不上今天
的人呢？一個人到四五十歲，還沒有一點名聲，這也值不得敬畏
了。」

◇ 9‧24 ┈┈┈┈┈┈┈┈┈┈┈┈┈┈┈┈┈┈┈┈

子曰：「法語之言，能無從乎？改之為貴。巽與之言，
能無說乎？繹之為貴。說而不繹，從而不改，吾末如之何也
已矣。」

孔子說：「莊重、合理的話，能夠不聽從麼？改正錯誤才可
貴。順從自己的話，能夠不高興嗎？分析推究才可貴。一味高興，
不去分析推究；表面聽從，實際不改，這樣，我是沒有辦法對付他
的了。」

◇ 9‧25 ┈┈┈┈┈┈┈┈┈┈┈┈┈┈┈┈┈┈┈┈

子曰：「主忠信。毋友不如己者。過則勿憚改。」①

①與《學而篇》1‧8重複。

孔子說：「應以忠心和信實這兩種品德為主。不要跟不如自己
的人交朋友。有了過錯，就不要怕改正。」

◇ 9‧26 ┈┈┈┈┈┈┈┈┈┈┈┈┈┈┈┈┈┈┈┈

子曰：「三軍可奪帥也，匹夫不可奪志也。」

孔子說：「一國的軍隊雖多，可以奪去它的主帥；一個普通男
子漢，卻不能強迫他改變志向。」

◇ 9‧27

子曰：「衣敝緼袍①，與衣狐貉者立，而不恥者，其由也與？『不忮不求，何用不臧？』」子路終身誦之。子曰：「是道也，何足以臧？」

①古代沒有木棉和草棉，只有絲綿。

孔子説：「穿着破舊絲綿袍，和穿狐貉裘的人一塊站着，不覺得慚愧的，那只有仲由吧！《詩經‧邶風‧雄雉》上説，『不嫉妒，不貪求，為什麼不會好？』」子路聽了，老唸着這兩句詩。孔子説：「僅僅這個樣子，又怎麼能好得起來？」

◇ 9‧28

子曰：「歲寒，然後知松柏之後凋也。」

孔子説：「天氣嚴寒了，然後才知道松柏樹是最後凋謝的。」

◇ 9‧29

子曰：「知者不惑，仁者不憂，勇者不懼。」

孔子説：「聰明的人不致迷惑，仁德的人無所憂愁，勇敢的人無所畏懼。」

◇ 9‧30

子曰：「可與共學，未可與適道；可與適道，未可與立；可與立，未可與權。」

孔子説：「可以和他一同學習，未必可以和他一同取得某種成就；可以和他取得某種成就，未必可以和他事事依禮而行；可以和他事事依禮而行，未必可以和他一道衡量事理的輕重，臨危應變。」

◇ 9·31

「唐棣之華，偏其反而。豈不爾思，室是遠而。」^①子
曰：「未之思也。夫何遠之有？」

①這幾句詩不見於今本《詩經》，宋時即已亡失。

「唐棣的花兒，搖擺翩翩。難道我不思念你，實在相距太遙
遠。」孔子說：「你是不去思念，真的思念，有什麼遙遠呢？」

鄉黨第十

舊說凡一章，今分二十七節。

◇ 10·1

孔子於鄉黨，恂恂如也，似不能言者。其在宗廟朝廷，
便便言，唯謹爾。

孔子在家鄉，非常恭順，好像不大會說話的樣子。在宗廟裏
或朝廷上，便明白而流暢地說話，只是說得很少。

◇ 10·2

朝，與下大夫言，侃侃如也；與上大夫言，誾誾如也。
君在，踧踖如也，與與如也。

上朝廷，〔君主還沒臨朝，〕和下大夫說話，顯出溫和而快樂
的樣子；和上大夫說話，顯出正直而恭敬的樣子。君主臨朝，顯出
恭敬而心中不安的樣子，行步安詳的樣子。

◇ 10·3

君召使擯，色勃如也，足躩如也。揖所與立，左右手，
衣前後，襜如也。趨進，翼如也。賓退，必復命曰：「賓不顧
矣。」

國君召孔子去接待外國貴賓，他面色矜持莊重，步履也快。向兩邊的人作揖，或者向左拱手，或者向右拱手，衣服一俯一仰，都很整齊。快步向前，如同鳥兒舒展了翅膀。貴賓辭別以後，一定回來向國君報告說：「貴賓不再回頭了。」

◇ 10·4 ······················

入公門，鞠躬如也，如不容。立不中門，行不履閾。過位，色勃如也，足躩如也，其言似不足者。攝齊升堂，鞠躬如也，屏氣似不息者。出，降一等，逞顏色，怡怡如也。沒階，趨，翼如也。復其位，踧踖如也。

孔子走進朝廷的門，彎腰顯出害怕而小心的樣子，如同沒有容身之地。不站立在門中間，行走不踩門檻。經過國君的空席位，面色矜持莊重，腳步也快，說話好像中氣不足似的。提起下襬登上殿堂，彎腰顯出恭敬而謹慎的樣子，憋住氣，好像不呼吸似的。走出來，下一級台階，面色便輕鬆了，顯出怡然自得的樣子。走完台階，快步向前，如同鳥兒舒展了翅膀。回到自己席位，顯出恭敬而不安的樣子。

◇ 10·5 ······················

執圭，鞠躬如也，如不勝。上如揖，下如授。勃如戰色，足蹜蹜，如有循。享禮，有容色。私覿，愉愉如也。

〔孔子出使，會見鄰國君主，〕拿着圭，彎腰顯出恭敬謹慎的樣子，好像舉不起來。向上舉，好像作揖；向下舉，好像交給別人；面色矜莊，好像在作戰；腳步緊湊細小，好像過獨木橋似的。獻禮物的時候，滿臉和氣。以私人身份會見外國君主，顯得輕鬆愉快。

◇ 10·6 ······················

君子不以紺緅飾，紅紫不以為褻服。當暑，袗絺綌，必

表而出之。緇衣羔裘，素衣麑裘，黃衣狐裘。褻裘長。短右袂。必有寢衣，長一身有半。狐貉之厚以居。去喪，無所不佩。非帷裳，必殺之。羔裘玄冠不以弔。吉月，必朝服而朝。

君子不用天青色和鐵灰色的料子作鑲邊，淺紅色和紫色的料子不用來做居家常穿的衣服。大熱天，穿粗葛布或者細葛布的單衣，但貼身一定有襯衣，葛布衣一定在外層。黑色的衣配紫羔，白色的配麑裘，黃色的配狐裘〔，因為顏色相近〕。居家的皮襖身材較長，右邊袖子短些〔，做事方便〕。睡覺一定有小被，長度是本人身長的一又二分之一。用狐、貉的厚毛做坐墊。喪服期滿了以後，什麼都可以佩帶。不是朝服和祭服，用整幅布做的裙子，一定裁去剩餘的材料。紫羔和黑色禮帽，都不穿戴着去弔喪。大年初一，一定穿着上朝的禮服去朝賀。

◇ 10‧7

齊，必有明衣，布。齊，必變食，居必遷坐。

齋戒沐浴的時候，一定有潔淨的浴衣，用麻葛布製成的。一定改變平常的飲食〔，不喝酒，不吃蔥、韭、蒜等有氣味的食物〕。居住也一定搬遷，獨自睡一間房〔，不與妻妾同室〕。

◇ 10‧8

食不厭精，膾不厭細。食饐而餲，魚餒而肉敗，不食。色惡，不食。臭惡，不食。失飪，不食。不時，不食。割不正，不食。不得其醬，不食。肉雖多，不使勝食氣。惟酒無量，不及亂。沽酒市脯，不食。不撤薑食，不多食。

飯食不嫌舂得精白，魚肉不嫌切得細。飯食黴爛發臭，魚肉腐敗，都不吃。食品顏色難看，不吃。氣味難聞，不吃。烹調不當，不吃。不到該吃的時候，不吃。不按規定砍割的肉，不吃。沒有一定的醬醋調味，不吃。席上的肉即使多，但吃它不超過主食。

只有酒不定量，但不至於醉。買來的酒和肉乾不吃。吃完了，薑不撤除，可吃得不多。

◇ 10 · 9

祭於公，不宿肉。祭肉不出三日。出三日，不食之矣。

參加國家祭禮，分到的祭肉不留到第二天。別的祭肉留存不超過三天。過了三天，便不吃它了。

◇ 10 · 10

食不語，寢不言。

吃飯的時候不談講，睡覺的時候不說話。

◇ 10 · 11

雖疏食菜羹，瓜祭，必齊如也。

即使是吃糙米飯、小菜湯，也一定要先祭祀最初發明飲食的先賢，祭時恭恭敬敬，好像曾經齋戒過似的。

◇ 10 · 12

席不正，不坐。

坐席擺得不正，不坐。

◇ 10 · 13

鄉人飲酒，杖者出，斯出矣。

舉行鄉飲酒禮後，等老年人都散了，自己這才走出去。

◇ 10 · 14

鄉人儺，朝服而立於阼階。

本地人迎神驅鬼，穿着朝服站在東邊台階上。

◇ 10·15 ·······················

問人於他邦，再拜而送之。

託人向外國人問好送禮，便向受託的人拜兩拜以送行。

◇ 10·16 ·······················

康子饋藥，拜而受之，曰：「丘未達，不敢嘗。」

季康子送藥給孔子，孔子作揖行禮地接受了，卻說：「我對這藥性不很瞭解，不敢試吃。」

◇ 10·17 ·······················

廄焚。子退朝，曰「傷人乎」，不問馬。

馬棚失火。孔子退朝回來，問「傷人沒有」，沒問到馬。

◇ 10·18 ·······················

君賜食，必正席先嘗之。君賜腥，必熟而薦之。君賜生，必畜之。侍食於君，君祭，先飯。

國君賜予食品，一定端端正正坐着先嚐一嚐。賜予生肉一定煮熟，先向祖宗進奉。賜予活物，一定畜養着。國君召去陪侍吃飯，當國君祭最初發明飲食的先賢時，孔子自己先吃飯〔，不吃菜〕。

◇ 10·19 ·······················

疾，君視之，東首，加朝服，拖紳。

孔子病了，國君來探問，他頭朝東，把上朝的禮服加在身上，拖着大帶。

◇ 10 · 20 ·····

　君命召，不俟駕行矣。

國君召喚，不等車馬駕好，自己先步行去。

◇ 10 · 21 ·····

　入太廟，每事問。①

　①與《八佾篇》3·15重複。

孔子到了周公廟，遇到任何事情，每件都要請問。

◇ 10 · 22 ·····

　朋友死，無所歸，曰：「於我殯。」

朋友死亡，沒人料理，孔子便說：「由我來料理一切。」

◇ 10 · 23 ·····

　朋友之饋，雖車馬，非祭肉，不拜。

　朋友的饋贈，即使是車輛馬匹，只要不是祭肉，也不拱手彎腰受禮。

◇ 10 · 24 ·····

　寢不尸，居不客。

　孔子睡覺時，不仰天直躺，像死屍一般。平日坐時，不跪在席上，臀部蹲在腳後跟上，像做客人一般。

◇ 10 · 25 ·····

　見齊衰者，雖狎，必變。見冕者與瞽者，雖褻，必以貌。凶服者，式之。式負版者。有盛饌，必變色而作。迅雷風烈，必變。

遇見穿齊衰孝服的人，就是極熟的，也一定改變態度〔以示同情〕。看見戴禮帽的和瞎子，就是常在一起的，也一定有禮貌。在車中遇着拿了送死者衣物的人，便靠車前橫木作禮。遇見拿國家圖籍的人，也手伏車前橫木示禮。有豐盛的飲食，一定神色改變，先站起來。遇見迅雷或者大風，一定改變神態。

◇ 10·26 ⋯⋯⋯⋯⋯⋯⋯⋯⋯⋯⋯⋯

　　升車，必正立執綏。車中，不內顧，不疾言，不親指。

　　上車，一定端正地站着，抓着車旁扶手帶登車。在車中，不向車內回頭看，不很快地說話，不用手指指畫畫。

◇ 10·27 ⋯⋯⋯⋯⋯⋯⋯⋯⋯⋯⋯⋯

　　色斯舉矣，翔而後集。曰：「山梁雌雉，時哉！時哉！」子路共之，三嗅而作。

　　孔子〔在山上行走，見野雞，〕面色一動，一羣母野雞飛旋了幾圈，又集在一起。孔子說：「山脊上的母野雞，得其時呀！得其時呀！」子路向它們拱拱手，它們又拍拍翅膀飛去了。

先進第十一

凡二十六章。

◇ 11·1 ⋯⋯⋯⋯⋯⋯⋯⋯⋯⋯⋯⋯⋯

　　子曰：「先進於禮樂，野人也；後進於禮樂，君子也。如用之，則吾從先進。」

　　孔子說：「先學習禮樂然後做官的，是一般讀書人；先做官而後學習禮樂的，是卿大夫世家子弟。如果選用人才，我就選用先學習的。」

◇ 11 · 2 ………………………………………

　子曰：「從我於陳、蔡者，皆不及門也。」

　孔子說：「跟隨我在陳、蔡兩國之間忍飢受餓的，都不在我這
裏了。」

◇ 11 · 3 ………………………………………

　德行：顏淵、閔子騫、冉伯牛、仲弓。言語：宰我、子
貢。政事：冉有、季路。文學：子游、子夏。

　孔子的學生講究德行的是：顏淵、閔子騫、冉伯牛、仲弓。
能言善辯的是：宰我、子貢。能辦理政事的是：冉有、子路。文獻
知識豐富的是：子游、子夏。

◇ 11 · 4 ………………………………………

　子曰：「回也非助我者也，於吾言無所不說。」

　孔子說：「顏回不是對我有幫助的人，他對我所說的，沒有不
喜愛的。」

◇ 11 · 5 ………………………………………

　子曰：「孝哉閔子騫！人不間於其父母昆弟之言。」

　孔子說：「閔子騫真是孝順呀！對他父母兄弟誇獎他的話，別
人從來沒有過不同意見。」

◇ 11 · 6 ………………………………………

　南容三復「白圭」[①]，孔子以其兄之子妻之。

　①詩云：「白圭之玷，尚可磨也；斯言之玷，不可為也！」意思是：
白玉上面有污點，還可琢磨除乾淨；開口說話出毛病，要想去掉也不成！

　南容多次誦讀《詩經·大雅·抑》中「白圭」這幾句詩，孔子

把哥哥的女兒嫁給他。

◇ 11 · 7

季康子問：「弟子孰為好學？」孔子對曰：「有顏回者好學，不幸短命死矣！今也則亡。」

季康子問：「您學生中哪一位愛好學習？」孔子答道：「有個叫顏回的，愛好學習，不幸短命死了。現在就再沒有了。」

◇ 11 · 8

顏淵死，顏路請子之車以為之槨。子曰：「才不才，亦各言其子也。鯉也死，有棺而無槨。吾不徒行以為之槨。以吾從大夫之後，不可徒行也。」

顏淵死了，他的父親顏路請求孔子賣掉車輛替兒子做外槨。孔子說：「不管有沒有才能，也都是各人自己的兒子。我的兒子鯉死了，只有內棺，沒有外槨。我不能賣掉車輛步行來替他做外槨。因為我也曾做過大夫，是不可以步行的。」

◇ 11 · 9

顏淵死。子曰：「噫！天喪予！天喪予！」

顏淵死了，孔子說：「唉！上天要我的命呀！上天要我的命呀！」

◇ 11 · 10

顏淵死，子哭之慟。從者曰：「子慟矣。」曰：「有慟乎？非夫人之為慟而誰為？」

顏淵死了，孔子哭得太傷心。跟隨孔子的人說：「您太傷心了！」孔子說：「真太傷心了麼？我不為這種人傷心，還為誰來傷心呢？」

顏淵死，門人欲厚葬之。子曰：「不可。」門人厚葬之。子曰：「回也視予猶父也，予不得視猶子也。非我也，夫二三子也。」

顏淵死了，孔子的學生要豐厚地埋葬他。孔子說：「不可以。」學生們仍然豐厚地埋葬了他。孔子說：「顏回呀！你把我看成父親一樣，我卻不能把你看待成兒子。這不是我的主張，是你的同學們這麼辦的呀！」

季路問事鬼神。子曰：「未能事人，焉能事鬼？」「敢問死。」曰：「未知生，焉知死？」

子路問怎樣服事鬼神。孔子說：「活人還不能服事，怎麼能服事死人呢？」子路又說：「我大膽問死是怎麼回事？」孔子說：「生的道理還沒弄清楚，怎麼能夠懂得死呢？」

閔子侍側，誾誾如也；子路，行行如也；冉有、子貢，侃侃如也。子樂。「若由也，不得其死然。」

閔子騫站在孔子身旁，一副恭敬而正直的樣子；子路是很剛強的樣子；冉有、子貢是溫和而快樂的樣子。孔子高興，但又說：「像仲由（即子路）吧，怕得不到好死。」

魯人為長府。閔子騫曰：「仍舊貫，如之何？何必改作？」子曰：「夫人不言，言必有中。」

魯國翻修叫長府的金庫。閔子騫說：「繼續照老樣子，怎麼

樣？為什麼一定要翻修？」孔子説：「這個人不大説話，一開口便説得對。」

◇ 11・15 ⋯⋯⋯⋯⋯⋯⋯⋯⋯⋯⋯⋯⋯⋯⋯⋯

子曰：「由之瑟，奚為於丘之門？」門人不敬子路。子曰：「由也，升堂矣，未入於室也。」

孔子説：「仲由的瑟，為什麼在我這裏彈奏？」孔子其他學生因此瞧不起子路。孔子説：「仲由麼，學問已經不錯了，只是不夠精深罷了。」

◇ 11・16 ⋯⋯⋯⋯⋯⋯⋯⋯⋯⋯⋯⋯⋯⋯⋯⋯

子貢問：「師與商也孰賢？」子曰：「師也過，商也不及。」曰：「然則師愈與？」子曰：「過猶不及。」

子貢問孔子：「顓孫師（子張）和卜商（子夏）哪一位強些？」孔子説：「顓孫師哩，有些過分；卜商哩，有些趕不上。」子貢説：「那麼，顓孫師強一點麼？」孔子説：「過分和趕不上同樣不好。」

◇ 11・17 ⋯⋯⋯⋯⋯⋯⋯⋯⋯⋯⋯⋯⋯⋯⋯⋯

季氏富於周公，而求也為之聚斂而附益之。子曰：「非吾徒也。小子鳴鼓而攻之可也！」

季氏比周公還富足，冉求又替他搜刮，增加了更多財富。孔子説：「冉求不是我們的人。你們學生可以大張旗鼓地討伐他。」

◇ 11・18 ⋯⋯⋯⋯⋯⋯⋯⋯⋯⋯⋯⋯⋯⋯⋯⋯

柴也愚，參也魯，師也辟，由也喭。

高柴（字子羔，孔子弟子）愚笨，曾參遲鈍，顓孫師偏激，仲由魯莽。

子曰：「回也其庶乎！屢空。賜不受命，而貨殖焉，億則屢中。」

孔子說：「顏回學問品德差不多了吧，卻經常窮得沒有辦法。端木賜不安本分，去囤積居奇，猜測行情，竟每每猜中了。」

子張問善人之道。子曰：「不踐跡，亦不入於室。」

子張問怎麼做個善人。孔子說：「不踩着前人的腳印走，道德學問可也難以長進到家。」

子曰：「論篤是與，君子者乎？色莊者乎？」

孔子說：「言論篤實的人常被推許，可這種人是真正的君子呢？還是神情上偽裝莊重的人呢？」

子路問：「聞斯行諸？」子曰：「有父兄在，如之何其聞斯行之？」冉有問：「聞斯行諸？」子曰：「聞斯行之。」公西華曰：「由也問『聞斯行諸』，子曰『有父兄在』；求也問『聞斯行諸』，子曰『聞斯行之』。赤也惑，敢問。」子曰：「求也退，故進之；由也兼人，故退之。」

子路問：「聽到了就幹起來麼？」孔子說：「有父親兄長活着，怎麼能聽到就幹起來？」冉有問：「聽到就幹起來麼？」孔子說：「聽到就幹起來。」公西華說：「仲由問聽到就幹起來麼，您說『有父親兄長活着』；冉求（即冉有）問聽到就幹起來麼，您說『聽到就幹起來』。我感到疑惑，大膽來請教這是為什麼。」孔子說：「冉

求平日做事退縮，所以給他壯壯膽；仲由膽量比常人大過一倍，所以我要壓壓他。」

◇ 11‧23

　　子畏於匡，顏淵後。子曰：「吾以女為死矣。」曰：「子在，回何敢死？」

　　孔子在匡地被拘禁，顏淵最後才來。孔子說：「我以為你死了哩。」顏淵說：「您還活着，我怎麼敢死？」

◇ 11‧24

　　季子然問：「仲由、冉求可謂大臣與？」子曰：「吾以子為異之問，曾由與求之問！所謂大臣者，以道事君，不可則止。今由與求也，可謂具臣矣。」曰：「然則從之者與？」子曰：「弒父與君，亦不從也。」

　　季子然（季氏的同族）問：「仲由、冉求可以說是大臣麼？」孔子說：「我以為你是問別人，竟是問仲由和冉求呀！我們所說的大臣，應該用合於聖賢之道來服事國君，行不通，就不幹。現在仲由和冉求可以說是具有一定才能的臣子了。」季子然又說：「那麼，他們什麼都聽從上級的麼？」孔子說：「殺父親、殺國君的事，他們也是不會聽從的。」

◇ 11‧25

　　子路使子羔為費宰。子曰：「賊夫人之子。」子路曰：「有民人焉，有社稷焉。何必讀書，然後為學？」子曰：「是故惡夫佞者。」

　　子路派子羔去做費縣縣長〔，而他尚幼，學業未成〕。孔子說：「這是害了別人的兒子（指子羔）。」子路說：「那地方有百姓，有土地和五穀，為什麼一定要讀書才叫做學習呢？」孔子說：「所

以我討厭尖嘴利舌的人。」

◇ 11·26 ⋯⋯⋯⋯⋯⋯⋯⋯⋯⋯⋯⋯⋯⋯⋯⋯

　　子路、曾皙、冉有、公西華侍坐。子曰：「以吾一日長乎爾，毋吾以也。居則曰：『不吾知也！』如或知爾，則何以哉？」子路率爾而對曰：「千乘之國，攝乎大國之間，加之以師旅，因之以饑饉，由也為之，比及三年，可使有勇，且知方也。」夫子哂之。「求！爾何如？」對曰：「方六七十，如五六十，求也為之，比及三年，可使足民。如其禮樂，以俟君子。」「赤！爾何如？」對曰：「非曰能之，願學焉：宗廟之事，如會同，端章甫，願為小相焉。」「點！爾何如？」鼓瑟希，鏗爾，舍瑟而作，對曰：「異乎三子者之撰。」子曰：「何傷乎？亦各言其志也。」曰：「莫春者，春服既成。冠者五六人，童子六七人，浴乎沂，風乎舞雩，詠而歸。」夫子喟然歎曰：「吾與點也！」三子者出，曾皙後。曾皙曰：「夫三子者之言何如？」子曰：「亦各言其志也已矣。」曰：「夫子何哂由也？」曰：「為國以禮，其言不讓，是故哂之。」「唯求則非邦也與？」「安見方六七十如五六十而非邦也者？」「唯赤則非邦也與？」「宗廟會同，非諸侯而何？赤也為之小，孰能為之大？」

　　子路、曾皙、冉有、公西華陪着孔子坐着。孔子說：「因為我比你們年長一些，〔老了，〕沒人用我了。平常你們總說：『不瞭解我呀！』假若有人瞭解你們，那你們怎麼辦呢？」子路不加思索地回答說：「兵車千輛的國家，在大國之間受逼迫，外面有別國軍隊進犯，國內又遭饑荒，我去治理，等到三年光景，可以使人人有勇氣，而且懂得道義。」孔子微微一笑。又問：「冉求，你怎麼樣？」冉求答道：「國土縱橫各六七十里或五六十里的小國，我去治理，等到三年光景，可以使人人富足。至於禮樂教化，那只有等待賢良的君子了。」孔子又問：「公西赤（即公西華），你怎麼樣？」公

西赤答道：「不是説我很有本領了，但願意這樣學習：參與祭祀或者同外國結盟訂約，我穿着禮服，戴着禮帽，做一個小司儀者。」孔子又問：「曾點（名晳）你怎麼樣？」曾晳彈瑟已近尾聲，「鏗」的一聲把瑟放下，站了起來，回答説：「我的志向和他們三位所説不一樣。」孔子説：「那有什麼關係呢？只是各人説各人的志向罷了。」曾晳便説：「暮春三月，春天衣服穿完了，陪同五六位成年人，六七個小孩在沂水邊洗洗澡，在舞雩（yú）台上吹吹風，一路唱着詩歌走了回來。」孔子長歎一聲説：「我贊同曾點的想法啊！」子路、冉有、公西華三人退了出去，曾晳走在最後。他説：「那三位的話怎麼樣？」孔子説：「也不過是各人説説自己的志向罷了。」曾晳又問：「那您為什麼對仲由微笑呢？」孔子説：「治理國家要講點禮讓，他的話一點也不謙遜，所以笑笑他。」「難道冉求所講的不是國家嗎？」孔子説：「怎見得縱橫各六七十里或五六十里的土地，就不是一個國家呢？」「公西赤所講的就不是一個國家嗎？」孔子説：「有宗廟的祭祀和結盟訂約的，不是國家是什麼？公西赤如果只能做個小司儀者，誰能夠做大司儀者呢？」

顏淵第十二

凡二十四章。

◇ 12・1 ··

顏淵問仁。子曰：「克己復禮為仁。一日克己復禮，天下歸仁焉。為仁由己，而由人乎哉？」顏淵曰：「請問其目。」子曰：「非禮勿視，非禮勿聽，非禮勿言，非禮勿動。」顏淵曰：「回雖不敏，請事斯語矣。」

顏淵問怎樣實行仁德。孔子説：「克制自己，使言語行動都合乎禮，就是仁德。一旦這樣做到了，天下人都會稱許你是個仁德的人。實行仁德完全靠自己，還靠別人嗎？」顏淵説：「請問具體條

目。」孔子説：「不合乎禮的不看，不合乎禮的不聽，不合乎禮的不説，不合乎禮的不幹。」顏淵説：「我雖然不聰敏，也要實行您這話了。」

◇ 12‧2 ....

仲弓問仁。子曰：「出門如見大賓，使民如承大祭。己所不欲，勿施於人。在邦無怨，在家無怨。」仲弓曰：「雍雖不敏，請事斯語矣。」

仲弓問怎樣實行仁德。孔子説：「出外工作好像接待高貴的賓客，役使百姓好像承當大祭典。自己所不喜歡的，不強加給別人。在工作職位上無所怨恨，不在職位上也無所怨恨。」仲弓説：「我雖然不聰敏，也要實行您這話了。」

◇ 12‧3 ....

司馬牛問仁。子曰：「仁者其言也訒。」曰：「其言也訒，斯謂之仁已乎？」子曰：「為之難，言之得無訒乎？」

司馬牛（孔子弟子）問怎樣實行仁德。孔子説：「仁德的人説話遲鈍。」司馬牛説：「説話遲鈍，這就叫做仁了麼？」孔子説：「做起來很難，説起來能不遲鈍麼？」

◇ 12‧4 ....

司馬牛問君子。子曰：「君子不憂不懼。」曰：「不憂不懼，斯謂之君子已乎？」子曰：「內省不疚，夫何憂何懼？」

司馬牛問怎樣做個君子。孔子説：「君子不憂愁，不害怕。」司馬牛説：「不憂愁，不害怕，這就叫做君子了麼？」孔子説：「內心反省自己毫無愧疚，有什麼可憂愁可害怕的呢？」

◇ 12·5 ⋯⋯⋯⋯⋯⋯⋯⋯⋯⋯⋯

　　司馬牛憂曰：「人皆有兄弟，我獨亡。」子夏曰：「商
聞之矣：死生有命，富貴在天。君子敬而無失，與人恭而有
禮，四海之內，皆兄弟也。君子何患乎無兄弟也？」

　　司馬牛憂愁地説：「人家都有兄弟，獨獨我沒有。」子夏説：
「我聽説過：『死生聽於命運，富貴由天安排。』君子工作嚴肅認
真，不出差錯；和人交往態度恭順而合乎禮節，普天之下，到處都
是兄弟。君子何必擔憂沒有兄弟呢？」

◇ 12·6 ⋯⋯⋯⋯⋯⋯⋯⋯⋯⋯⋯

　　子張問明。子曰：「浸潤之譖，膚受之訴，不行焉，可謂
明也已矣。浸潤之譖，膚受之訴，不行焉，可謂遠也已矣。」

　　子張問怎樣才能見事明白。孔子説：「點滴而來、日積月累的
讒言和肌膚所受、切身之痛的誣告，在你這裏行不通，可以説是見
事明白了。點滴而來、日積月累的讒言和肌膚所受、切身之痛的誣
告，在你這裏行不通，可以説是把事情看得深遠了。」

◇ 12·7 ⋯⋯⋯⋯⋯⋯⋯⋯⋯⋯⋯

　　子貢問政。子曰：「足食，足兵，民信之矣。」子貢曰：
「必不得已而去，於斯三者何先？」曰：「去兵。」子貢曰：「必
不得已而去，於斯二者何先？」曰：「去食。自古皆有死，民
無信不立。」

　　子貢問怎樣治理國家。孔子説：「糧食充足，軍備充足，民眾
對政府便信賴了。」子貢説：「如果迫不得已在糧食、軍備、民眾
信賴三項之中要去掉一項，先去掉哪一項呢？」孔子説：「不要軍
備。」子貢説：「如果迫不得已在糧食和人民信賴兩者之中要去掉
一項，去掉哪一項呢？」孔子説：「不要糧食。自古以來，誰都免
不了一死，失去人民的信賴，政府便站不住腳了。」

◇ 12 · 8

棘子成曰：「君子質而已矣，何以文為？」子貢曰：「惜乎，夫子之說君子也。駟不及舌。文猶質也，質猶文也。虎豹之鞟猶犬羊之鞟。」

棘子成（衞國大夫）說：「君子只要本質好便行了，要什麼文采呢？」子貢說：「先生這樣談論君子，可惜說錯了。一言既出，駟馬難追。文采如同本質，本質也如同文采〔，二者同樣重要〕。把虎豹和狗羊身上有文采的毛都拔去，它們的皮革就看不出區別而都一樣。」

◇ 12 · 9

哀公問於有若曰：「年饑，用不足，如之何？」有若對曰：「盍徹乎？」曰：「二，吾猶不足，如之何其徹也？」對曰：「百姓足，君孰與不足？百姓不足，君孰與足？」

魯哀公問有若（孔子弟子）說：「年成歉收，國家費用不夠，怎麼辦？」有若答道：「何不實行十分抽一的稅率呢？」魯哀公說：「十分抽二我都不夠，怎麼能十分抽一呢？」有若答道：「如果百姓費用夠，您怎麼會不夠？如果百姓費用不夠，您怎麼會夠？」

◇ 12 · 10

子張問崇德、辨惑。子曰：「主忠信，徙義，崇德也。愛之欲其生，惡之欲其死。既欲其生，又欲其死，是惑也。『誠不以富，亦祇以異。』」

子張問怎麼樣提高品德，辨別疑惑。孔子說：「以忠誠信實為主，凡事按情理去幹，這就能提高品德。喜愛一個人，希望他長命百歲；厭惡一個人，便恨不得他立刻死去。既要他長命，又要他死去，這便是迷惑。『這樣，對自己毫無好處，只是使人家奇怪罷了。』」

齊景公問政於孔子。孔子對曰:「君君,臣臣,父父,子子。」公曰:「善哉!信如君不君,臣不臣,父不父,子不子,雖有粟,吾得而食諸?」

齊景公問孔子怎樣治理國家。孔子答道:「國君要像個國君,臣子要像個臣子,父親要像個父親,兒子要像個兒子。」齊景公說:「好呀!假若國君真不像個國君,臣子真不像個臣子,父親真不像個父親,兒子真不像個兒子。即便有糧食,我能夠吃得着麼?」

子曰:「片言可以折獄者,其由也與?」子路無宿諾。

孔子說:「根據單方面的話,就可以判決訴訟案件的,恐怕只有仲由吧!」子路從不拖延履行諾言。

子曰:「聽訟,吾猶人也。必也使無訟乎!」

孔子說:「審理官司,我和別人差不多。但一定要使打官司的案件沒有才好。」

子張問政。子曰:「居之無倦,行之以忠。」

子張問怎麼做官。孔子說:「在職位上,不疲遝偷懶;辦起公事忠實盡力。」

子曰:「博學於文,約之以禮,亦可以弗畔矣夫!」[①]

①與《雍也篇》6.27重複。

孔子説：「君子廣泛地學習文獻，再用禮節來約束，也就可以不至於離經叛道了。」

◇ 12·16

子曰：「君子成人之美，不成人之惡。小人反是。」

孔子説：「君子成全別人的好事，不成全別人的壞事。小人和這相反。」

◇ 12·17

季康子問政於孔子。孔子對曰：「政者，正也。子帥以正，孰敢不正？」

季康子向孔子問什麼是政治。孔子説：「政治的意思是端正。您帶頭端正行為，誰敢不端正呢？」

◇ 12·18

季康子患盜，問於孔子。孔子對曰：「苟子之不欲，雖賞之不竊。」

季康子苦於盜賊太多，向孔子求教。孔子説：「如果您不貪圖財貨，就是獎賞他們，他們也不會去偷搶。」

◇ 12·19

季康子問政於孔子，曰：「如殺無道，以就有道，何如？」孔子對曰：「子為政，焉用殺？子欲善，而民善矣。君子之德風，小人之德草，草上之風，必偃。」

季康子向孔子求教怎樣治理國家，説：「假若殺掉壞人來親近好人，怎麼樣？」孔子答道：「您治理國家哪裏一定用得着殺人？

您想搞好，百姓自然會好。領導者的德行好比是風，老百姓的德行好比是草，風向哪邊吹，草必定向哪邊倒。」

◇ 12・20

子張問：「士何如，斯可謂之達矣？」子曰：「何哉，爾所謂達者？」子張對曰：「在邦必聞，在家必聞。」子曰：「是聞也，非達也。夫達也者，質直而好義，察言而觀色，慮以下人。在邦必達，在家必達。夫聞也者，色取仁而行違，居之不疑。在邦必聞，在家必聞。」

子張問：「讀書人怎樣做才能叫通達？」孔子說：「你所說的通達是什麼意思？」子張說：「居國家的官位上一定有名望，做大夫的家臣時一定有名望。」孔子說：「這是名望，不是通達。怎麼才能叫通達呢？品質正直，遇事做得合情理，善於分析別人的話語，觀察別人的顏色，每每考慮到謙讓，不居於別人之上。這種人在國家的官位上一定事事行得通，在大夫家臣的職位上也一定事事行得通。至於名望，表面上似乎愛好仁德，實際行為背道而馳，自己卻以仁人自居而不加懷疑。這種人在國家的官位上一定會騙取名望，在大夫家臣的職位上也一定會騙取名望。」

◇ 12・21

樊遲從遊於舞雩之下，曰：「敢問崇德、修慝、辨惑。」子曰：「善哉問！先事後得，非崇德與？攻其惡，無攻人之惡，非修慝與？一朝之忿，忘其身以及其親，非惑與？」

樊遲陪侍孔子在舞雩台下遊覽，說：「我大膽地問，怎樣提高自己的品德，消除別人不曾表露出來的隱怨，辨別哪些是糊塗事？」孔子說：「問得好！工作在先，收穫在後，這不足以提高自己的品德嗎？抨擊自己的壞處，不抨擊別人的壞處，這不就可以消除隱怨嗎？因為一時偶然的憤怒，便忘掉自己，甚至也忘掉爹娘，豈不是糊塗嗎？」

◇ 12・22 ────────────────────

樊遲問仁。子曰：「愛人。」問知。子曰：「知人。」樊遲未達。子曰：「舉直錯諸枉，能使枉者直。」樊遲退，見子夏，曰：「鄉也吾見於夫子而問『知』，子曰：『舉直錯諸枉，能使枉者直。』何謂也？」子夏曰：「富哉言乎！舜有天下，選於眾，舉皋陶，不仁者遠矣。湯有天下，選於眾，舉伊尹，不仁者遠矣。」

樊遲問怎樣實行仁德。孔子說：「愛護別人。」他又問怎樣才聰明。孔子說：「善於識別人。」樊遲不很理解。孔子說：「提拔正直的人，官位在不正派的人之上，便能使不正派的人也正直。」樊遲退了回來，看見子夏，說：「剛才我見到老師，問怎樣才聰明，他老人家說：『提拔正直的人，官位在不正派的人之上，能使不正派的人也正直。』這是什麼意思？」子夏說：「這話的意義多麼豐富呀！舜得天下，在眾人中挑選，提拔了皋陶，壞人就難以存在了。湯得天下，在眾人中挑選，提拔了伊尹，壞人也難以存在了。」

◇ 12・23 ────────────────────

子貢問友。子曰：「忠告而善道之，不可則止，無自辱焉。」

子貢問怎樣對待朋友。孔子說：「誠心實意地告誡他，好心地開導他，他不聽就算了，不要自找侮辱。」

◇ 12・24 ────────────────────

曾子曰：「君子以文會友，以友輔仁。」

曾子說：「君子用文章學問來聚會朋友，憑藉朋友來輔助自己培養仁德。」

子路第十三

凡三十章。

◇ 13・1 ……………………………………

子路問政。子曰：「先之，勞之。」請益。曰：「無倦。」

子路問怎樣治理國家，孔子說：「凡事身先下屬，身體力行，然後讓他們勤勞地工作。」子路請求多講一點。孔子說：「始終不要懈怠。」

◇ 13・2 ……………………………………

仲弓為季氏宰，問政。子曰：「先有司，赦小過，舉賢才。」曰：「焉知賢才而舉之？」曰：「舉爾所知。爾所不知，人其舍諸？」

仲弓做季氏的總管，問怎樣管理政務。孔子說：「給有關工作人員帶頭，不計較人家小的過失，推舉優秀人才。」仲弓說：「怎麼知道誰是優秀人才，而後推舉呢？」孔子說：「推舉你所知道的。你所不知道的，別人難道會讓他埋沒麼？」

◇ 13・3 ……………………………………

子路曰：「衛君待子而為政，子將奚先？」子曰：「必也正名乎！」子路曰：「有是哉，子之迂也！奚其正？」子曰：「野哉由也！君子於其所不知，蓋闕如也。名不正，則言不順；言不順，則事不成；事不成，則禮樂不興；禮樂不興，則刑罰不中；刑罰不中，則民無所措手足。故君子名之必可言也，言之必可行也。君子於其言，無所苟而已矣。」

子路說：「衛國君主等待您去治理國政，您首先幹什麼呢？」孔子說：「一定糾正名分上的用詞不當吧！」子路說：「您的迂腐竟到這種程度了麼！這有什麼糾正的必要呢？」孔子說：「仲由，真

粗魯！君子對他所不知道的，只存疑在心中。用詞不當，言語便不能順理成章；言語不順理成章，事情就辦不好；事情辦不好，國家的禮樂教化也就興辦不起來；禮樂教化興辦不起來，刑罰也就不會恰當；刑罰不恰當，老百姓就會不知如何是好，連手腳都不曉得往哪裏擺了。所以，君子用一個詞，一定有其理由可以説得出來，順理成章的話也一定可以行得通。君子對於措詞説話，只是要做到沒有一點苟且馬虎罷了。」

◇ 13‧4

樊遲請學稼。子曰：「吾不如老農。」請學為圃。曰：「吾不如老圃。」樊遲出。子曰：「小人哉，樊須也！上好禮，則民莫敢不敬；上好義，則民莫敢不服；上好信，則民莫敢不用情。夫如是，則四方之民襁負其子而至矣，焉用稼？」

樊遲請求學種莊稼。孔子説：「我趕不上老農民。」他又請求學種蔬菜。孔子説：「我趕不上老菜農。」樊遲退了出來。孔子説：「樊遲真是個小人！在上的人講究禮節，百姓就沒有人敢不敬重的；在上的人講究情義，百姓就沒有人敢不服從的；在上的人講究誠信，百姓就沒有人敢不説真話的。做到這樣，四方的百姓都會背負着小兒女來投奔你，哪裏用得着自己種莊稼呢？」

◇ 13‧5

子曰：「誦《詩》三百，授之以政，不達；使於四方，不能專對。雖多，亦奚以為？」

孔子説：「讀了三百多篇《詩經》，把政務交給他，完成不了；叫他出國辦外交，又不能獨立應酬和談判。這樣，即使詩讀得多，又有什麼用處呢？」

◇ 13‧6

子曰：「其身正，不令而行；其身不正，雖令不從。」

孔子説：「本人正派，不發命令，事情也行得通；本人不正派，雖然三令五申，別人也不會聽從。」

◇ 13·7

子曰：「魯衛之政，兄弟也。」

孔子説：「魯國、衛國的政治，像兄弟一樣，相差不遠。」

◇ 13·8

子謂衛公子荊善居室。始有，曰：「苟合矣。」少有，曰：「苟完矣。」富有，曰：「苟美矣。」

孔子談到衛國的公子荊（衛國大夫，字南楚，善於管理家業，不奢侈貪欲），説他善於居家過日子。剛有一點家業，便説：「差不多夠用了。」稍增加一些，便説：「差不多完備了。」相當富足了，便説：「差不多富麗堂皇了。」

◇ 13·9

子適衛，冉有僕。子曰：「庶矣哉！」冉有曰：「既庶矣，又何加焉？」曰：「富之。」曰：「既富矣，又何加焉？」曰：「教之。」

孔子到衛國去，冉有替他駕馬車。孔子説：「衛國人口好稠密呀！」冉有説：「人口多了，又該幹什麼呢？」孔子説：「讓他們富足。」冉有又説：「他們富足了，又該幹什麼呢？」孔子説：「教育他們。」

◇ 13·10

子曰：「苟有用我者，期月而已可也，三年有成。」

孔子説：「假若有人要我主持國家政事，一年便可以初見成效了，三年便會大見成效了。」

◇ 13 · 11 ⋯⋯⋯⋯⋯⋯⋯⋯⋯⋯⋯⋯⋯⋯⋯⋯⋯⋯⋯⋯

　子曰：「『善人為邦百年，亦可以勝殘去殺矣。』誠哉是言也！」

　孔子說：「『好人治理國家，連續一百年，也可以克服殘暴，免除虐殺了。』這句話說得真對呀！」

◇ 13 · 12 ⋯⋯⋯⋯⋯⋯⋯⋯⋯⋯⋯⋯⋯⋯⋯⋯⋯⋯⋯⋯

　子曰：「如有王者，必世而後仁。」

　孔子說：「如果有以德服人統一天下的聖君出現，也要經過三十年才能使仁政大行。」

◇ 13 · 13 ⋯⋯⋯⋯⋯⋯⋯⋯⋯⋯⋯⋯⋯⋯⋯⋯⋯⋯⋯⋯

　子曰：「苟正其身矣，於從政乎何有？不能正其身，如正人何？」

　孔子說：「假若自身端正了，對治理國政有什麼困難呢？連本身都不能端正，怎樣能端正別人呢？」

◇ 13 · 14 ⋯⋯⋯⋯⋯⋯⋯⋯⋯⋯⋯⋯⋯⋯⋯⋯⋯⋯⋯⋯

　冉子退朝。子曰：「何晏也？」對曰：「有政。」子曰：「其事也。如有政，雖不吾以，吾其與聞之。」

　冉有從朝廷回來，孔子說：「為什麼這樣遲？」他答道：「有政務要辦。」孔子說：「那只是事務罷了。假若有政務要辦，雖然不用我，我也會知道。」

◇ 13 · 15 ⋯⋯⋯⋯⋯⋯⋯⋯⋯⋯⋯⋯⋯⋯⋯⋯⋯⋯⋯⋯

　定公問：「一言而可以興邦，有諸？」孔子對曰：「言不可以若是其幾也。人之言曰：『為君難，為臣不易。』如知為君之難也，不幾乎一言而興邦乎？」曰：「一言而喪邦，有

諸？」孔子對曰：「言不可以若是其幾也。人之言曰：『予無樂乎為君，惟其言而莫予違也。』如其善而莫之違也，不亦善乎？如不善而莫之違也，不幾乎一言而喪邦乎？」

魯定公問：「一句話可以使國家興盛，有這回事麼？」孔子說：「說話不能這樣簡單肯定。有人說：『做國君難，做臣子也不容易。』如果知道做國君的艱難，不是近乎一句話便能使國家興盛麼？」他又問：「一句話可以喪失國家，有這回事麼？」孔子說：「說話不能這樣簡單肯定。有人說：『我做國君沒有別的樂趣，只是我說話沒有人違抗罷了。』假若說的話正確而沒有人違抗，不也很好麼？假若說得不正確，也沒有人違抗，不是近乎一句話就可以喪失國家麼？」

◇ 13·16

葉（shè）公問政。子曰：「近者說，遠者來。」

葉公（姓沈，名諸梁，楚國大夫）問做官的事。孔子說：「讓近前的人感到高興，讓遠方的人來投奔你。」

◇ 13·17

子夏為莒父宰，問政。子曰：「無欲速，無見小利。欲速，則不達；見小利，則大事不成。」

子夏做莒父的縣長，問怎樣治理。孔子說：「不要急於求成，不要顧及小利益。想要快，就反而不能達到預期的目的；顧及小利益，就辦不成大事。」

◇ 13·18

葉公語孔子曰：「吾黨有直躬者，其父攘羊，而子證之。」孔子曰：「吾黨之直者異於是：父為子隱，子為父隱。直在其中矣。」

葉公告訴孔子説：「我那裏有個坦白直率的人，他父親偷了羊，這兒子便去告發。」孔子説：「我那裏的坦白直率的人和這不同：父親替兒子隱瞞，兒子替父親隱瞞。坦白直率就包含在這裏面了。」

◇ 13·19 ⋯⋯⋯⋯⋯⋯⋯⋯⋯⋯⋯⋯⋯

樊遲問仁。子曰：「居處恭，執事敬，與人忠。雖之夷狄，不可棄也。」

樊遲問怎樣實行仁德。孔子説：「平日容貌態度要端莊，辦事情要嚴肅認真，為別人做事要誠心實意。這幾項，即使去到邊遠地區、後進部落，也是不可丟棄的。」

◇ 13·20 ⋯⋯⋯⋯⋯⋯⋯⋯⋯⋯⋯⋯⋯

子貢問曰：「何如斯可謂之士矣？」子曰：「行己有恥，使於四方，不辱君命，可謂士矣。」曰：「敢問其次？」曰：「宗族稱孝焉，鄉黨稱弟焉。」曰：「敢問其次？」曰：「言必信，行必果，硜硜然小人哉！抑亦可以為次矣。」曰：「今之從政者何如？」子曰：「噫！斗筲之人，何足算也？」

子貢問：「怎樣才能叫讀書人了？」孔子説：「自己行事知道羞恥，出使外國能很好完成國君交給的使命，可以説是讀書人了。」子貢曰：「請問次一等的怎樣？」孔子説：「本宗族的人稱讚他孝順父母，本鄉本地的人稱讚他尊敬長者。」子貢又説：「再次一等的呢？」孔子説：「言語必定講信用，行為必定果斷，這是不問是非曲直只求貫徹自己言行的小人呀，但也可以説是再次一等的讀書人了。」子貢説：「現在這些在位的人怎樣？」孔子説：「唉！胸襟狹小的人，算得了什麼呢？」

◇ 13・21 ┈┈┈┈┈┈┈┈┈┈┈┈┈┈┈┈┈┈┈┈

子曰：「不得中行而與之，必也狂狷乎！狂者進取，狷者有所不為也。」

孔子説：「不能與言行中庸的人交往，那只有和激進的人或潔身自好的人相交吧！激進的人勇於進取，潔身自好的人不肯去幹壞事。」

◇ 13・22 ┈┈┈┈┈┈┈┈┈┈┈┈┈┈┈┈┈┈┈┈

子曰：「南人有言曰：『人而無恆，不可以作巫醫。』善夫！」「不恆其德，或承之羞。」子曰：「不占而已矣。」

孔子説：「南方人有句話：『人假若沒恆心，連巫醫都做不了。』這話真好呀！」《易經・恆卦》九三爻辭中説：「三心二意，翻雲覆雨，總有人招致羞辱。」孔子又説：「這是警告無恆心的人不必去占卦哩。」

◇ 13・23 ┈┈┈┈┈┈┈┈┈┈┈┈┈┈┈┈┈┈┈┈

子曰：「君子和而不同，小人同而不和。」

孔子説：「君子在人情世故和道義之間互相協調，卻不盲目跟隨；小人則盲目跟隨，卻不能用道義來協調人情世故。」

◇ 13・24 ┈┈┈┈┈┈┈┈┈┈┈┈┈┈┈┈┈┈┈┈

子貢問曰：「鄉人皆好之，何如？」子曰：「未可也。」「鄉人皆惡之，何如？」子曰：「未可也。不如鄉人之善者好之，其不善者惡之。」

子貢問道：「一鄉的人都喜歡他，這人怎麼樣？」孔子説：「不一定好。」他又問：「一鄉的人都厭惡他，這人怎麼樣？」孔子説：「不一定壞。最好是一鄉的好人喜歡他，壞人厭惡他。」

◇ 13・25 ⋯⋯⋯⋯⋯⋯⋯⋯⋯⋯⋯⋯⋯⋯⋯

子曰：「君子易事而難說也。說之不以道，不說也；及其使人也，器之。小人難事而易說也。說之雖不以道，說也；及其使人也，求備焉。」

孔子說：「在君子手下工作容易，討他的歡喜卻難。不用正當的方式去討他歡喜，他是不會喜歡的。等到他使喚人的時候，卻按着各人的才德去分配任務。在小人手下工作難，討他歡喜卻容易。用不正當的方式討他歡喜，他也會歡喜。等到他使喚人的時候，便百般挑剔，求全責備。」

◇ 13・26 ⋯⋯⋯⋯⋯⋯⋯⋯⋯⋯⋯⋯⋯⋯⋯

子曰：「君子泰而不驕，小人驕而不泰。」

孔子說：「君子安詳舒展，卻不驕傲盛氣凌人；小人驕傲盛氣凌人，卻不安詳舒展。」

◇ 13・27 ⋯⋯⋯⋯⋯⋯⋯⋯⋯⋯⋯⋯⋯⋯⋯

子曰：「剛、毅、木、訥，近仁。」

孔子說：「剛強，果斷，樸質，言語謹慎，這四種品德都具有的人可說近乎仁德。」

◇ 13・28 ⋯⋯⋯⋯⋯⋯⋯⋯⋯⋯⋯⋯⋯⋯⋯

子路問曰：「何如斯可謂之士矣？」子曰：「切切偲偲，怡怡如也，可謂士矣。朋友切切偲偲，兄弟怡怡。」

子路問道：「怎樣才可以稱作『士』？」孔子說：「互相懇切地批評勉勵，和睦共處，可以稱作『士』了。朋友之間應互相懇切地批評勉勵，兄弟之間應和睦共處。」

◇ 13‧29 ⋯⋯⋯⋯⋯⋯⋯⋯⋯⋯

子曰：「善人教民七年，亦可以即戎矣。」

孔子說：「善人教導人民七年之久，也可以叫他們去打仗了。」

◇ 13‧30 ⋯⋯⋯⋯⋯⋯⋯⋯⋯⋯

子曰：「以不教民戰，是謂棄之。」

孔子說：「用沒有受過軍事訓練的人民去作戰，這叫做草菅人命。」

憲問第十四

凡四十四章。

◇ 14‧1 ⋯⋯⋯⋯⋯⋯⋯⋯⋯⋯

憲問恥。子曰：「邦有道，穀；邦無道，穀，恥也。」「克、伐、怨、欲不行焉，可以為仁矣？」子曰：「可以為難矣，仁則吾不知也。」

原憲（孔子弟子）問什麼是恥辱。孔子說：「國家政治清平，做官拿俸穀；國家腐敗黑暗，做官也拿俸穀，這就是恥辱。」原憲又說：「一個人，好勝、自誇、怨恨和貪心都沒有表現過的，可以說是仁德的人了麼？」孔子說：「可以說是難能可貴了，至於仁德，我不知道。」

◇ 14‧2 ⋯⋯⋯⋯⋯⋯⋯⋯⋯⋯

子曰：「士而懷居，不足以為士矣。」

孔子說：「讀書人而留戀安逸生活，便夠不上做讀書人了。」

◇ 14 · 3　··

　子曰：「邦有道，危言危行；邦無道，危行言孫。」

　　孔子說：「國家政治清平，言語正直，行為正直；國家腐敗黑暗，行為正直，言語謙遜。」

◇ 14 · 4　··

　子曰：「有德者必有言，有言者不必有德；仁者必有勇，勇者不必有仁。」

　　孔子說：「有道德的人一定有名言；有名言的人卻不一定有道德。仁德的人一定勇敢，勇敢的人卻不一定有仁德。」

◇ 14 · 5　··

　南宮适問於孔子，曰：「羿善射，奡（ào）盪舟，俱不得其死然。禹稷躬稼，而有天下。」夫子不答，南宮适出。子曰：「君子哉若人！尚德哉若人！」

　　南宮适（即南容）問孔子，說：「羿擅長射箭，奡擅長水戰，都沒有得到好死。禹和稷親自下地種田，得到了天下。」孔子沒有答覆。南宮适退出來，孔子說：「這個人，好一個君子！這個人，多麼崇尚道德！」

◇ 14 · 6　··

　子曰：「君子而不仁者有矣夫，未有小人而仁者也。」

　　孔子說：「君子當中有不仁德的人吧，小人當中卻不會有仁德的人。」

◇ 14 · 7　··

　子曰：「愛之，能勿勞乎？忠焉，能勿誨乎？」

孔子說：「愛他，能夠不讓他勞累嗎？對他效忠竭力，能夠不教誨他嗎？」

◇ 14‧8

子曰：「為命，裨諶（bì chén）草創之，世叔討論之，行人子羽修飾之，東里子產潤色之。」

孔子說：「鄭國外交文件的產生，由裨諶（鄭國大夫）擬稿，世叔（即子太叔，鄭國大夫）提意見，外交官子羽（公孫揮的別名）修改潤飾，東里的子產（鄭國大夫）作文辭上的加工。」

◇ 14‧9

或問子產。子曰：「惠人也。」問子西。曰：「彼哉！彼哉！」問管仲。曰：「人也。奪伯氏駢邑三百，飯疏食，沒齒無怨言。」

有人問子產怎麼樣。孔子說：「是位寬厚仁慈的人。」又問子西（名申，楚國的令尹）怎麼樣。孔子說：「他呀，他呀！」又問到管仲（名夷吾，齊桓公宰相）怎麼樣。孔子說：「是個人才。他剝奪了伯氏封地三百戶的駢邑，使自己只能吃粗糧，到死沒有一句怨恨的話。」

◇ 14‧10

子曰：「貧而無怨難，富而無驕易。」

孔子說：「貧困卻沒有怨恨，很難；富裕卻不驕傲，倒容易。」

◇ 14‧11

子曰：「孟公綽為趙、魏老則優，不可以為滕、薛大夫。」

孔子說：「孟公綽（魯國的大夫，性寡欲，為孔子所重）叫他

做晉國大臣趙家、魏家的總管，能力有餘，卻不能做滕、薛這樣小國的大夫。」

◇ 14‧12 ···

　　子路問成人。子曰：「若臧武仲之知，公綽之不欲，卞莊子之勇，冉求之藝，文之以禮樂，亦可以為成人矣。」曰：「今之成人者何必然？見利思義，見危授命，久要不忘平生之言，亦可以為成人矣。」

　　子路問怎麼樣才是一個完美無缺的人。孔子說：「聰明智慧像臧武仲，清心寡欲像孟公綽，勇敢像卞莊子（魯國的大夫，以勇著稱），多才多藝像冉求，再用禮樂來增加他的文采，可以說是完美無缺的人了。」過了一陣，又說：「現在完美無缺的人哪裏一定要這樣。看見利益能想到該得不該得，碰到危險願付出生命，長期窮困都不忘記平日的諾言，〔能這樣，〕也可以說是完美無缺的人了。」

◇ 14‧13 ···

　　子問公叔文子於公明賈，曰：「信乎夫子不言、不笑、不取乎？」公明賈對曰：「以告者過也。夫子時然後言，人不厭其言；樂然後笑，人不厭其笑；義然後取，人不厭其取。」子曰：「其然？豈其然乎？」

　　孔子向公明賈（衛國人）問到公叔文子（衛國大夫），說：「他老人家不說話，不笑，不貪取，是真的麼？」公明賈答道：「這是告訴您的人說錯了。他老人家該說時才說，別人不討厭他的話；高興時才笑，別人不討厭他的笑；合乎情理應該取的才取，別人不厭惡他的取。」孔子說：「是這樣麼？難道真的是這樣麼？」

◇ 14‧14 ···

　　子曰：「臧武仲以防求為後於魯，雖曰不要君，吾不信也。」

孔子説：「臧武仲憑藉他的封地防城，向魯國當局要求立他的後人為卿大夫，接替他的官職。雖説不是要脅國君，我卻是不相信的。」

◇ 14・15 ⋯⋯⋯⋯⋯⋯⋯⋯⋯⋯⋯⋯⋯⋯⋯⋯

子曰：「晉文公譎而不正，齊桓公正而不譎。」

孔子説：「晉文公詭詐，好耍手段，作風不正派，齊桓公作風正派，不詭詐，不耍手段。」

◇ 14・16 ⋯⋯⋯⋯⋯⋯⋯⋯⋯⋯⋯⋯⋯⋯⋯⋯

子路曰：「桓公殺公子糾，召忽死之，管仲不死。」曰：「未仁乎？」子曰：「桓公九合諸侯，不以兵車，管仲之力也。如其仁！如其仁！」

子路説：「齊桓公殺了和他爭位的異母兄長公子糾，公子糾的師傅召忽也輕生自殺，另一師傅管仲卻不死。」一會兒，又説：「管仲可説是沒有仁德麼？」孔子説：「齊桓公多次聚合各國君主結盟，不用武力，〔天下太平四十年，〕都是管仲出的力。這就是他的仁德！這就是他的仁德！」

◇ 14・17 ⋯⋯⋯⋯⋯⋯⋯⋯⋯⋯⋯⋯⋯⋯⋯⋯

子貢曰：「管仲非仁者與？桓公殺公子糾，不能死，又相之。」子曰：「管仲相桓公，霸諸侯，一匡天下，民到於今受其賜。微管仲，吾其被髮左衽矣。豈若匹夫匹婦之為諒也，自經於溝瀆而莫之知也。」

子貢説：「管仲不是一個有仁德的人吧？齊桓公殺了公子糾，管仲不輕生自殺，反而去做齊桓公的得力大臣。」孔子説：「管子輔助齊桓公，稱霸諸侯，匡正天下，百姓到今天還蒙受他的好處。假使沒有管仲，我們都會披散頭髮，衣襟開向左邊〔，淪為落後民

族的百姓〕了。他難道也要像普通人那樣，守着小節小信，在山溝中自殺，還沒有人知道嗎？」

◇ 14·18

公叔文子之臣大夫僎，與文子同升諸公。子聞之曰：「可以為文矣。」

公叔文子有個家臣叫大夫僎，〔文子向朝廷推薦了他，〕便和文子一同做了大臣。孔子知道這件事，説：「這樣，文子自然能得到『文』的謚號了。」

◇ 14·19

子言衛靈公之無道也，康子曰：「夫如是，奚而不喪？」孔子曰：「仲叔圉治賓客，祝鮀治宗廟，王孫賈治軍旅。夫如是，奚其喪？」

孔子談到衛靈公，説他荒淫，一切不合禮法。季康子説：「他既然這樣，為什麼沒有滅亡呢？」孔子説：「他有仲叔圉（即孔文子，衛國大夫）接待賓客，祝鮀（衛國大夫）管理祭祀，王孫賈（衛國大夫）統率軍隊。像這樣，怎麼會滅亡？」

◇ 14·20

子曰：「其言之不怍，則為之也難。」

孔子説：「一個人大言不慚，他實行起來就不會容易。」

◇ 14·21

陳成子弒簡公。孔子沐浴而朝，告於哀公曰：「陳恆弒其君，請討之。」公曰：「告夫三子！」孔子曰：「以吾從大夫之後，不敢不告也。君曰：『告夫三子者！』」之三子告，不可。孔子曰：「以吾從大夫之後，不敢不告也。」

齊國大夫陳恆殺了齊簡公。孔子洗了澡，朝見魯哀公，報告說：「陳恆無理地殺了他的君主，請求您討伐他。」魯哀公說：「你告訴季孫、仲孫、孟孫三位大臣吧！」孔子退出，說：「我曾忝列大夫之官，這種可做而應做的事，不敢不報告。君主卻說：『告訴那三位去吧！』」孔子又到三位那裏報告請示，三位不同意。孔子說：「我曾忝列大夫之官，這種可做而應做的大事，不敢不報告。」

◇ 14 · 22

子路問事君。子曰：「勿欺也，而犯之。」

　　子路問怎樣服事國君。孔子說：「不要〔陽奉陰違地〕欺騙他，但可以當面直言觸犯他。」

◇ 14 · 23

子曰：「君子上達，小人下達。」

　　孔子說：「君子向上，通達仁義；小人向下，追求財利。」

◇ 14 · 24

子曰：「古之學者為己，今之學者為人。」

　　孔子說：「古代學者提高自己的品德，豐富自己的知識；現在的學者，卻在裝飾自己，給別人看。」

◇ 14 · 25

蘧（qú）伯玉使人於孔子。孔子與之坐而問焉，曰：「夫子何為？」對曰：「夫子欲寡其過而未能也。」[①]使者出。子曰：「使乎！使乎！」

　　①相傳蘧伯玉經常檢查自己過失，經常改正，力求上進，所謂「行年五十而知四十九之非」。

衛國大夫蘧伯玉派一位使者去訪問孔子。孔子給他一個席位，問道：「他老人家幹些什麼？」使者答道：「他老人家想要減少失誤，卻還沒能做到。」使者退了出去。孔子說：「好一位使者！好一位使者！」

◇ 14·26 ‥‥‥‥‥‥‥‥‥‥‥‥‥‥

子曰：「不在其位，不謀其政。」[①]曾子曰：「君子思不出其位。」

①孔子的話與《泰伯篇》8·14 重複。

孔子說：「不在那個位置，不考慮那方面的政事。」曾子說：「君子的思考不超越出他的職位。」

◇ 14·27 ‥‥‥‥‥‥‥‥‥‥‥‥‥‥

子曰：「君子恥其言而過其行。」

孔子說：「說得多，做得少，君子認為可恥。」

◇ 14·28 ‥‥‥‥‥‥‥‥‥‥‥‥‥‥

子曰：「君子道者三，我無能焉：仁者不憂，知者不惑，勇者不懼。」子貢曰：「夫子自道也。」

孔子說：「君子為人要做的有三件，我都沒有能做到：仁德的人不憂愁，聰明的人不迷惑，勇敢的人不懼怕。」子貢說：「這正是老師的自我表述。」

◇ 14·29 ‥‥‥‥‥‥‥‥‥‥‥‥‥‥

子貢方人。子曰：「賜也賢乎哉？夫我則不暇。」

子貢評論別人。孔子說：「端木賜，你就夠好了嗎？我就沒有這間工夫。」

◇ 14．30 ·································

子曰：「不患人之不己知，患其不能也。」

孔子說：「不擔心別人不知道自己，只擔心自己沒有能力。」

◇ 14．31 ·································

子曰：「不逆詐，不億不信。抑亦先覺者，是賢乎！」

孔子說：「不預先懷疑別人欺詐，也不無根據地猜測別人不老實，卻能及早察覺出來，這樣的人，是位賢者吧！」

◇ 14．32 ·································

微生畝謂孔子曰：「丘何為是棲棲者與？無乃為佞乎？」孔子曰：「非敢為佞也，疾固也。」

微生畝（可能為一隱士）對孔子說：「你為什麼這樣忙忙碌碌呢？不是想顯示自己的能言善辯麼？」孔子說：「我不敢顯示能言善辯，而是痛恨那種頑固不化的人！」

◇ 14．33 ·································

子曰：「驥不稱其力，稱其德也。」

孔子說：「稱千里馬叫驥，不是讚美它的力氣，而是讚美它的品德。」

◇ 14．34 ·································

或曰：「以德報怨，何如？」子曰：「何以報德？以直報怨，以德報德。」

有人說：「用恩德來報答怨恨，怎麼樣？」孔子說：「那你又怎樣來報答恩德呢？應該用正直來報答怨恨，用恩德來報答恩德。」

◇ 14‧35 ┄┄┄┄┄┄┄┄┄┄┄┄┄┄┄┄┄

子曰：「莫我知也夫！」子貢曰：「何為其莫知子也？」子曰：「不怨天，不尤人，下學而上達。知我者其天乎！」

孔子說：「沒有人知道我呀！」子貢說：「為什麼沒有人知道您呢？」孔子說：「不怨恨上天，不責怪別人，學習平常知識，透徹瞭解高深的道理。知道我的，只有上天吧！」

◇ 14‧36 ┄┄┄┄┄┄┄┄┄┄┄┄┄┄┄┄┄

公伯寮訴子路於季孫。子服景伯以告，曰：「夫子固有惑志於公伯寮，吾力猶能肆諸市朝。」子曰：「道之將行也與？命也。道之將廢也與？命也。公伯寮其如命何？」

公伯寮（字子周，孔子弟子）在季孫面前毀謗子路。子服景伯（名何，魯國大夫）告訴孔子，說：「他老人家已經被公伯寮迷惑了，我還有力量殺了他陳屍街頭示眾。」孔子說：「我的主張行得通麼？聽之於命運；我的主張會被廢棄嗎？也聽之於命運。公伯寮又能把命運怎麼樣呢？」

◇ 14‧37 ┄┄┄┄┄┄┄┄┄┄┄┄┄┄┄┄┄

子曰：「賢者辟世，其次辟地，其次辟色，其次辟言。」子曰：「作者七人矣。」

孔子說：「賢能的人逃避惡濁社會而隱居，次一等的人逃避最壞的地方擇地而處，再次一等的人避開某些人難看的臉色，再次一等的人避開難堪的惡言惡語。」孔子說：「像這樣的人已經有七位了。」

◇ 14‧38 ┄┄┄┄┄┄┄┄┄┄┄┄┄┄┄┄┄

子路宿於石門。晨門曰：「奚自？」子路曰：「自孔氏。」曰：「是知其不可而為之者與？」

子路在石門住了一宵，〔第二天清早進城，〕早上管城門的人問：「從哪裏來？」子路說：「從孔家來。」那人說：「是那個明知行不通卻偏要幹的人麼？」

◇ 14·39 ‥‥‥‥‥‥‥‥‥‥‥‥‥‥

子擊磬於衛。有荷蕢而過孔氏之門者，曰：「有心哉！擊磬乎！」既而曰：「鄙哉！硜（kēng）硜乎！莫己知也，斯己而已矣。深則厲，淺則揭①。」子曰：「果哉！末之難矣。」

①水深比喻社會非常腐敗黑暗，只得聽之任之；水淺比喻社會黑暗程度不深，還可以不受沾染，不妨撩起裙子而過。

孔子在衛國，有一天敲着磬，有個挑草筐的人在門前走過，說：「敲磬的是位有心人呀！」過一會兒，又說：「磬聲硜硜的，可鄙呀！〔它好像在說，沒有人知道我呀！〕沒有人知道自己，這就算了。水深，索性連着衣裳踏水過去；水淺，撩起裙子走過去。」孔子說：「好堅決，沒有辦法說服他了。」

◇ 14·40 ‥‥‥‥‥‥‥‥‥‥‥‥‥‥

子張曰：「《書》云：『高宗諒陰，三年不言。』何謂也？」子曰：「何必高宗？古之人皆然。君薨，百官總己以聽於冢宰三年。」

子張說：「《書經》上說：『殷高宗守孝，住在凶廬，三年不講話。』這是什麼意思？」孔子說：「哪裏一定是高宗，古代人都這樣。國君死了，繼承君位的人三年不問政事，各部門官員聽命於宰相。」

◇ 14·41 ‥‥‥‥‥‥‥‥‥‥‥‥‥‥

子曰：「上好禮，則民易使也。」

孔子說：「在上位的人講究禮法，依禮而行，百姓就容易

使喚。」

◇ 14·42 ....

子路問君子。子曰：「修己以敬。」曰：「如斯而已乎？」曰：「修己以安人。」曰：「如斯而已乎？」曰：「修己以安百姓。修己以安百姓，堯、舜其猶病諸！」

子路問怎樣才是君子。孔子說：「修養自己的品德學識來認真工作。」子路說：「就這樣夠了麼？」孔子說：「修養自己使上層人物安樂。」子路說：「就這樣夠了麼？」孔子說：「修養自己使百姓安樂。修養自己使百姓安樂，就是堯、舜都還做不到呢！」

◇ 14·43 ....

原壤①夷俟。子曰：「幼而不孫弟，長而無述焉，老而不死，是為賊！」以杖叩其脛。

①孔子老友，據說他母親死了，孔子去幫他治喪，他卻站在棺材上唱起來了，孔子只好裝作沒有聽見。大概這人另有主張，立意反對孔子。

原壤像簸箕一樣臀部貼地兩腿伸長趴等着。孔子說：「你小時候不懂禮節，長大了毫無貢獻，老了還不死，白吃糧食，真是個害人精。」然後用拐杖敲他小腿。

◇ 14·44 ....

闕黨童子將命。或問之曰：「益者與？」子曰：「吾見其居於位也，見其與先生並行也。非求益者也，欲速成者也。」

闕黨（孔子故鄉）地方的一個童子來向孔子傳達資訊。有人問孔子說：「他是求上進的人麼？」孔子說：「我看見他大模大樣坐在席位上，又看見他同長者並肩而行。這人不是肯求上進的人，而是急於求成的人。」

衛靈公第十五

凡四十二章。

◇ 15・1 ┈┈┈┈┈┈┈┈┈┈┈┈┈

衛靈公問陳於孔子。孔子對曰：「俎豆之事，則嘗聞之矣；軍旅之事，未之學也。」明日遂行。

衛靈公向孔子請教作戰的陣勢。孔子答道：「實行禮儀的事情，就曾經聽説過；軍隊作戰的事情，我沒有學習過。」於是第二天離開了衛國。

◇ 15・2 ┈┈┈┈┈┈┈┈┈┈┈┈┈

在陳絕糧，從者病，莫能興。子路慍見，曰：「君子亦有窮乎？」子曰：「君子固窮，小人窮斯濫矣。」

孔子和跟隨他的學生在陳國斷絕了糧食，跟隨的人餓得病倒了，爬不起來。子路不高興地來見孔子，説：「君子也有窮得毫無辦法的時候麼？」孔子説：「君子雖窮，仍然堅持着；小人一窮，便什麼都幹得出來了。」

◇ 15・3 ┈┈┈┈┈┈┈┈┈┈┈┈┈

子曰：「賜也，女以予為多學而識之者與？」對曰：「然，非與？」曰：「非也，予一以貫之。」

孔子説：「端木賜，你以為我是廣泛地學習而又記得住的人麼？」子貢答道：「對，可不是這樣的麼？」孔子説：「不是的，我的學説是用一條忠恕之道貫串着的。」

◇ 15・4 ┈┈┈┈┈┈┈┈┈┈┈┈┈

子曰：「由！知德者鮮矣。」

孔子説：「仲由！懂得道德的人可少啦！」

◇ 15·5 ┄┄┄┄┄┄┄┄┄┄┄┄┄┄

子曰：「無為而治者，其舜也與？夫何為哉？恭己正南面而已矣。」

孔子説：「自己不幹什麼而能使天下太平的，大概只有舜吧？他幹了什麼呢？莊嚴端正地坐在朝廷上罷了。」

◇ 15·6 ┄┄┄┄┄┄┄┄┄┄┄┄┄┄

子張問行。子曰：「言忠信，行篤敬，雖蠻貊之邦行矣；言不忠信，行不篤敬，雖州里行乎哉？立，則見其參於前也；在輿，則見其倚於衡也。夫然後行。」子張書諸紳。

子張問怎樣才行得通。孔子説：「言語忠誠老實，行為忠厚嚴肅，即使到落後部落或國家，也行得通。言語欺詐無信用，行為刻薄輕浮，就是在本鄉本土，能行得通嗎？站立的時候，就〔彷彿〕看見『忠誠老實忠厚嚴肅』幾個字出現在自己眼前；在車廂裏，也〔彷彿〕看見它刻在前面的橫木上。〔時時刻刻記着它，〕這樣自然到處行得通。」子張把這些話寫在衣帶上。

◇ 15·7 ┄┄┄┄┄┄┄┄┄┄┄┄┄┄

子曰：「直哉史魚①！邦有道，如矢；邦無道，如矢。君子哉蘧伯玉！邦有道，則仕；邦無道，則可卷而懷之。」

①衛國大夫史，字子魚。他臨死前囑咐兒子，不要治喪正堂，殯我於室，以此勸告衛靈公進用蘧伯玉，斥退彌子瑕。古人稱為屍諫。

孔子説：「史魚真正直呀！國家政治清平，他像箭一般直；國家腐敗黑暗，也像箭一般直。蘧伯玉真是位君子呀！國家政治清平，就出來做官；國家腐敗黑暗，就把本領收捲懷藏起來。」

◇ 15・8 ....

子曰：「可與言而不與之言，失人；不可與言而與之言，失言。知者不失人，亦不失言。」

孔子說：「可以和他談論卻不談論，這是錯過了人才；不可以和他談論卻去談論，這是浪費言語。聰明人既不錯過人才，又不浪費言語。」

◇ 15・9 ....

子曰：「志士仁人，無求生以害仁，有殺身以成仁。」

孔子說：「志士仁人，不貪生怕死去損傷仁德，而是勇於犧牲來成全仁德。」

◇ 15・10 ....

子貢問為仁。子曰：「工欲善其事，必先利其器。居是邦也，事其大夫之賢者，友其士之仁者。」

子貢問怎樣實行仁德。孔子說：「各種工匠想要搞好工作，一定要先有好用的工具。〔實行仁德也一樣，〕住在哪裏，就要事奉那裏大夫中的賢者，交結士人中有仁德的人〔，因為賢者和仁人都是有用的〕。」

◇ 15・11 ....

顏淵問為邦。子曰：「行夏之時，乘殷之輅，服周之冕，樂則《韶》《武》。放鄭聲，遠佞人。鄭聲淫，佞人殆。」

顏淵問怎樣治理國家。孔子說：「用夏朝的曆法，〔因為它合乎四季的自然現象。〕乘殷朝的車子，〔因為它簡樸。〕戴周朝的禮帽，〔因為它華麗。〕音樂就用舜的《韶》和周武王的《武》。捨棄鄭國的樂曲，遠離花言巧語諂媚的人。鄭國樂曲靡曼淫蕩，花言巧語諂媚的人危險。」

◇ 15‧12 ⸺

子曰：「人無遠慮，必有近憂。」

孔子説：「一個人若沒有長遠的考慮，便一定有眼前的憂患。」

◇ 15‧13 ⸺

子曰：「已矣乎！吾未見好德如好色者也。」

孔子説：「算了吧！我從來沒有見過愛好美德像喜愛美貌一般的人哩。」

◇ 15‧14 ⸺

子曰：「臧文仲其竊位者與？知柳下惠之賢，而不與立也。」

孔子説：「臧文仲大概是個做官毫無責任感的人吧，他明知道柳下惠（魯國的賢者）賢能，卻不給他職位。」

◇ 15‧15 ⸺

子曰：「躬自厚而薄責於人，則遠怨矣。」

孔子説：「責備自己很重，責備別人卻輕，就不致招來怨恨了。」

◇ 15‧16 ⸺

子曰：「不曰『如之何，如之何』者，吾末如之何也已矣。」

孔子説：「一個人不想想怎麼辦、怎麼辦的，我也拿他不知道怎麼辦才好。」

◇ 15‧17 ⋯⋯⋯⋯⋯⋯⋯⋯⋯⋯⋯⋯⋯⋯⋯⋯⋯⋯⋯

　　子曰：「羣居終日，言不及義，好行小慧，難矣哉！」

　　孔子說：「和大家整天在一起，一句有道理的話也沒有，喜歡賣弄小聰明，這種人很難有出息呵。」

◇ 15‧18 ⋯⋯⋯⋯⋯⋯⋯⋯⋯⋯⋯⋯⋯⋯⋯⋯⋯⋯⋯

　　子曰：「君子義以為質，禮以行之，孫以出之，信以成之。君子哉！」

　　孔子說：「君子〔對於幹事業，〕以合乎情理為原則，依照禮法去實行，用謙遜的語言說出來，用誠實的態度完成它，這真是一位君子呀！」

◇ 15‧19 ⋯⋯⋯⋯⋯⋯⋯⋯⋯⋯⋯⋯⋯⋯⋯⋯⋯⋯⋯

　　子曰：「君子病無能焉，不病人之不己知也。」

　　孔子說：「君子只擔心自己沒有能力，不擔心別人不知道自己。」

◇ 15‧20 ⋯⋯⋯⋯⋯⋯⋯⋯⋯⋯⋯⋯⋯⋯⋯⋯⋯⋯⋯

　　子曰：「君子疾沒世而名不稱焉。」

　　孔子說：「到死自己的名聲還不被別人稱道，君子引以為憾事。」

◇ 15‧21 ⋯⋯⋯⋯⋯⋯⋯⋯⋯⋯⋯⋯⋯⋯⋯⋯⋯⋯⋯

　　子曰：「君子求諸己，小人求諸人。」

　　孔子說：「君子要求自己，小人要求別人。」

◇ 15·22 ··

子曰：「君子矜而不爭，羣而不黨。」

孔子說：「君子莊矜而不爭執，合羣而不鬧宗派。」

◇ 15·23 ··

子曰：「君子不以言舉人，不以人廢言。」

孔子說：「君子不因別人一句話說得好便提拔他，也不因為他品德不好，雖說得對，卻把對的話也廢棄掉。」

◇ 15·24 ··

子貢問曰：「有一言而可以終身行之者乎？」子曰：「其『恕』乎！己所不欲，勿施於人。」

子貢問道：「有沒有可以畢生奉行的話呢？」孔子說：「那是『恕』道吧！自己所不想要的，不要加在別人身上。」

◇ 15·25 ··

子曰：「吾之於人也，誰毀誰譽？如有所譽者，其有所試矣。斯民也，三代之所以直道而行也。」

孔子說：「我對於別人，詆毀了誰？稱讚了誰？假若我有所稱讚，那是經過了考驗的。這種方法，夏、商、周三代都如此，所以他們都能走正直的道路。」

◇ 15·26 ··

子曰：「吾猶及史之闕文也。有馬者借人乘之，今亡矣夫！」①

①「有馬者」幾句和上文什麼關係，古今人都沒有說明白的。很多人懷疑這章有闕文或者錯簡。

孔子説：「我還能夠看到史書中存疑的地方。有馬的人先給別人使用，今天卻沒有了。」

◇ 15 · 27 ······

子曰：「巧言亂德。小不忍，則亂大謀。」

孔子説：「花言巧語敗壞道德。小事情不能忍耐，就會敗壞大事情。」

◇ 15 · 28 ······

子曰：「眾惡之，必察焉；眾好之，必察焉。」

孔子説：「大家都厭惡他，一定要考察一下；大家都喜歡他，也一定要考察一下。」

◇ 15 · 29 ······

子曰：「人能弘道，非道弘人。」

孔子説：「人能夠把『道』發揚光大，不是『道』能夠把人發揚光大。」

◇ 15 · 30 ······

子曰：「過而不改，是謂過矣。」

孔子説：「錯了卻不改正，便真是錯誤了。」

◇ 15 · 31 ······

子曰：「吾嘗終日不食，終夜不寢，以思，無益，不如學也。」

孔子説：「我曾經整日不吃，整晚不睡，去冥思苦想，沒有什麼益處，還不如去學習哩。」

子曰：「君子謀道不謀食。耕也，餒在其中矣；學也，祿在其中矣。君子憂道不憂貧。」

孔子說：「君子謀求學問，不謀求衣食。耕田，常常要餓肚皮；學習，卻常常得俸祿。君子只擔憂得不到學問，不擔憂貧窮，得不到財富。」

子曰：「知及之，仁不能守之；雖得之，必失之。知及之，仁能守之；不莊以蒞之，則民不敬。知及之，仁能守之，莊以蒞之，動之不以禮，未善也。」

孔子說：「〔卿大夫以至君主的位置，〕靠聰明才智足以得到它，靠仁德不能保持它；縱然得到了，一定會失掉。靠聰明才智得到了位置，靠仁德也能保持它；若不莊重嚴肅地治理百姓，百姓就不會認真〔地生活和工作〕。靠聰明才智得到了位置，靠仁德也能保持它，又莊重嚴肅地治理百姓，若不用禮法去動員百姓，那也是不夠好的。」

子曰：「君子不可小知，而可大受也。小人不可大受，而可小知也。」

孔子說：「君子不可以用小事去考驗他，卻可以承當重大任務；小人不可以承當重大任務，卻可以用小事去考驗他。」

子曰：「民之於仁也，甚於水火。水火，吾見蹈而死者矣，未見蹈仁而死者也。」

孔子説：「百姓需要仁德，勝過需要水火。水和火，我看見有人投赴到那裏面去而死了的，卻沒見過遵行仁德而死了的。」

◇ 15.36

子曰：「當仁，不讓於師。」

孔子説：「面對着仁德的事，就是老師在前，也不謙讓。」

◇ 15.37

子曰：「君子貞而不諒。」

孔子説：「君子講究大信用，不講究小信用。」

◇ 15.38

子曰：「事君，敬其事而後其食。」

孔子説：「事奉君主，嚴肅認真地工作，把俸祿的事放在後頭。」

◇ 15.39

子曰：「有教無類。」

孔子説：「人人我都進行教育，平等對待，沒有任何區別。」

◇ 15.40

子曰：「道不同，不相為謀。」

孔子説：「主張不同，不相互商量問題。」

◇ 15.41

子曰：「辭達而已矣。」

孔子説：「言辭，能夠表達意思便行了。」

◇ 15 · 42 ···

師冕①見，及階，子曰：「階也。」及席，子曰：「席也。」
皆坐，子告之曰：「某在斯，某在斯。」師冕出。子張問曰：
「與師言之道與？」子曰：「然，固相師之道也。」

①古代樂師一般用瞎子充當。

一位叫冕的樂師來進見孔子，走到階級邊，孔子說：「這是階
級。」到了坐席前，又說：「這是坐席。」都坐定了，孔子〔因為
他是瞎子〕告訴他說：「我在這裏，我在這裏！」樂師冕退了出去，
子張問道：「這是和樂師談話的方式嗎？」孔子說：「對，這本是說
明樂師的方式。」

季氏第十六

凡十四章。

◇ 16 · 1 ···

季氏將伐顓臾。冉有、季路見於孔子，曰：「季氏將有事
於顓臾。」孔子曰：「求！無乃爾是過與？夫顓臾，昔者先王
以為東蒙主，且在邦域之中矣，是社稷之臣也。何以伐為？」
冉有曰：「夫子欲之，吾二臣者皆不欲也。」孔子曰：「求！
周任有言曰：『陳力就列，不能者止。』危而不持，顛而不
扶，則將焉用彼相矣？且爾言過矣。虎兕出於柙，龜玉毀於櫝
中，是誰之過與？」冉有曰：「今夫顓臾，固而近於費。今不
取，後世必為子孫憂。」孔子曰：「求！君子疾夫舍曰『欲之』
而必為之辭。丘也聞：有國有家者，不患寡而患不均，不患
貧而患不安。蓋均無貧，和無寡，安無傾。夫如是，故遠人
不服，則修文德以來之。既來之，則安之。今由與求也相夫
子，遠人不服而不能來也，邦分崩離析而不能守也，而謀動
干戈於邦內。吾恐季孫之憂，不在顓臾，而在蕭牆之內也。」

季氏準備攻打顓臾（魯國的附庸）。冉有、子路兩人來進見孔子，説：「季氏準備對顓臾使用武力。」孔子説：「冉求！這難道不應該責備你麼？顓臾，上代君王曾經授權給他主持東蒙山的祭祀，而且那地方早已在魯國疆域之中，是和魯國安危存亡與共的藩屬，為什麼要去攻打它呢？」冉有説：「季氏要這麼幹的，我們兩個都不同意。」孔子説：「冉求！周任（古代一史官）有句話説：『獻出自己力量，能夠做到的，才去就職；不能，就不幹。』譬如瞎子〔有個助手〕，遇到危險，助手不去扶持，將要摔倒了，助手也不去攙扶，那又要助手幹什麼呢？你的話是錯了。老虎、犀牛從檻欄裏跑了出來，龜殼、美玉在匣子裏毀壞了，這是誰的過錯呢？」冉有説：「顓臾，現今城牆很堅固，而且離季氏的封地費邑很近，現在若不拿下來，日子久了，後世一定會給子孫留下禍害。」孔子説：「冉求！君子就討厭一種人，不説自己貪得無厭，卻一定另找託辭。我聽説過：無論諸侯或者大夫，不必擔憂財富不多，只需擔憂財富不平均；不必擔憂人口稀少，只需擔憂境內不安寧。因為，只要財富分配平均，便無所謂貧窮；境內和睦團結，便不會覺得人口稀少；境內安寧，便不會覺得有傾覆的危險。如果這樣，遠方的人還不歸服，便得修明仁義禮教，使他們自動歸服；他們已經歸服了，就得使他們安心。現在仲由和冉求，你們輔助季氏，遠方的人不歸服，而又不能使他們自動來歸；國家支離破碎，又不能保全住；反而要在國內動用武力。我擔心季孫的憂患不在顓臾，而在自己宮廷中〔的勾心鬥角〕哩！」

◇ 16・2

　　孔子曰：「天下有道，則禮樂征伐自天子出；天下無道，則禮樂征伐自諸侯出。自諸侯出，蓋十世希不失矣；自大夫出，五世希不失矣；陪臣執國命，三世希不失矣。天下有道，則政不在大夫。天下有道，則庶人不議。」

孔子説：「天下處於太平盛世，制禮作樂以及出動軍隊由天子決定；天下腐敗黑暗，〔天子無權，〕制禮作樂以及出動軍隊便由諸侯決定。由諸侯決定，大概傳到十代以後，他們很少有不喪失權柄的；由大夫決定，傳到五代以後，很少有不喪失權柄的；若是大夫的家臣把持國家大權，傳到三代便很少有不喪失的了。處於太平盛世，國家最高政治權力不會由大夫把持。處於太平盛世，百姓也就不會議論紛紛。」

◇ 16‧3 ⋯⋯⋯⋯⋯⋯⋯⋯⋯⋯⋯⋯⋯⋯⋯⋯⋯⋯⋯⋯⋯

孔子曰：「祿之去公室，五世矣。政逮於大夫，四世矣。故夫三桓之子孫，微矣。」

孔子説：「魯國政權離棄魯君，〔從魯君來説，〕已經有宣公、成公、襄公、昭公、定公五代了。政權到卿大夫之手，〔從季氏來説〕，已經有文子、武子、平子、桓子四代了。所以，桓公的三房後代——季孫、孟孫、叔孫也衰微了。」

◇ 16‧4 ⋯⋯⋯⋯⋯⋯⋯⋯⋯⋯⋯⋯⋯⋯⋯⋯⋯⋯⋯⋯⋯

孔子曰：「益者三友，損者三友。友直，友諒，友多聞，益矣。友便辟，友善柔，友便佞，損矣。」

孔子説：「有益的朋友有三種，有害的朋友也有三種。和正直的人交朋友，和誠實的人交朋友，和見聞廣博的人交朋友，便受益了。和逢迎諂媚的人交朋友，和當面恭維、背後毀謗的人交朋友，和誇誇其談、華而不實的人交朋友，便有害了。」

◇ 16‧5 ⋯⋯⋯⋯⋯⋯⋯⋯⋯⋯⋯⋯⋯⋯⋯⋯⋯⋯⋯⋯⋯

孔子曰：「益者三樂，損者三樂。樂節禮樂，樂道人之善，樂多賢友，益矣。樂驕樂，樂佚遊，樂宴樂，損矣。」

孔子説：「有益的樂趣有三種，有害的樂趣也有三種。以得到

禮樂的調節為快樂，以宣揚別人的好處為快樂，以交了不少賢明人物為快樂，這便得益了。以驕奢淫逸為快樂，以遊蕩忘返為快樂，以聚眾大吃大喝為快樂，這便受害了。」

◇ 16 · 6

孔子曰：「侍於君子有三愆：言未及之而言，謂之躁；言及之而不言，謂之隱；未見顏色而言，謂之瞽。」

孔子說：「陪侍君子容易犯三種過失：不該他說話時卻急於先說，叫做急躁；該他說時卻不開口，叫做隱瞞；不看別人的臉色便貿然開口，叫做瞎了眼睛。」

◇ 16 · 7

孔子曰：「君子有三戒：少之時，血氣未定，戒之在色；及其壯也，血氣方剛，戒之在鬥；及其老也，血氣既衰，戒之在得。」

孔子說：「君子有三件應該警惕戒備的事：年輕的時候，血氣還沒有穩定，警戒自己不要迷戀女色；到了壯年，血氣正旺盛，警戒自己不要好勝逞強，同人相鬥；等到老了，血氣已經衰弱，警戒自己不要貪得無厭。」

◇ 16 · 8

孔子曰：「君子有三畏：畏天命，畏大人，畏聖人之言。小人不知天命而不畏也，狎大人，侮聖人之言。」

孔子說：「君子懼怕三件事：懼怕天命，懼怕權貴人物，懼怕聖人的言論。小人不懂得天命，因而不懼怕，褻瀆權貴人物，侮慢聖人的言論。」

◇ 16·9

孔子曰：「生而知之者，上也；學而知之者，次也；困而學之，又其次也；困而不學，民斯為下矣。」

孔子説：「生下來就知道的人是上等，學了才知道的人是次等，遇到困難不得不學的人又次一等，遇到困難卻不學的，這種老百姓才是下等的了。」

◇ 16·10

孔子曰：「君子有九思：視思明，聽思聰，色思溫，貌思恭，言思忠，事思敬，疑思問，忿思難，見得思義。」

孔子説：「君子有九種事情需要考慮：看，要考慮看明白了麼；聽，要考慮聽清楚了麼；臉色，要考慮溫和麼；容貌，要考慮恭敬麼；言語，要考慮忠實麼；工作，要考慮認真麼；疑惑，要考慮怎樣去提問；憤怒，要考慮會不會有後患；遇見有所得，要考慮是否該得。」

◇ 16·11

孔子曰：「見善如不及，見不善如探湯。吾見其人矣，吾聞其語矣。隱居以求其志，行義以達其道。吾聞其語矣，未見其人也。」

孔子説：「看見善良的，努力追求，好像唯恐趕不上似的；看見邪惡，盡力避開，好像手將伸進沸水裏似的。我遇見過這樣的人，也聽到過這樣的話。避世隱居來保全自己的志向，做合乎正義的事來貫徹自己的主張。我聽過這樣的話，卻沒有遇見過這樣的人。」

◇ 16·12

齊景公有馬千駟，死之日，民無德而稱焉。伯夷、叔齊

餓於首陽之下，民到於今稱之。其斯之謂與！

齊景公有馬四千匹，到他死的時候，百姓都認為他沒有什麼德行值得稱讚的。伯夷、叔齊餓死在首陽山下，百姓到今天還稱讚他們。那就是這個意思吧！

◇ 16·13 ⋯⋯⋯⋯⋯⋯⋯⋯⋯⋯⋯⋯⋯⋯⋯

陳亢（gāng）問於伯魚曰：「子亦有異聞乎？」對曰：「未也。嘗獨立，鯉趨而過庭。曰：『學《詩》乎？』對曰：『未也。』『不學《詩》，無以言。』鯉退而學《詩》。他日又獨立，鯉趨而過庭。曰：『學《禮》乎？』對曰：『未也。』『不學《禮》，無以立。』鯉退而學《禮》。聞斯二者。」陳亢退而喜曰：「問一得三：聞《詩》，聞《禮》，又聞君子之遠其子也。」

陳亢（即子禽）向孔子的兒子伯魚問道：「你在老師那裏，也得到不同於一般人的傳授嗎？」伯魚答道：「沒有。他老人家曾經獨自站着，我快步走過庭中，他老人家說：『學過《詩》麼？』我答道：『沒有。』他老人家說：『不學《詩》就不善於說話。』我退回來就學《詩》。過一晌，他老人家又獨自站着，我又快步走過庭中，他老人家說：『學了《禮》麼？』我答道：『沒有。』他老人家又說：『不學《禮》，便在社會上無法站穩腳跟。』我退回來，便學《禮》。我只聽到這兩件事。」陳亢回去高興地說：「問一件事知道了三件事，聽到學《詩》，聽到學《禮》，還聽到君子怎樣嚴以教子。」

◇ 16·14 ⋯⋯⋯⋯⋯⋯⋯⋯⋯⋯⋯⋯⋯⋯⋯

邦君之妻，君稱之曰夫人，夫人自稱曰小童；邦人稱之曰君夫人，稱諸異邦曰寡小君；異邦人稱之，亦曰君夫人。

國君的妻子，國君稱她為夫人，夫人自己稱為小童；本國

人稱她為君夫人，對外國人便稱她為寡小君；外國人也稱她為君夫人。

陽貨第十七

凡二十六章。

◇ 17·1 ⋯⋯⋯⋯⋯⋯⋯⋯⋯⋯⋯⋯⋯⋯

　　陽貨欲見孔子，孔子不見，歸孔子豚。孔子時其亡也，而往拜之①，遇諸塗。謂孔子曰：「來！予與爾言。」曰：「懷其寶而迷其邦，可謂仁乎？」曰：「不可。──好從事而亟失時，可謂知乎？」曰：「不可。──日月逝矣，歲不我與。」孔子曰：「諾，吾將仕矣。」

　　①當時的禮俗，大官送給小官禮品，小官不能在自己家中接受、拜謝，得親自到大官家中道謝。

　　〔以季氏家臣而把持魯國政權的〕陽貨想要孔子去看他，孔子不曾去。陽貨〔因此趁孔子不在家時〕送給孔子〔一隻蒸熟了的〕小豬。孔子探聽到他外出時便去拜謝他，〔誰知冤家路窄，〕在路上碰到了。陽貨〔走到一邊，迎着〕孔子說：「來！我和你說話。」〔孔子自然從另一邊走了過去。〕陽貨說：「懷有一身本領，卻聽任國家一塌糊塗，可以叫做仁愛麼？」〔孔子沒吭聲。〕他自己接着說：「不可以。──一個人喜歡做事情，卻屢屢錯過機會，可以叫做聰明麼？」〔孔子又沒吭聲。〕他又接着說：「不可以。──時光一去不回頭，歲月不會等待我們。」孔子這才說：「好吧，我準備做官了。」

◇ 17·2 ⋯⋯⋯⋯⋯⋯⋯⋯⋯⋯⋯⋯⋯⋯

　　子曰：「性相近也，習相遠也。」

孔子説：「人的生性本來互相接近，因為受不同環境習俗的薰陶，便大不一樣。」

◇ 17．3

子曰：「唯上知與下愚不移。」

孔子説：「只有頭等聰明人和極端愚蠢的人，才是改變不了的。」

◇ 17．4

子之武城，聞弦歌之聲。夫子莞爾而笑，曰：「割雞焉用牛刀？」子游對曰：「昔者偃也聞諸夫子曰：『君子學道則愛人，小人學道則易使也。』」子曰：「二三子，偃之言是也。前言戲之耳。」

〔子游（姓言名偃）作武城縣長，〕孔子到武城去，聽到彈琴唱《詩》的聲音，便微笑地説：「殺雞，哪裏用得着宰牛刀呢？〔治理這小地方，用得着如此禮樂教化麼？〕」子游答道：「以前我聽見老師説過：『君子學習了道理，便有仁愛之心；小人學習了道理，便容易聽使喚〔教化總有用處〕。』」孔子接着向學生們説：「你們聽着，言偃的話是對的。我剛才的話不過是跟他開玩笑罷了。」

◇ 17．5

公山弗擾以費畔，召，子欲往。子路不説，曰：「末之也已，何必公山氏之之也。」子曰：「夫召我者，而豈徒哉？如有用我者，吾其為東周乎！」

公山弗擾盤踞着費邑圖謀造反，叫孔子去，孔子打算去。子路不高興，説：「沒地方去便算了，為什麼一定要去公山氏那裏呢？」孔子説：「那個叫我去的人，難道是白白叫我去嗎？假若有人用我，我將使周文王、武王的德政在東方再度興起啊！」

◇ 17・6

子張問仁於孔子。孔子曰：「能行五者於天下，為仁矣。」請問之。曰：「恭，寬，信，敏，惠。恭則不侮，寬則得眾，信則人任焉，敏則有功，惠則足以使人。」

子張問孔子怎樣實行仁德。孔子說：「能夠在普天之下實行五種品德的，便是仁德了。」子張說：「請教哪五種？」孔子說：「莊重、寬厚、誠實、勤敏、慈惠。莊重就不會遭受侮辱，寬厚就會得到大眾的擁護，誠實就會得到別人的任用，勤敏工作就有成績，慈惠就能很好地使喚別人。」

◇ 17・7

佛肸（bì xī）召，子欲往。子路曰：「昔者由也聞諸夫子曰：『親於其身為不善者，君子不入也。』佛肸以中牟畔，子之往也，如之何？」子曰：「然，有是言也。不曰堅乎，磨而不磷；不曰白乎，涅而不緇。吾豈匏瓜也哉？焉能繫而不食？」

佛肸叫孔子去，孔子打算去。子路說：「從前我聽見老師說過：『親自做壞事的人那裏，君子是不去的。』如今佛肸盤踞中牟以抗拒趙氏，您要去，怎麼說得過去呢？」孔子說：「對，我有過這話。你不知道嗎？最堅固的東西，磨也磨不薄；最白的東西，染也染不黑。我難道是匏瓜嗎？哪裏能夠只是被人懸掛着而不給人食用呢？」

◇ 17・8

子曰：「由也，女聞六言六蔽矣乎？」對曰：「未也。」「居！吾語女。好仁不好學，其蔽也愚；好知不好學，其蔽也蕩；好信不好學，其蔽也賊；好直不好學，其蔽也絞；好勇不好學，其蔽也亂；好剛不好學，其蔽也狂。」

孔子説：「仲由呀！你聽説過六種品德會帶來六種弊病嗎？」子路答道：「沒有。」孔子説：「坐下！我告訴你。愛好仁德卻不喜好學問，它的弊病是容易被愚弄；愛耍聰明，卻不喜好學問，它的弊病是放蕩不羈，無所適從；喜愛誠實，卻不喜好學問，它的弊病是〔容易被人利用，結果〕害了自己；喜愛直率，卻不喜好學問，它的弊病是説話尖刻傷人；喜愛勇敢，卻不喜好學問，它的弊病是搗亂闖禍；喜愛剛強，卻不喜好學問，它的弊病是膽大妄為。」

◇ 17·9

子曰：「小子何莫學夫《詩》？《詩》，可以興，可以觀，可以羣，可以怨。邇之事父，遠之事君。多識於鳥獸草木之名。」

孔子説：「學生們為什麼不肯學習《詩》呢？學《詩》可以培養聯想力，可以提高觀察力，可以鍛煉合羣性，可以學得諷刺方法。近可以運用其中的道理事奉父母；遠可以用來服事君主；而且可以多多認識一些鳥獸草木的名稱。」

◇ 17·10

子謂伯魚曰：「女為〈周南〉〈召南〉矣乎？人而不為〈周南〉〈召南〉，其猶正牆面而立也與！」

孔子對伯魚説：「你研究過《詩經》中〈周南〉〈召南〉兩部分嗎？一個人不研究〈周南〉〈召南〉，那好比把臉面對着牆壁站立着〔，一切都見不到，一步也不能前進〕吧！」

◇ 17·11

子曰：「禮云禮云，玉帛云乎哉？樂云樂云，鐘鼓云乎哉？」

孔子説：「禮呀禮呀，僅僅是指玉帛等禮物説的嗎？樂呀樂

呀，僅僅是指鐘鼓等樂器說的嗎？」

◇ 17·12 ....

子曰：「色厲而內荏，譬諸小人，其猶穿窬之盜也與？」

孔子說：「外表聲色嚴厲，內心怯弱，若用壞人作比，大概像個挖洞跳牆的小偷吧。」

◇ 17·13 ....

子曰：「鄉原，德之賊也。」

孔子說：「不分是非曲直、八面玲瓏的好好先生，是敗壞道德的小人。」

◇ 17·14 ....

子曰：「道聽而塗說，德之棄也。」

孔子說：「在路上聽到的傳言就四處傳播，這是背棄道德，應該革除的壞作風。」

◇ 17·15 ....

子曰：「鄙夫可與事君也與哉？其未得之也，患得之；既得之，患失之。苟患失之，無所不至矣。」

孔子說：「鄙陋之人，難道可以和他一道事奉君主嗎？當他沒有得到職位的時候，就怕得不到；已經得到了，又怕丟失它。如果怕丟失，便什麼壞事都幹得出來了。」

◇ 17·16 ....

子曰：「古者民有三疾，今也或是之亡也。古之狂也肆，今之狂也蕩；古之矜也廉，今之矜也忿戾；古之愚也直，今之愚也詐而已矣。」

孔子說：「古代人有三種〔值得稱道的〕毛病，今天連這都沒有了。古代的狂人肆意直言，如今的狂人便放蕩不羈了；古代矜持自尊的人行為端正有威嚴，還有不可觸犯之處，現在矜持自尊的人卻一味惱羞成怒、無理取鬧罷了；古代愚笨的人還直率，現在愚笨的人卻只是欺詐耍手段罷了。」

◇ 17‧17 ……………………………

子曰：「巧言令色，鮮矣仁。」①

①與《學而篇》1‧3重複。

孔子說：「花言巧語，假冒偽善，這種人，『仁德』是不會多的。」

◇ 17‧18 ……………………………

子曰：「惡紫之奪朱也，惡鄭聲①**之亂雅樂也，惡利口之覆邦家者。」**

①鄭樂多淫亂之曲。

孔子說：「紫色奪掉了大紅色的光彩，可厭惡；鄭國樂曲擾亂了典雅的樂曲，可厭惡；尖嘴利舌的人足以傾覆國家，可厭惡。」

◇ 17‧19 ……………………………

子曰：「予欲無言。」子貢曰：「子如不言，則小子何述焉？」子曰：「天何言哉？四時行焉，百物生焉，天何言哉？」

孔子說：「我想不說什麼了。」子貢說：「您假若不說，那我們拿什麼傳述給後代呢？」孔子說：「天說了什麼呢？四季照樣運行，萬物照樣生長，天說了什麼呢？」

　　孺悲欲見孔子，孔子辭以疾。將命者出戶，取瑟而歌，使之聞之。

　　孺悲（魯國人）要進見孔子，孔子託詞有病，拒絕接待。傳達的人剛出房門，孔子拿起瑟，邊彈邊唱，故意使孺悲聽到。

◇ 17‧21 ┈┈┈┈┈┈┈┈┈┈┈┈┈┈┈┈┈┈┈┈┈┈┈

　　宰我問：「三年之喪，期已久矣。君子三年不為禮，禮必壞；三年不為樂，樂必崩。舊穀既沒，新穀既升，鑽燧改火，期可已矣。」子曰：「食夫稻，衣夫錦，於女安乎？」曰：「安。」「女安則為之！夫君子之居喪，食旨不甘，聞樂不樂，居處不安，故不為也。今女安，則為之！」宰我出。子曰：「予之不仁也！子生三年，然後免於父母之懷。夫三年之喪，天下之通喪也。予也有三年之愛於其父母乎？」

　　宰我問：「父母死亡，守孝三年，時間太長了。君子有三年不去實行禮儀，禮儀一定會被破壞；有三年不去奏音樂，樂曲一定會失傳。舊穀已經吃光了，新穀又已登場，取火的木頭，一年一輪迴，喪期一年也就可以了。」孔子說：「你父母死了不到三年，便吃稻米飯，穿錦緞衣，你心裏安不安呢？」宰我說：「安。」孔子馬上說：「你心安，你就去幹吧！君子在守孝期間，吃美食不覺得味道好，聽到好的樂曲不覺得快樂，居住坐立都不安，所以才不幹。現在你心安，你就去幹吧！」宰我退了出來。孔子說：「宰予真沒有仁愛呀！兒子生下三年，然後才脫離父母懷抱。守孝三年，是天下通行的喪禮。宰予對他父母難道沒有三年懷抱的養育恩情麼？」

◇ 17‧22 ┈┈┈┈┈┈┈┈┈┈┈┈┈┈┈┈┈┈┈┈┈┈┈

　　子曰：「飽食終日，無所用心，難矣哉！不有博弈者乎？為之，猶賢乎已。」

孔子説：「整天吃飽飯，不用一點心思，難得有出息呀！不是有擲采、下棋的遊戲嗎？幹幹也比閒散着強。」

子路曰：「君子尚勇乎？」子曰：「君子義以為上。君子有勇而無義為亂，小人有勇而無義為盜。」

子路説：「君子崇尚勇敢嗎？」孔子説：「君子認為正義是頭等要緊的。君子只講勇敢不講正義，就會搞亂造反；小人只講勇敢不講正義，就會做土匪強盜。」

子貢曰：「君子亦有惡乎？」子曰：「有惡：惡稱人之惡者，惡居下流而訕上者，惡勇而無禮者，惡果敢而窒者。」曰：「賜也亦有惡乎？」「惡徼以為知者，惡不孫以為勇者，惡訐以為直者。」

子貢説：「君子也有憎惡的事麼？」孔子説：「有憎惡的事：如憎惡專説別人壞處的人，憎惡在下位而毀謗在上位的人，憎惡勇敢卻沒有禮貌的人，憎惡勇敢有決斷卻頑固、執拗到底的人。」又説：「端木賜，你也有憎惡的事嗎？」子貢説：「我憎惡偷取別人的成果卻自以為聰明的人，憎惡毫不謙虛卻自以為勇敢的人，憎惡攻擊別人的短處卻自以為正直的人。」

子曰：「唯女子與小人為難養也，近之則不孫，遠之則怨。」

孔子説：「只有女子和小人難得和他們共處：親近了，就會無禮；疏遠了，就會怨恨。」

◇ 17 · 26 ···

子曰：「年四十而見惡焉，其終也已。」

孔子說：「到了四十歲還被人討厭，他這一生也就完了。」

微子第十八

此篇多記聖賢之出處。凡十一章。

◇ 18 · 1 ···

微子去之，箕子為之奴，比干諫而死。孔子曰：「殷有三仁焉。」

〔殷紂王昏庸殘暴，〕他的胞兄微子離開了他，他的叔父箕子因進諫不聽而裝瘋，結果做了奴隸，還有一個叔父比干勸阻他，便被剖心處死。孔子說：「殷商末年有三位仁人。」

◇ 18 · 2 ···

柳下惠為士師，三黜。人曰：「子未可以去乎？」曰：「直道而事人，焉往而不三黜？枉道而事人，何必去父母之邦？」

柳下惠做魯國的法官，多次被撤職。有人對他說：「您不可以離開這裏嗎？」他說：「正直地事奉君主，到哪裏去而不多次被撤職呢？不正直地事奉君主，為什麼一定離開自己的祖國呢？」

◇ 18 · 3 ···

齊景公待孔子，曰：「若季氏則吾不能，以季、孟之間待之。」曰：「吾老矣，不能用也。」孔子行。

齊景公講到怎樣對待孔子，說：「像魯君對待季氏那樣，我就辦不到。我打算用次於季氏、高於孟氏的待遇來對待他。」不久，又說：「我老了，沒有什麼作為了。」孔子便離開了齊國。

　　齊人歸女樂，季桓子受之，三日不朝。孔子行。

　　齊國送魯國不少歌姬舞女，季桓子接受了，一連三天不問政事。孔子離職而去。

　　楚狂接輿歌而過孔子，曰：「鳳兮！鳳兮！何德之衰？往者不可諫，來者猶可追。已而！已而！今之從政者殆而！」孔子下，欲與之言。趨而辟之，不得與之言。

　　楚國有個狂人叫接輿的，經過孔子的車前，唱道：「鳳凰呀，鳳凰呀！為什麼這樣倒楣？過去的已不能挽回，今後的再不要執迷。算了吧，算了吧！今天當政的諸公危乎其危！」孔子下車，想和他說話。他趕快避開，孔子沒法和他說。

　　長沮、桀溺耦而耕，孔子過之，使子路問津焉。長沮曰：「夫執輿者為誰？」子路曰：「為孔丘。」曰：「是魯孔丘與？」曰：「是也。」曰：「是知津矣。」問於桀溺，桀溺曰：「子為誰？」曰：「為仲由。」曰：「是魯孔丘之徒與？」對曰：「然。」曰：「滔滔者天下皆是也，而誰以易之？且而與其從辟人之士也，豈若從辟世之士哉？」耰而不輟。子路行以告。夫子憮然曰：「鳥獸不可與同群，吾非斯人之徒與而誰與？天下有道，丘不與易也。」

　　長沮、桀溺（此非真姓名，係隱士）兩人一同在田地裏耕作，孔子經過那裏，叫子路下去詢問渡口在哪裏。長沮問子路說：「那駕車子的是誰？」子路說：「是孔丘。」他又說：「是魯國的孔丘麼？」子路說：「是的。」他便說：「他麼，早知道渡口在哪裏了。」子路又去問桀溺。桀溺說：「你是誰？」子路答：「我是仲由。」他

又問：「你是魯國孔丘的門徒麼？」子路答道：「是的。」他便說：「到處都是像洪水一樣惡濁的東西，你們能同誰去改變它呢？而且你與其跟着〔孔丘那種〕逃避壞人的人，怎麼不跟隨〔我們這些〕逃避壞社會的人呢？」說完，他仍舊不停地做田裏的活。子路回來報告孔子。孔子失望地說：「既然我們不能和飛禽走獸它們共處，不同人羣中的你們又同誰在一起呢？如果天下政治清平，我就不會出來與你們一道搞改革了。」

◇ 18・7

　子路從而後，遇丈人，以杖荷蓧。子路問曰：「子見夫子乎？」丈人曰：「四體不勤，五穀不分。孰為夫子？」植其杖而芸。子路拱而立。止子路宿，殺雞為黍而食之，見其二子焉。明日，子路行以告。子曰：「隱者也。」使子路反見之。至則行矣。子路曰：「不仕無義。長幼之節，不可廢也；君臣之義，如之何其廢之？欲潔其身，而亂大倫。君子之仕也，行其義也。道之不行，已知之矣。」

　子路跟隨孔子周遊列國，卻落後很遠，遇見一個老頭，用手杖挑着除草用的工具。子路問道：「您看見我的老師嗎？」老頭說：「你四肢不去勞動，五穀不能分辨，誰是你的老師呢？」說完，便把手杖插進泥土中去鋤草。子路拱着手恭敬地站立着。他便留子路住宿，殺了雞，做好黃米飯給子路吃，而且引着他的兩個兒子會見子路。第二天，子路趕上，報告孔子。孔子說：「這是位隱士。」叫子路回去會見他。等子路到原來的地方，他已經搬走了。子路說：「不出來做官是不合情理的。〔您把兒子叫出來見我，可見您懂〕長幼間的關係是不可廢棄的，那君臣間的關係又怎麼可以廢棄呢？您怕玷污自己，卻搞亂了君臣間的人倫關係。君子出來做官，為的是履行君臣間的應盡義務。我們的主張行不通，早已知道了。」

◇ 18 · 8

　　逸民：伯夷，叔齊，虞仲，夷逸，朱張，柳下惠，少
連。子曰：「不降其志，不辱其身，伯夷、叔齊與！」謂：「柳
下惠、少連，降志辱身矣。言中倫，行中慮，其斯而已矣。」
謂：「虞仲、夷逸，隱居放言，身中清，廢中權。我則異於
是，無可無不可。」

　　古今被遺落的人才有伯夷、叔齊、虞仲、夷逸、朱張、柳下
惠、少連。孔子說：「不降低自己的志氣，不辱沒自己身份，要算
伯夷、叔齊吧。」又講：「柳下惠、少連降低自己志氣，辱沒自己
身份了，但說話合乎法度，行為經過考慮，不過就是這樣罷了。」
又說：「虞仲、夷逸，逃世隱居，放膽直言，行為清廉，被廢棄也
合乎權變。我則和他們不一樣，沒有什麼可以，也沒有什麼不可
以。」

◇ 18 · 9

　　大師摯適齊，亞飯干適楚，三飯繚適蔡，四飯^①缺適
秦，鼓方叔入於河，播鞀武入於漢，少師陽、擊磬襄入
於海。

　　①古代天子諸侯用飯都得奏樂，所以樂官有「亞飯」「三飯」「四飯」
之稱。

　　太師摯到了齊國，亞飯樂師干到了楚國，三飯樂師繚到了蔡
國，四飯樂師缺到了秦國，擊鼓樂師方叔入居黃河之邊，搖小鼓樂
師武逃居漢水之濱，少師陽和擊磬的襄避居到海邊。

◇ 18 · 10

　　周公謂魯公曰：「君子不施其親，不使大臣怨乎不以。
故舊無大故，則不棄也。無求備於一人。」

周公旦對他兒子魯公伯禽（二人孔子都視為聖人）說：「君子不怠慢他的親族，不讓大臣抱怨未被信任。老臣舊友沒有嚴重過失，就不要拋棄他們。對一個人不要求全責備。」

◇ 18·11 ⋯⋯⋯⋯⋯⋯⋯⋯⋯⋯⋯⋯

周有八士：伯達、伯适、仲突、仲忽、叔夜、叔夏、季隨、季騧。

周朝有八位有教養的人：伯達、伯适、仲突、仲忽、叔夜、叔夏、季隨、季騧。

子張第十九

此篇皆記弟子之言，而子夏為多，子貢次之。凡二十五章。

◇ 19·1 ⋯⋯⋯⋯⋯⋯⋯⋯⋯⋯⋯⋯

子張曰：「士見危致命，見得思義，祭思敬，喪思哀，其可已矣。」

子張說：「一個知書識禮的人，遇見危險，便能夠豁出生命；看見有所得的事，便能夠考慮該得不該得；祭祀時考慮是否嚴肅認真；有喪事時考慮是否悲痛哀傷；那樣也就可以了。」

◇ 19·2 ⋯⋯⋯⋯⋯⋯⋯⋯⋯⋯⋯⋯

子張曰：「執德不弘，通道不篤，焉能為有？焉能為亡？」

子張說：「一個人，執行道德不堅強，信仰也不忠實，這種人，有他不多，沒他不少。」

子夏之門人問交於子張。子張曰:「子夏云何?」對曰:「子夏曰:『可者與之,其不可者拒之。』」子張曰:「異乎吾所聞:君子尊賢而容眾,嘉善而矜不能。我之大賢與?於人何所不容?我之不賢與?人將拒我,如之何其拒人也?」

子夏的學生問子張如何交朋友。子張說:「子夏說了些什麼呢?」該生答道:「子夏說:『可以交便和他交朋友,不可以交的便拒絕他。』」子張說:「我所聽到的和這不同:君子尊重賢人,容納眾人,鼓勵好人,同情無能的人。我是非常好的人麼?對別人有什麼不能容納的呢?我是壞人麼?別人會拒絕我,我怎麼能拒絕別人呢?」

子夏曰:「雖小道,必有可觀者焉;致遠恐泥,是以君子不為也。」

子夏說:「雖然是小小的技藝,也一定有值得一顧的地方,但恐怕對遠大的事業有妨礙,所以君子不去幹。」

子夏曰:「日知其所亡,月無忘其所能,可謂好學也已矣。」

子夏說:「每天知曉自己所不曾知道的,每月不忘記自己所已經能夠掌握的,可以說是愛好學習了。」

子夏曰:「博學而篤志,切問而近思,仁在其中矣。」

子夏說:「廣博地學習,志向專一不變;對未曾理解的事懇切

向人求教，多考慮當前的問題，仁德便在這當中了。」

◇ 19‧7 ⋯⋯⋯⋯⋯⋯⋯⋯⋯⋯⋯⋯⋯⋯⋯⋯

子夏曰：「百工居肆以成其事，君子學以致其道。」

子夏說：「各業的工匠在工廠裏來完成他們的工作，君子則通過學習來獲得道理和知識。」

◇ 19‧8 ⋯⋯⋯⋯⋯⋯⋯⋯⋯⋯⋯⋯⋯⋯⋯⋯

子夏曰：「小人之過也必文。」

子夏說：「小人有了過失，一定加以掩飾。」

◇ 19‧9 ⋯⋯⋯⋯⋯⋯⋯⋯⋯⋯⋯⋯⋯⋯⋯⋯

子夏曰：「君子有三變：望之儼然，即之也溫，聽其言也厲。」

子夏說：「對君子的印象有三種變化：遠遠望去，莊嚴可畏；向他靠攏，溫和可親；聽他的話，嚴肅不苟。」

◇ 19‧10 ⋯⋯⋯⋯⋯⋯⋯⋯⋯⋯⋯⋯⋯⋯⋯

子夏曰：「君子信而後勞其民，未信則以為厲己也；信而後諫，未信則以為謗己也。」

子夏說：「君子必須得到信任然後再去使喚百姓，沒有得到信任，他們會認為你在折磨他們；也必須得到信任才去規勸上級，不然他會認為你在毀謗他。」

◇ 19‧11 ⋯⋯⋯⋯⋯⋯⋯⋯⋯⋯⋯⋯⋯⋯⋯

子夏曰：「大德不逾閑，小德出入可也。」

子夏說：「在重大節操上不能超過界限，生活小節上稍有出入

倒是可以的。」

◇ 19‧12 ⋯⋯⋯⋯⋯⋯⋯⋯⋯

子游曰：「子夏之門人小子，當洒掃、應對、進退，則可矣，抑末也。本之則無。如之何？」子夏聞之，曰：「噫！言游過矣！君子之道，孰先傳焉？孰後倦焉？譬諸草木，區以別矣。君子之道，焉可誣也？有始有卒者，其惟聖人乎！」

子游說：「子夏的學生們做做灑水掃地、接待客人、應對進退的事情，那是可以的；但這些只是末節小事。他們研究學術的基礎卻沒有，怎麼行呢？」子夏聽到了，說：「唉！言游錯了！君子的學術哪些先傳授？哪些後講述呢？比如草木，各種各類是應該區別開來。君子的學術，怎麼可以歪曲呢？〔循序漸進地去傳授，〕有始有終的，大概只有聖人吧！」

◇ 19‧13 ⋯⋯⋯⋯⋯⋯⋯⋯⋯

子夏曰：「仕而優則學，學而優則仕。」

子夏說：「做好了官，有餘力就學習；學習好了，有餘力就去做官。」

◇ 19‧14 ⋯⋯⋯⋯⋯⋯⋯⋯⋯

子游曰：「喪致乎哀而止。」

子游說：「居喪，充分表現了他心中的悲哀也就夠了。」

◇ 19‧15 ⋯⋯⋯⋯⋯⋯⋯⋯⋯

子游曰：「吾友張也，為難能也，然而未仁。」

子游說：「我的朋友子張是難能可貴的，但還沒有做到仁。」

曾子曰：「堂堂乎張也，難與並為仁矣。」

曾子說：「子張的為人高不可攀，很難把別人一同帶入仁德的境界。」

曾子曰：「吾聞諸夫子：人未有自致者也，必也親喪乎！」

曾子說：「我聽老師說過，人在平常的時候，不可能自動地充分地表露內心的真實感情，〔如果能，〕那一定在父母逝世的時候吧！」

曾子曰：「吾聞諸夫子：孟莊子之孝也，其他可能也；其不改父之臣，與父之政，是難能也。」

曾子說：「我聽老師說過：『孟莊子（魯國大夫，孟獻子之子，名速）的孝道，其他都可以做到；而他在職期間，留用他父親的僚屬，保持他父親的政治措施，這是不容易做到的。』」

孟氏使陽膚為士師，問於曾子。曾子曰：「上失其道，民散久矣。如得其情，則哀矜而勿喜。」

孟氏任命陽膚（曾子弟子）做法官，陽膚向曾子求教。曾子說：「在上位的人不依規矩行事，百姓的心早就渙散了。你假若能審出罪犯的真情，就應該可憐他們，同情他們，不要自鳴得意。」

子貢曰：「紂之不善，不如是之甚也。是以君子惡居下

流，天下之惡皆歸焉。」

子貢説：「商紂王的罪惡，並不像傳說的那麼厲害。所以，君子最怕沾着惡名，一沾惡名，天下什麼壞事都會集中在他身上。」

◇ 19·21

子貢曰：「君子之過也，如日月之食焉：過也，人皆見之；更也，人皆仰之。」

子貢説：「君子的過失好比日蝕月蝕一般，犯錯誤的時候，人人都能看得到；當改正的時候，人人都仰望着。」

◇ 19·22

衞公孫朝問於子貢曰：「仲尼焉學？」子貢曰：「文、武之道，未墜於地，在人。賢者識其大者，不賢者識其小者，莫不有文、武之道焉。夫子焉不學？而亦何常師之有？」

衞國的公孫朝問子貢説：「孔仲尼的學問是從哪裏得來的？」子貢説：「周文王、武王的道術並沒有失傳，散在人間。賢能的人抓住大節，不賢能的人只抓住小節，沒有地方沒有文王、武王的道術。我老師到哪裏不能學呢？又為什麼一定要有專門的老師傳授呢？」

◇ 19·23

叔孫武叔語大夫於朝，曰：「子貢賢於仲尼。」子服景伯以告子貢。子貢曰：「譬之宮牆：賜之牆也及肩，窺見室家之好。夫子之牆數仞，不得其門而入，不見宗廟之美，百官之富。得其門者或寡矣。夫子之云，不亦宜乎！」

魯國大夫叔孫武叔在朝廷中告訴一班官員説：「子貢比他老師仲尼要強。」子服景伯便把這話告訴了子貢。子貢説：「拿房屋的

圍牆作比喻吧：我家的圍牆只齊肩膀，誰都可以望見房屋的美好。我的老師的圍牆有幾丈高，人們找不着大門進去，就看不見他那宗廟的壯美，房舍的多種多樣。能夠找着大門進去的人或許不多吧。那麼，叔孫武叔他老人家那麼說，不也是很自然的嗎？」

◇ 19 · 24 ┄┄┄┄┄┄┄┄┄┄┄┄┄┄┄

　　叔孫武叔毀仲尼。子貢曰：「無以為也，仲尼不可毀也。他人之賢者，丘陵也，猶可逾也。仲尼，日月也，無得而逾焉。人雖欲自絕，其何傷於日月乎？多見其不知量也！」

　　叔孫武叔毀謗仲尼。子貢說：「不要這樣做，仲尼是毀謗不了的。別人的賢能好比小山丘，還可以超過；仲尼好比太陽和月亮一樣，是沒辦法超過的。有人縱然想自絕於太陽、月亮，那對太陽、月亮又有什麼損害呢？只是看出他太不自量罷了。」

◇ 19 · 25 ┄┄┄┄┄┄┄┄┄┄┄┄┄┄┄

　　陳子禽謂子貢曰：「子為恭也，仲尼豈賢於子乎？」子貢曰：「君子一言以為知，一言以為不知，言不可不慎也。夫子之不可及也，猶天之不可階而升也。夫子之得邦家者，所謂立之斯立，道之斯行，綏之斯來，動之斯和。其生也榮，其死也哀。如之何其可及也！」

　　陳子禽對子貢說：「您對仲尼那麼恭敬，難道他真比您強嗎？」子貢說：「君子說一句話可以表現他聰明，也可以說一句話表現他不聰明，說話是不能不謹慎的。我的老師的不可趕上，如同上天不能用梯子一級級地爬上去一樣。我的老師如果當上國家的君主或得到采邑成為卿大夫，他要百姓在社會上站住腳跟，百姓便都自然站住腳跟；若引導百姓前進，百姓自然都跟着前進；若安撫百姓，百姓自然都會前來投奔；若動員百姓，百姓自然會同心協力。他老人家生得光榮，死得可惜可悲。別人怎麼能趕得上呢？」

堯曰第二十

凡三章。

◇ 20·1 ⋯⋯⋯⋯⋯⋯⋯⋯⋯⋯⋯⋯⋯

堯曰：「咨！爾舜！天之曆數在爾躬，允執其中。四海困窮，天祿永終。」舜亦以命禹。曰：「予小子履，敢用玄牡，敢昭告于皇皇后帝：有罪不敢赦。帝臣不蔽，簡在帝心。朕躬有罪，無以萬方；萬方有罪，罪在朕躬。」周有大賚，善人是富。「雖有周親，不如仁人。百姓有過，在予一人。」謹權量，審法度，修廢官，四方之政行焉。興滅國，繼絕世，舉逸民，天下之民歸心焉。所重：民、食、喪、祭。寬則得眾①，敏則有功，公則說。

①以下本有「信則民任焉」五字，今考得是後人妄加，故刪去不譯。

堯〔禪位給舜的時候〕說：「嘖嘖！你這位舜呀！上天的大任已經落到你身上了，你要真誠地保持着那正確的傳統，假若天下的百姓都陷入困苦貧窮的境地，上天給你的祿位也就會永遠終止了。」舜禪位時，也用同樣的這番話吩咐禹。〔商湯時，遭逢大旱，湯向上天求雨，〕說：「我這小子履（相傳湯又名履）謹用黑色的牡牛作祭品，明白地稟告輝煌的天帝：有罪的人〔我〕不敢擅自赦免他。您的臣僕〔的善惡〕我也不掩蓋，您心裏也是早就曉得的。我本人若有罪，不要牽連天下萬方；天下萬方若有罪，都歸我一人來承擔。」周武王滅紂，大封諸侯，使善良的人都富貴起來，他說：「我雖然有至親，但不如有仁德之人。百姓有過錯，由我一人來承擔。」檢驗並統一度量衡，審訂禮樂制度，修復已廢棄的衙門，全國政令就會通行了。恢復被滅亡的國家，承續已斷絕的後代，選拔被遺落的人才，天下的百姓就都會心悅誠服。所重視的是：人民、糧食、喪禮、祭祀。寬厚就會得到眾人的擁護，勤快就會有功績，公平就會使百姓高興。

◇ 20·2 ･･････････････････････････････････

　　子張問於孔子曰：「何如斯可以從政矣？」子曰：「尊五美，屏四惡，斯可以從政矣。」子張曰：「何謂五美？」子曰：「君子惠而不費，勞而不怨，欲而不貪，泰而不驕，威而不猛。」子張曰：「何謂惠而不費？」子曰：「因民之所利而利之，斯不亦惠而不費乎？擇可勞而勞之，又誰怨？欲仁而得仁，又焉貪？君子無眾寡，無小大，無敢慢，斯不亦泰而不驕乎？君子正其衣冠，尊其瞻視，儼然人望而畏之，斯不亦威而不猛乎？」子張曰：「何謂四惡？」子曰：「不教而殺謂之虐；不戒視成謂之暴；慢令致期謂之賊；猶之與人也，出納之吝，謂之有司。」

　　子張問孔子說：「怎樣才可以治理政事呢？」孔子說：「尊崇五種美德，排除四種惡政，這就可以治理政事了。」子張問：「什麼是五種美德？」孔子說：「君子給人民以好處，自己卻不耗費；使喚百姓，百姓卻不怨恨；自己有所求卻不貪得；安寧矜持卻不驕傲；有威嚴卻不兇猛。」子張說：「給人民以好處，而自己無所耗費，該怎麼辦呢？」孔子說：「凡百姓能得到好處的便使他們得到好處，這不就是給人民以好處自己卻無所耗費嗎？選擇可以勞動的〔時間、地點和物件〕再去叫他們勞動，又有誰會怨恨呢？自己想要仁德便得到仁德，還貪求什麼呢？無論人多人少，無論勢力大小，君子都不敢怠慢，這不是矜持安寧而不驕傲嗎？君子衣冠整齊，目不邪視，莊嚴地使人望而有所畏懼，這不是有威嚴卻不兇猛嗎？」子張說：「四種惡政又是什麼呢？」孔子說：「不先教育便加殺戮叫做虐，不先告誡便要求有成績叫做暴；起先懈怠，突然限期完成叫做賊；同是給人以財物，出手吝嗇，叫做小氣。」

子曰：「不知命，無以為君子也。不知禮，無以立也。不知言，無以知人也。」

孔子說：「不懂得命運，沒有辦法做君子。不懂得禮節，沒有辦法立足於社會。不善於分析人家的話語，沒辦法瞭解別人的善惡。」

孟　子　全譯

　　孟子名軻，古人很重表字，如孔子名丘字仲尼，《論語》已經提過，《孟子》也說過，而孟子的字卻沒有傳述，東漢趙岐作《孟子章句》，在《孟子題辭》中說沒聽說過；三國徐幹作《中論序》也說沒有傳下來；而王肅作《聖證論》，說孟子字「子車」；晉人傅玄作《傅子》，說他字「子輿」。東漢人所沒聽說的，三國和晉人怎麼會知道呢？又何以各種說法不同呢？從情況推測，王肅和傅玄不過是從名「軻」各擬一個和「軻」義相關的字「車」或「輿」，權且充數罷了，這些都是不真實的。孟軻是鄒國人，當時的鄒國就在今天山東的鄒縣（現為鄒城市），離魯國都城即今天的曲阜市北不足一百里，所以孟子自己說：「近聖人之居若此其甚也。」據《史記・孟荀列傳》，《孟子》是孟軻老而不得意，「退而與萬章之徒序《詩》《書》，述仲尼之意，作《孟子》七篇」。這話可信。現存《孟子》中，有他學生萬章等人的筆墨，如〈滕文公上〉第一章「孟子道性善，言必稱堯舜」，這便像孟子學生說的，不像孟子自己說的。

　　孟子是「乃所願，則學孔子」（〈公孫丑上〉）的人，而且自命為孔子思想的繼承人。孟子生卒年月雖然沒有傳下來，從《孟子》書中推測，大概生於周安王十四年（公元前 388 年）前後，可能高壽，或者活到 84 歲。如果可信，那就死於周赧王十一年（公元前 304 年）前後。有些書說他是孔子之孫子思的學生，但子思父親伯魚死在孔子前，見於《論語》，子思縱是高壽，也看不到孟子的出生。而且他若真是子思的學生，便不會說「予未得為孔子徒也，予私淑諸人也」（〈離婁下〉）。

　　孟子生前，雖不能實行其政治理想，依當時形勢，那些理想和各強國諸侯稱王稱霸「辟土地，朝秦楚」（〈梁惠王上〉）的野心格格不入，自然各大國君王認為他「迂遠而闊於事情」；但他「後車數十乘，從者數百人，以傳食於諸侯」（〈滕文公下〉），也曾顯赫一時。他所見的諸侯有梁惠王、齊宣王、滕文公等人，

梁惠王、滕文公死在他前，齊宣王可能遲死三兩年，魯平公可能遲死十年。

《論語》成書，孔子不曾看到；《孟子》則是他自己參加寫定的。他可能有意仿效《論語》。第一，《孟子》七篇，也只是摘取開頭一句兩三個字做篇名，而且沒有意義，更不代表各篇主要內容，如《莊子》的〈逍遙遊〉〈齊物論〉均有意義和主旨。第二，每篇之中各章之間很少邏輯聯繫，和《論語》相同。第三，最後一篇（《論語》的〈堯曰〉）和最後一章（《孟子‧盡心下》第三十八章），都是從堯、舜講到自己，似乎自己是堯、舜、禹、湯、文、武等聖王明主學說的繼承人，前人叫做道統，韓愈的《原道》便提出他自己是這一道統孔、孟的繼承人，孟子和韓愈都只是暗示而未明說罷了。

孟子究竟比孔子晚生一百年左右，春秋和戰國的形勢和風尚大有不同，孟子比孔子不能不有一些進步。

孔子雖然懷疑鬼神的存在，卻重視祭祀。《論語》一萬二千七百字，「祭」字出現 14 次；《孟子》有三萬五千三百七十多字，是《論語》的 2.7 倍，「祭」字僅出現 9 次，「祭祀」連文出現 2 次，加在一起共 11 次，還少於《論語》。

孔子講「仁」，孟子多半「仁義」並言。孔子重視人的生命，孟子更重視人民生存的權利。孟子「民貴君輕」的論點不能不說是當時可貴的理論。他甚至反對說湯放桀、武王伐紂是「臣弒君」，而說那是「誅一夫紂」。一夫，今天叫做獨夫，這是對獨裁者的稱號。

孟子說「萬物皆備於我」，後人給他戴上主觀唯心主義的帽子，我認為這是誤會。孟子這一「萬物」只是指仁義禮智各種道德品質，他認為這本身就有「求則得之，舍則失之」的東西，至於「富貴利達」是「求之無益」「在外」的東西。既然本身已有，自然不是虛幻境界，也不是超現實的精神作用，談不上唯心或唯物。

孟子的政治主張是保守的，甚至是倒退的，其不能實行，是必然的。

梁惠王章句上

凡七章。

◇ 1·1 ....

孟子見梁惠王。王曰：「叟！不遠千里而來，亦將有以利吾國乎？」孟子對曰：「王何必曰利？亦有仁義而已矣。王曰：『何以利吾國？』大夫曰：『何以利吾家？』士庶人曰：『何以利吾身？』上下交征利，而國危矣。萬乘之國，弒其君者必千乘之家。千乘之國，弒其君者必百乘之家。萬取千焉，千取百焉，不為不多矣。苟為後義而先利，不奪不饜。未有仁而遺其親者也，未有義而後其君者也。王亦曰仁義而已矣，何必曰利？」

孟子謁見梁惠王。惠王說：「老先生！您不辭千里長途的辛苦前來，那對我國會有很大利益吧？」孟子答道：「王！您為什麼一定要說到利益呢？只要講求仁義就行了。王假若說：『怎樣才對我國有利？』大夫也說：『怎樣才對我的封地有利？』那麼，一般士子以至老百姓也都會說：『怎樣才對我本人有利？』這樣，上上下下互相追逐私利，國家便會處境危險了。在擁有兵車萬輛的國家裏，殺掉那個國君的，一定是擁有兵車千輛的大夫；在擁有兵車千輛的國家裏，殺掉那個國君的，一定是擁有兵車百輛的大夫。在兵車萬輛的國家中，大夫擁有兵車千輛；在兵車千輛的國家中，大夫擁有兵車百輛；這些大夫的產業不能不說是很多的了。但是，假若

輕道義，重私利，那麼，大夫若不把國君的產業完全奪去，是永遠不會滿足的。從沒有講仁德的人卻遺棄他的父母的，也沒有講道義的人卻對他的君主怠慢的。王也只講仁義就行了，為什麼一定要講利益呢？」

◇ 1·2 ·······························

孟子見梁惠王。王立於沼上，顧鴻雁麋鹿，曰：「賢者亦樂此乎？」孟子對曰：「賢者而後樂此，不賢者雖有此，不樂也。《詩》云：『經始靈台，經之營之，庶民攻之，不日成之。經始勿亟，庶民子來。王在靈囿，麀（yōu）鹿攸伏，麀鹿濯濯，白鳥鶴鶴。王在靈沼，於牣（rèn）魚躍。』文王以民力為台為沼，而民歡樂之，謂其台曰靈台，謂其沼曰靈沼，樂其有麋鹿魚鼈。古之人與民偕樂，故能樂也。《湯誓》曰：『時日害喪，予及女偕亡！』民欲與之偕亡，雖有台池鳥獸，豈能獨樂哉？」

孟子謁見梁惠王。王站在池塘旁邊，一面顧盼着鳥獸，一面說道：「有道德的人也樂於享受這種愉快嗎？」孟子答道：「只有有道德的人才能享受這種愉快，沒有道德的人縱使有這種愉快也無法享受。〔這話怎麼說呢？我舉出周文王和夏桀的史實來說明吧。〕《詩經·大雅·靈台》上說：『開始築靈台，經營復經營，大家齊努力，很快便落成。王說不要急，百姓更賣力。王到鹿苑中，母鹿正安逸。母鹿光且肥，白鳥羽毛潔。王到靈沼上，滿池魚跳躍。』〔這一段詩，便足以證明〕周文王雖然動用了百姓的力量來興建高台深池，可是百姓非常高興，把那個台叫『靈台』，把那個池沼叫『靈沼』，還為他有許多種類的禽獸魚鼈而高興。就因為他願和老百姓同享歡樂，所以他能夠得到真正的快樂。〔至於夏桀卻與此相反。百姓怨恨他，他卻自比為太陽，說道，太陽什麼時候消滅，我才什麼時候死亡。〕《湯誓》中便記載着老百姓的怨歌：『太陽呀！你什麼時候消滅呢？我寧肯跟你一道死去！』作為國家的君主，竟讓百

姓怨恨到想和他一同死去，那他即使有高台深池，珍禽異獸，難道能夠獨自享樂嗎？」

◇ 1‧3 ·····················

梁惠王曰：「寡人之於國也，盡心焉耳矣。河內凶，則移其民於河東，移其粟於河內。河東凶亦然。察鄰國之政，無如寡人之用心者。鄰國之民不加少，寡人之民不加多，何也？」孟子對曰：「王好戰，請以戰喻。填然鼓之，兵刃既接，棄甲曳兵而走，或百步而後止，或五十步而後止。以五十步笑百步，則何如？」曰：「不可。直不百步耳，是亦走也。」曰：「王如知此，則無望民之多於鄰國也。不違農時，穀不可勝食也；數罟不入洿池，魚鱉不可勝食也；斧斤以時入山林，材木不可勝用也。穀與魚鱉不可勝食，材木不可勝用，是使民養生喪死無憾也。養生喪死無憾，王道之始也。五畝之宅，樹之以桑，五十者可以衣帛矣。雞豚狗彘之畜，無失其時，七十者可以食肉矣。百畝之田，勿奪其時，數口之家可以無飢矣。謹庠序之教，申之以孝悌之義，頒白者不負戴於道路矣。七十者衣帛食肉，黎民不飢不寒，然而不王者，未之有也。狗彘食人食而不知檢，塗有餓莩而不知發；人死，則曰：『非我也，歲也。』是何異於刺人而殺之，曰：『非我也，兵也。』王無罪歲，斯天下之民至焉。」

梁惠王〔對孟子〕說：「我對於國家，真是費盡心力了。河內地方遭了饑荒，我便把那裏的部分百姓遷移到河東，同時把河東的部分糧食運到河內。河東假如遭了饑荒，也這樣辦。我曾經考察過鄰國的政治，沒有一個國家像我這樣替百姓打算的。可是，那些國家的百姓並不因此減少，我的百姓並不因此加多，這是什麼緣故呢？」孟子答道：「王喜歡戰爭，那就讓我用戰爭來做個比喻吧。當戰鼓咚咚直響，槍尖刀鋒剛接觸時，士兵們就拋下盔甲、拖着兵器向後逃跑，有的一口氣跑了一百步停住腳，有的一口氣跑了五十

步停住腳。那些跑了五十步的士兵，竟恥笑跑一百步的士兵，〔說他膽子太小，〕行不行呢？」王說：「不行。只不過他們沒有跑到一百步罷了，但這也是逃跑呀。」孟子說：「王如果懂得這個道理，那就不要再希望你的百姓比鄰國多了。如果在農民耕種收穫的季節，不去〔徵兵派工，〕妨礙生產，那糧食便會吃不盡了。如果細密的魚網不到大的池沼裏去捕魚，那魚鱉也會吃不完了。如果砍伐樹木有一定的時節，木材也會用不盡了。糧食和魚鱉吃不完，木材用不盡，這樣便使百姓對生養死葬沒有什麼不滿。百姓對於生養死葬都沒有什麼不滿，就是王道的開端了。在五畝大的宅園中，種植桑樹，那麼，五十歲以上的人都可以穿上絲綿襖了。雞狗與豬等等家畜家家都有飼料、有工夫去飼養，那麼，七十歲以上的人都可以有肉吃了。一家人有百畝的耕地，不去妨礙他們的生產，那麼，幾口人的家庭可以吃得飽了。認真地辦些學校，反覆地用孝順父母、尊敬兄長的大道理開導他們，那麼，〔人人都會敬老尊賢，為老人服務，〕鬚髮花白的人也就不會頭頂着、背負着重物在路上行走了。七十歲以上的人有絲綿衣穿，有肉吃，一般百姓餓不着，凍不着，這樣還不能使天下歸服，是從來不曾有過的事。〔現在的情況卻不如此。〕富貴人家的豬狗吃掉了百姓的糧食，卻不加以檢查和制止。道路上有餓死的人，卻不曾想到應該打開倉廩加以賑救。老百姓死了，竟然說道：『這不是我的罪過，而是年成不好的緣故。』這種說法和拿着刀子殺死了人，卻說：『這不是我殺的，是兵器殺的。』又有什麼不同呢？王假若不去歸罪於年成，〔而從政治上的根本改革着手，〕這樣，別的國家的老百姓就都會來投奔了。」

◇ 1‧4

　　梁惠王曰：「寡人願安承教。」孟子對曰：「殺人以梃與刃，有以異乎？」曰：「無以異也。」「以刃與政，有以異乎？」曰：「無以異也。」曰：「庖有肥肉，廄有肥馬，民有飢色，野有餓莩，此率獸而食人也。獸相食，且人惡之；為

民父母，行政，不免於率獸而食人，惡在其為民父母也？仲尼曰：『始作俑者，其無後乎！』為其象人而用之也。如之何其使斯民飢而死也？」

梁惠王〔對孟子〕説：「我很樂意聽到您的指教。」孟子答道：「用木棒打死人和用刀子殺死人，有什麼不同嗎？」王説：「沒有什麼不同。」「用刀子殺死人和用政治手段害死人，有什麼不同嗎？」王説：「也沒有什麼不同。」孟子又説：「現在您的廚房裏有皮薄膘肥的肉，您的馬廄裏有健壯的馬，可是老百姓面帶飢色，野外躺着餓死的屍體，這簡直是在上位的人率領着禽獸來吃人。獸類自相殘殺，人尚且厭惡它；做老百姓的父母官，主持政事，卻免不了率領禽獸來吃人，那又怎麼能做老百姓的父母官呢？孔子説過：『第一個造作木偶土偶來殉葬的，該會絕子滅孫斷絕後代吧！』〔為什麼孔子這樣痛恨呢？〕就是因為木偶土偶很像人形，卻用來殉葬。〔用像人形的土偶木偶來殉葬，尚且不可；〕又怎麼可以使百姓活活地餓死呢？」

◇ 1·5

梁惠王曰：「晉國，天下莫強焉，叟之所知也。及寡人之身，東敗於齊，長子死焉；西喪地於秦七百里；南辱於楚。寡人恥之，願比死者一洒之。如之何則可？」孟子對曰：「地方百里而可以王。王如施仁政於民，省刑罰，薄税斂，深耕易耨，壯者以暇日修其孝悌忠信，入以事其父兄，出以事其長上，可使制梃以撻秦楚之堅甲利兵矣。彼奪其民時，使不得耕耨以養其父母，父母凍餓，兄弟妻子離散。彼陷溺其民，王往而征之，夫誰與王敵？故曰：『仁者無敵。』王請勿疑。」

梁惠王〔對孟子〕説：「魏國的強大，當時天下沒有別的國家能夠趕得上，這一點，您是很清楚的。但到了我這個時候，東邊和

齊國打一仗，殺得我大敗，連我的大兒子都犧牲了；西邊又敗給秦國，喪失河西之地七百里；南邊又被楚國搶去了八個城池。我實在認為這是奇恥大辱，希望能夠替我國所有的戰死者報仇雪恨，您說要怎樣辦才好？」孟子答道：「縱橫百里的小國，行仁政就可以使天下歸服，〔何況魏國是個大國呢？〕您假若向百姓實行仁政，減免刑罰，減輕賦稅，叫百姓能夠深耕細作，早除雜草，還使年輕人在閒暇時講求孝順父母、尊敬兄長、為人盡心竭力、待人忠誠守信的道德，而且履行這些道德，在家裏侍奉父兄，在社會上尊敬長者上級，這樣，就是憑着製造的木棒，也可以抗擊擁有堅實盔甲、銳利刀槍的秦、楚軍隊了。〔這是為什麼呢？〕那秦國、楚國〔無時不在徵兵派工〕侵佔百姓的生產時間，使他們不能夠耕種來養活父母，以致父母受凍捱餓，兄弟妻子東逃西散。秦王、楚王使得他們的百姓陷在痛苦的深淵中，您去討伐他們，那有誰能敵得過您的呢？所以老話說：『仁德的人是無敵於天下的。』您不要懷疑吧！」

◇ 1·6

孟子見梁襄王，出，語人曰：「望之不似人君，就之而不見所畏焉。卒然問曰：『天下惡乎定？』吾對曰：『定於一。』『孰能一之？』對曰：『不嗜殺人者能一之。』『孰能與之？』對曰：『天下莫不與也。王知夫苗乎？七八月之間旱，則苗槁矣。天油然作雲，沛然下雨，則苗浡然興之矣。其如是，孰能禦之？今夫天下之人牧，未有不嗜殺人者也。如有不嗜殺人者，則天下之民皆引領而望之矣！誠如是也，民歸之，由水之就下，沛然誰能禦之？』」

孟子謁見了梁襄王，出來以後，告訴旁人說：「遠遠望去，不像個國君的樣子；走近他，也看不到使人敬畏的威嚴所在。他突然問我：『天下要怎樣才得安定？』我答道：『天下歸於一統，就會安定。』他又問：『誰能統一天下呢？』我又答：『不喜好殺人的國君，就能統一天下。』他又問：『那有誰來跟隨他呢？』我又答：『天下

的人沒有不跟隨他的。您可懂得禾苗的情況嗎？當七八月間，若是長期天旱，禾苗自然枯槁了。假若一陣烏雲出現，嘩啦嘩啦地落起大雨來，禾苗便又蓬然茂盛地生長起來了。像這樣，那有誰能夠阻擋得住呢？如今各國的君王，沒有一個不喜好殺人的。如果有一位不好殺人的，那麼，天下的老百姓都會伸長着脖子期待他的解救了。真是這樣，百姓歸隨他，好像水向下奔流一樣，那又有誰能夠阻擋得住呢？』」

◇ 1‧7

齊宣王問曰：「齊桓、晉文之事，可得聞乎？」孟子對曰：「仲尼之徒無道桓、文之事者，是以後世無傳焉，臣未之聞也。無以，則王乎！」曰：「德何如則可以王矣？」曰：「保民而王，莫之能禦也。」曰：「若寡人者，可以保民乎哉？」曰：「可。」曰：「何由知吾可也？」曰：「臣聞之胡齕（hé）曰：王坐於堂上，有牽牛而過堂下者，王見之，曰：『牛何之？』對曰：『將以釁鐘。』王曰：『舍之！吾不忍其觳觫（hú sù），若無罪而就死地。』對曰：『然則廢釁鐘與？』曰：『何可廢也？以羊易之。』不識有諸？」曰：「有之。」曰：「是心足以王矣。百姓皆以王為愛也，臣固知王之不忍也。」王曰：「然，誠有百姓者。齊國雖褊小，吾何愛一牛？即不忍其觳觫，若無罪而就死地，故以羊易之也。」曰：「王無異於百姓之以王為愛也。以小易大，彼惡知之？王若隱其無罪而就死地，則牛羊何擇焉？」王笑曰：「是誠何心哉？我非愛其財而易之以羊也。宜乎百姓之謂我愛也。」曰：「無傷也。是乃仁術也，見牛未見羊也。君子之於禽獸也，見其生，不忍見其死；聞其聲，不忍食其肉。是以君子遠庖廚也。」王說，曰：「《詩》云：『他人有心，予忖度之。』夫子之謂也。夫我乃行之，反而求之，不得吾心。夫子言之，於我心有戚戚焉。此心之所以合於王者，何也？」曰：「有復於王者曰

『吾力足以舉百鈞，而不足以舉一羽；明足以察秋毫之末，而不見輿薪』，則王許之乎？」曰：「否。」「今恩足以及禽獸，而功不至於百姓者，獨何與？然則一羽之不舉，為不用力焉；輿薪之不見，為不用明焉；百姓之不見保，為不用恩焉。故王之不王，不為也，非不能也。」曰：「不為者與不能者之形何以異？」曰：「挾太山以超北海，語人曰：『我不能。』是誠不能也。為長者折枝，語人曰：『我不能。』是不為也，非不能也。故王之不王，非挾太山以超北海之類也；王之不王，是折枝之類也。老吾老，以及人之老；幼吾幼，以及人之幼：天下可運於掌。《詩》云：『刑于寡妻，至于兄弟，以御于家邦。』言舉斯心加諸彼而已。故推恩足以保四海，不推恩無以保妻子。古之人所以大過人者無他焉，善推其所為而已矣。今恩足以及禽獸，而功不至於百姓者，獨何與？權，然後知輕重；度，然後知長短。物皆然，心為甚。王請度之！」「抑王興甲兵、危士臣、構怨於諸侯，然後快於心與？」王曰：「否，吾何快於是？將以求吾所大欲也！」曰：「王之所大欲可得聞與？」王笑而不言。曰：「為肥甘不足於口與？輕暖不足於體與？抑為采色不足視於目與？聲音不足聽於耳與？便嬖不足使令於前與？王之諸臣皆足以供之，而王豈為是哉？」曰：「否，吾不為是也。」曰：「然則王之所大欲可知已。欲辟土地，朝秦、楚，蒞中國而撫四夷也。以若所為，求若所欲，猶緣木而求魚也。」王曰：「若是其甚與？」曰：「殆有甚焉。緣木求魚，雖不得魚，無後災。以若所為，求若所欲，盡心力而為之，後必有災。」曰：「可得聞與？」曰：「鄒人與楚人戰，則王以為孰勝？」曰：「楚人勝。」曰：「然則小固不可以敵大，寡固不可以敵眾，弱固不可以敵強。海內之地方千里者九，齊集有其一。以一服八，何以異於鄒敵楚哉？蓋亦反其本矣。今王發政施仁，使天下仕者皆欲立於王之朝，耕者皆欲耕於王之野，商賈皆欲藏於

王之市，行旅皆欲出於王之塗，天下之欲疾其君者皆欲赴訴於王。其若是，孰能禦之？」王曰：「吾惛，不能進於是矣。願夫子輔吾志，明以教我。我雖不敏，請嘗試之。」曰：「無恆產而有恆心者，惟士為能。若民，則無恆產，因無恆心。苟無恆心，放辟邪侈，無不為已。及陷於罪，然後從而刑之，是罔民也。焉有仁人在位，罔民而可為也？是故明君制民之產，必使仰足以事父母，俯足以畜妻子，樂歲終身飽，凶年免於死亡。然後驅而之善，故民之從之也輕。今也制民之產，仰不足以事父母，俯不足以畜妻子，樂歲終身苦，凶年不免於死亡。此惟救死而恐不贍，奚暇治禮義哉？王欲行之，則盍反其本矣。五畝之宅，樹之以桑，五十者可以衣帛矣。雞豚狗彘之畜，無失其時，七十者可以食肉矣。百畝之田，勿奪其時，八口之家可以無飢矣。謹庠序之教，申之以孝悌之義，頒白者不負戴於道路矣。老者衣帛食肉，黎民不飢不寒，然而不王者，未之有也。」

　　齊宣王問孟子：「齊桓公、晉文公在春秋時代稱霸的事蹟，您可以講給我聽嗎？」孟子答道：「孔子的學生們沒有談到齊桓公、晉文公的事蹟的，所以也沒有傳到後代來，我也不曾聽到過。王如果定要我說，便講講用道德的力量來統一天下的『王』道吧！」宣王問道：「要有怎樣的道德就能夠統一天下呢？」孟子說：「一切努力都為了使百姓生活安定，這樣來統一天下，是沒有人能夠阻擋的。」宣王說：「像我這樣的人，能夠使百姓的生活安定嗎？」孟子說：「能夠。」宣王說：「憑什麼知道我能夠呢？」孟子說：「我曾聽到胡齕告訴我：有一次，王坐在大殿之上，有人牽着牛從殿下走過，王看到了，便問：『牽着牛往哪兒去呢？』那人答道：『準備宰了去祭鐘。』王說：『放了它吧！看它那哆嗦可憐的樣子，毫無罪過，卻被宰殺，我實在於心不忍。』那人說：『既然這樣，便廢除祭鐘這種儀式嗎？』王又說：『怎麼可以廢除呢？用隻羊來代替

吧！』──不曉得果真有這件事嗎？」宣王說：「有的。」孟子說：「憑這種好心就完全可以統一天下了。老百姓都以為王是吝嗇，我早就知道王是於心不忍。」宣王說：「對呀，確實有這樣的百姓。齊國雖然不大，我何至於連一隻牛都捨不得呢？我就是不忍心看它那種哆嗦可憐的樣子，毫無罪過而被宰殺，因此才用羊來代替它。」孟子說：「百姓說王吝嗇，您也不必奇怪。〔羊小牛大，〕用小的代替大的，他們哪能體會到您的深意呢？如果說可憐它毫無罪過卻被宰殺，那麼宰牛和宰羊又有什麼不同呢？」宣王笑着說：「這個，我真連自己也不懂是什麼心理了。我的確不是因為吝惜錢財才去用羊來代替牛的。〔您這麼一說，〕百姓說我吝嗇真是理所當然的了。」孟子說：「〔百姓這樣誤解〕沒有什麼關係。王這種不忍之心正是仁愛為懷。道理就在於：王親眼看見了那隻牛，卻沒有看見那隻羊。君子對於飛禽走獸，看見它們活着，便不忍心看到它們死去；聽到它們的悲鳴哀號聲，便不忍心再吃它們的肉。所以，君子把廚房擺在遠離自己的地方，就是這個道理。」宣王很高興地說：「有兩句詩歌：『別人存什麼心，我能揣摩到。』您就是這樣的。我只是這樣做了，再反問自己，〔為什麼要這樣做呢？〕卻說不出所以然來。您老人家這麼一說，我的心便豁然明亮了。但我這種心情和王道恰合，又是什麼道理呢？」孟子說：「假定有一個人向王報告：『我的氣力能夠舉起三千斤重，卻拿不起一根羽毛；我的目力能夠把秋天鳥的羽絨看得分明，而一車子的柴禾擺在眼前卻瞧不見。』那麼，您相信這種話嗎？」宣王說：「不信。」孟子馬上接着說：「如今王的好心好意足以使禽獸沾光，卻不能使百姓得到好處，這是為什麼呢？這樣看來，一根羽毛都拿不起，只是不肯用力氣的緣故；一車子柴禾都瞧不見，只是不肯用眼睛去看的緣故；老百姓得不到安定的生活，只是不肯施恩的緣故。所以王不行仁政以統一天下，只是不肯幹，而不是不能幹。」宣王說：「不肯幹和不能幹在表現上有什麼不同呢？」孟子說：「把泰山夾在胳臂底下跳過北海，您告訴別人說：『這個我辦不到。』這是真辦不到。替老

年人折取樹枝，您告訴別人說：『這個我辦不到。』這是不肯幹，不是不能幹。王的不行仁政，不是屬於把泰山夾在胳臂底下跳過北海一類，而是屬於替老年人折取樹枝一類。尊敬我家的長輩，從而推廣到尊敬別人的長輩；愛護我家的兒女，從而推廣到愛護別人的兒女。〔一切政治措施都由這一原則出發，〕要統一天下，就像在手心裏轉動東西那麼容易了。《詩經》上說：『先給妻子做榜樣，再推廣到兄弟，進而推廣到封邑和國家。』這就是說，只要把這樣的好心好意擴大到其他方面去就行了。所以，由近及遠把恩惠推廣開去，便足以安定天下；不這樣，甚至連自己的妻子都保不了。古代的聖賢之所以大大地超越於一般人，沒有別的訣竅，只是善於推行他們的好行為罷了。如今您的好心好意足以使禽獸沾光，而百姓卻得不着好處，這是為什麼呢？稱一稱，才曉得輕重；量一量，才曉得長短。什麼東西都是如此，人的心思更為甚。王，您考慮一下吧！」「難道說，動員全國軍隊，使將士冒着危險，去和別的國家結仇構怨，這樣，您心裏才痛快嗎？」宣王說：「不，我為什麼定要這麼做才痛快呢？我之所以這樣做，不過是要求滿足我的最大慾望啊！」孟子說：「王的最大慾望是什麼呢？可以講給我聽聽嗎？」宣王笑了笑，卻不說話。孟子便說：「是為了肥美的食物不夠吃呢？是為了輕暖的衣服不夠穿呢？是為了豔麗的彩色不夠看呢？是為了美妙的音樂不夠聽呢？還是為了伺候的人不夠您使喚呢？這些，您手下的人員都能夠儘量供給，難道您真是為了這些嗎？」宣王說：「不，我不是為了這些。」孟子說：「那麼，您的最大的慾望便可以知道了。您是想要擴張國土，使秦、楚等國都來朝貢，自己做天下的盟主，同時安撫四方周圍的落後異族。不過，以您這樣的做法，想要滿足您這樣的慾望，如同爬到樹上去捉魚一樣〔，事與願違〕。」宣王說：「果然有這樣嚴重嗎？」孟子說：「恐怕比這更嚴重呢。爬上樹去捉魚，雖然捉不到，卻沒有禍害。以您這樣的做法，想滿足您這樣的慾望，如果費盡心力去幹，〔不但達不到目的，〕而且一定會有禍害在後頭。」宣王說：「〔這是什麼道理

呢？〕可以講給我聽聽嗎？」孟子説：「假定鄒國和楚國打仗，您以為哪一國會打勝呢？」宣王説：「楚國會勝。」孟子説：「從這裏便可以看出：小國不可以跟大國為敵，人口稀少的國家不可以跟人口眾多的國家為敵，弱國不可以跟強國為敵。現在中國土地總面積約九百萬平方里，齊國全部土地不過一百萬平方里。以九分之一的力量跟其餘的九分之八為敵，這和鄒國跟楚國為敵有什麼分別呢？〔這條道路是走不通的，那麼，〕為什麼不從根本着手呢？現在王如果能改革政治，施行仁德，便會使天下的士大夫都想到齊國來做官，莊稼漢都想到齊國來種地，行商坐賈都想到齊國來做生意，來往的旅客也都想取道齊國，各國的痛恨本國君主的人們也都想到您這裏來控訴。果真做到這樣，又有誰能抵擋得住呢？」宣王説：「我頭腦昏亂，對您的理想不能再有進一層的體會。希望您輔助我達到目的，明明白白地教誨我。我雖然不行，也無妨試一試。」孟子説：「沒有固定的產業收入，卻有一定的道德觀念和行為準則的，只有讀書人才能夠做到。至於一般人，如果沒有一定的產業收入，便也沒有一定的道德觀念和行為準則。這樣，就會胡作非為，違法亂紀，什麼事都幹得出來。等到他們犯了罪，然後加以處罰，這等於是陷害。哪有仁愛的人坐朝，陷害老百姓，卻能有作為的呢？所以英明的君主規定人們的產業，一定要使他們上足以贍養父母，下足以撫養妻兒；好年成豐衣足食，壞年成也不致餓死。然後再去誘導他們走上善良的道路，老百姓也就容易聽從了。現在呢，規定人們的產業，上不足以贍養父母，下不足以撫養妻兒；好年成也是艱難困苦，壞年成只有死路一條。這樣，每個人用全力救活自己生命都怕來不及，哪有閒工夫學習禮義呢？王如果要施行仁政，為什麼不從根本着手呢？每家給他五畝土地的住宅，四圍種植着桑樹，那麼，五十歲以上的人都可以有絲綿襖穿了。雞狗與豬這類家畜，人們都有力量和工夫去飼養、繁殖，那麼，七十歲以上的人就都有肉可吃了。每家給他一百畝田地，並且不去妨礙他的生產，八口人的家庭便可以吃得飽飽的了。辦好各類學校，反覆地用孝順父母、

尊敬兄長的大道理來開導他們，那麼，鬢髮花白的人〔便會有人代勞，〕不致頭頂着、背負着物件在路上行走了。老年人個個穿絲綢吃肉，一般人不凍不餓，這樣還不能使天下歸服，那是從來沒有的事。」

梁惠王章句下

凡十六章。

◇ 2·1 ....

莊暴見孟子，曰：「暴見於王，王語暴以好樂，暴未有以對也。」曰：「好樂何如？」孟子曰：「王之好樂甚，則齊國其庶幾乎！」他日，見於王，曰：「王嘗語莊子以好樂，有諸？」王變乎色，曰：「寡人非能好先王之樂也，直好世俗之樂耳。」曰：「王之好樂甚，則齊其庶幾乎！今之樂猶古之樂也。」曰：「可得聞與？」曰：「獨樂樂，與人樂樂，孰樂？」曰：「不若與人。」曰：「與少樂樂，與眾樂樂，孰樂？」曰：「不若與眾。」「臣請為王言樂。今王鼓樂於此，百姓聞王鐘鼓之聲、管籥之音，舉疾首蹙頞（è）而相告曰：『吾王之好鼓樂，夫何使我至於此極也？父子不相見，兄弟妻子離散。』今王田獵於此，百姓聞王車馬之音，見羽旄之美，舉疾首蹙頞而相告曰：『吾王之好田獵，夫何使我至於此極也？父子不相見，兄弟妻子離散。』此無他，不與民同樂也。今王鼓樂於此，百姓聞王鐘鼓之聲、管籥之音，舉欣欣然有喜色而相告曰：『吾王庶幾無疾病與，何以能鼓樂也？』今王田獵於此，百姓聞王車馬之音，見羽旄之美，舉欣欣然有喜色而相告曰：『吾王庶幾無疾病與，何以能田獵也？』此無他，與民同樂也。今王與百姓同樂，則王矣。」

齊國的臣子莊暴來見孟子，説：「我去朝見王，王告訴我，他

愛好音樂，我不知應該怎樣回答。」他接着又說：「愛好音樂，究竟好不好呢？」孟子說：「王如果非常愛好音樂，那齊國便會很不錯了。」過了些時，孟子謁見齊王，問道：「您曾經告訴莊暴，說您愛好音樂，有這回事嗎？」齊王很不好意思地說：「我並不是愛好古代音樂，只是愛好一般流行的樂曲罷了。」孟子說：「只要您非常愛好音樂，那齊國便會很不錯了。無論是現在流行的音樂，或者古代音樂，都是一樣。」齊王說：「這個道理，您可以說給我聽聽嗎？」孟子說：「一個人單獨地欣賞音樂快樂，跟別人一起欣賞音樂也快樂，究竟哪一種更快樂些呢？」齊王說：「當然跟別人一起欣賞音樂更快樂些。」孟子說：「跟少數人欣賞音樂固然快樂，跟多數人欣賞音樂也快樂，究竟哪一種更快樂呢？」齊王說：「當然跟多數人一起欣賞音樂更快樂些。」孟子馬上接着說：「那麼，就讓我向您談談欣賞音樂和娛樂的道理吧。假使王在這兒奏樂，老百姓聽到鳴鐘擊鼓的聲音，又聽到吹簫奏笛的聲音，都覺得頭痛，愁眉苦臉地互相議論：『我們的國王這樣愛好音樂，為什麼使我苦到這般地步呢？父子不能見面，兄弟妻子東逃西散！』假使王在這兒打獵，老百姓聽到車馬的聲音，看到儀仗的華麗，都覺得頭痛，愁眉苦臉地互相議論：『我們國王這樣愛好打獵，為什麼使我苦到這般地步呢？父子不能見面，兄弟妻子東逃西散！』〔為什麼百姓會這樣呢？〕這沒有別的原因，就是因為王只圖自己快樂，而不和百姓同享快樂的緣故。假使王在這兒奏樂，百姓聽到鳴鐘擊鼓的聲音，又聽到吹簫奏笛的聲音，都眉開眼笑地互相告訴：『我們國王大概很健康吧，要不怎麼能夠奏樂呢？』假使王在這兒打獵，老百姓聽到車馬的聲音，看到儀仗的華麗，都眉開眼笑地互相告訴：『我們國王大概很健康吧，要不怎麼能夠打獵呢？』〔為什麼百姓會這樣呢？〕這沒有別的原因，只是因為王和百姓同享快樂罷了。如果王同百姓同享快樂，就可以使天下歸服了。」

齊宣王問曰：「文王之囿方七十里，有諸？」孟子對曰：
「於傳有之。」曰：「若是其大乎？」曰：「民猶以為小也。」
曰：「寡人之囿方四十里，民猶以為大，何也？」曰：「文王
之囿方七十里，芻蕘者往焉，雉兔者往焉，與民同之。民以
為小，不亦宜乎？臣始至於境，問國之大禁，然後敢入。臣
聞郊關之內，有囿方四十里，殺其麋鹿者如殺人之罪。則是
方四十里為阱於國中。民以為大，不亦宜乎？」

齊宣王〔問孟子〕道：「聽說周文王有一個狩獵場，縱橫各
七十里，真有這回事嗎？」孟子答道：「在史籍上有這樣的記載。」
宣王說：「真有這麼大嗎？」孟子說：「老百姓還覺得太小哩。」宣
王說：「我的狩獵場縱橫各只四十里，老百姓就認為太大了，這是
為什麼呢？」孟子說：「文王的狩獵場縱橫各七十里，割草打柴的
去，打鳥捕獸的也去，和老百姓一同享用。老百姓認為太小，這不
也很自然嗎？〔而您，與此相反。〕我剛到齊國邊界的時候，在問
明白了貴國最大的禁令後，才敢入境。我聽說在齊國首都的郊外，
有一個狩獵場，縱橫各四十里，誰要殺害了裏面的麋鹿，就等於犯
了殺人罪。那麼，這方圓四十里的場地，對百姓來說，等於是在國
內佈置了一個陷阱。他們認為太大了，不也應該嗎？」

齊宣王問曰：「交鄰國有道乎？」孟子對曰：「有。惟仁
者為能以大事小，是故湯事葛，文王事昆夷。惟智者為能以
小事大，故大王事獯鬻（xūn yù），勾踐事吳。以大事小者，
樂天者也；以小事大者，畏天者也。樂天者保天下，畏天者
保其國。《詩》云：『畏天之威，于時保之。』」王曰：「大
哉言矣！寡人有疾，寡人好勇。」對曰：「王請無好小勇。
夫撫劍疾視曰：『彼惡敢當我哉！』此匹夫之勇，敵一人者
也。王請大之。《詩》云：『王赫斯怒，爰整其旅。以遏徂

莒，以篤周祜，以對于天下。』此文王之勇也。文王一怒而安天下之民。《書》曰：『天降下民，作之君，作之師，惟曰其助上帝寵之。四方有罪無罪惟我在。天下曷敢有越厥志？』一人衡行於天下，武王恥之。此武王之勇也。而武王亦一怒而安天下之民。今王亦一怒而安天下之民，民惟恐王之不好勇也。」

　　齊宣王問道：「和鄰國相交有什麼原則和方法嗎？」孟子答道：「有的。只有仁愛的人才能夠以大國的身份來服事小國，所以商湯能服事葛伯，文王能服事昆夷。只有聰明的人才能夠以小國的身份服事大國，所以太王能服事獯鬻，勾踐能服事夫差。以大國身份服事小國的，是無往而不快樂的人；以小國身份服事大國的，是謹慎畏懼的人。無往而不快樂的人足以安定天下，謹慎畏懼的人足以保護住自己的國家。這正如《詩經・周頌・我將》上說的：『害怕上帝有威靈，〔因此謹慎小心，〕所以天下得到安定。』」宣王說：「您的話真高明呀！不過，我有個毛病，就是喜好勇武〔，因此恐怕不能夠服事別國〕。」孟子答道：「那麼，王就不要喜好小勇。有一種人，只是手按着刀劍瞪着眼睛說：『他怎麼敢抵擋我呢！』這只是個人的勇，只能敵得住一個人。希望王能夠把它加以擴大。《詩經・大雅・皇矣》上說：『我王勃然一生氣，整頓軍隊往前去，阻止敵人侵略莒國，增強周國的威望，因以報答各國對周國的嚮往。』這便是文王的勇。文王一生氣便使天下的百姓得到安定。《書經》上說：『天降生一般的人，也替他們降生了君主，替他們降生了師傅，這些君主和師傅的唯一責任，是幫助上帝來愛護人民。因此，四方之大，有罪者和無罪者，都由我負責。普天之下，何人敢超越自己的本分〔來胡作妄為呢〕？』當時有一個紂王在世間橫行霸道，武王便認為這是奇恥大辱。這便是武王的勇。武王也一生氣而使天下的人民得到安定。如今王若是也生氣而使天下人民都得到安定，那麼，天下的人民還生怕王不喜好勇武哩。」

齊宣王見孟子於雪宮。王曰：「賢者亦有此樂乎？」孟子對曰：「有。人不得，則非其上矣。不得而非其上者，非也；為民上而不與民同樂者，亦非也。樂民之樂者，民亦樂其樂；憂民之憂者，民亦憂其憂。樂以天下，憂以天下，然而不王者，未之有也。昔者齊景公問於晏子，曰：『吾欲觀於轉附、朝儛（wǔ），遵海而南，放於琅邪，吾何修而可以比於先王觀也？』晏子對曰：『善哉問也！天子適諸侯曰巡狩。巡狩者，巡所守也。諸侯朝於天子曰述職。述職者，述所職也。無非事者。春省耕而補不足，秋省斂而助不給。夏諺曰：「吾王不遊，吾何以休？吾王不豫，吾何以助？一遊一豫，為諸侯度。」今也不然：師行而糧食，飢者弗食，勞者弗息。睊睊（juān）胥讒，民乃作慝。方命虐民，飲食若流，流連荒亡，為諸侯憂。從流下而忘反，謂之流；從流上而忘反，謂之連；從獸無厭，謂之荒；樂酒無厭，謂之亡。先王無流連之樂、荒亡之行。惟君所行也。』景公說，大戒於國，出舍於郊。於是始興發補不足。召大師，曰：『為我作君臣相說之樂。』蓋《徵招》《角招》是也。其詩曰：『畜君何尤？』畜君者，好君也。」

　　齊宣王在他的別墅雪宮裏接見孟子，宣王問：「賢德的人也有這種快樂嗎？」孟子答道：「有的。如果他們得不到這種快樂，他們就會埋怨國王了。得不着這種快樂就埋怨國王，是不對的；可是作為一國之主，有快樂不和他的百姓同享，也是不對的。以百姓的快樂為自己的快樂，百姓也會以國王的快樂為自己的快樂；以百姓的憂愁為自己的憂愁，百姓也會以國王的憂愁為自己的憂愁。和天下的人同憂同樂，這樣還不能使天下歸服於他，是從來不曾有過的事。過去齊景公問晏子，說：『我想到轉附、朝儛兩座山上去遊遊，然後沿着海岸向南行，一直到琅邪。我該怎麼辦才能和過去

的賢君巡遊相比擬呢？』晏子答道：『問得好呀！天子到諸侯的國家去叫做巡狩。巡狩就是巡視各諸侯所守的疆土之意。諸侯去朝見天子叫做述職。述職就是報告在他職責內的工作之意。這沒有不和工作相結合的。春天裏巡視耕種情況，對貧窮農戶加以補助；秋天裏考察收穫情況，對缺糧農戶加以補助。夏朝的諺語說：「我王不出來遊，我的休息向誰求？我王不出來走，我的補助哪會有？我王遊遊走走，足以作為諸侯的法度。」現在可不是這樣了：國王一出巡，興師動眾，到處籌糧運米，飢餓的人得不到吃的，勞苦的人得不到休息。所有人員無不切齒側目，怨聲載道，而人們就要為非作歹了。〔這樣出巡〕違背天意，虐待百姓，大吃大喝，浪費飲食如同流水，流連忘返，荒亡無行，使諸侯都為此而憂慮。〔怎樣叫做流連荒亡呢？〕由上游向下游遊玩，樂而忘歸叫做流；由下游向上游遊玩，樂而忘歸叫做連；不知厭倦地打獵，叫做荒；不知節制地喝酒，叫做亡。過去的賢君都沒有這種流連荒亡的行為。〔頭一種是和工作相結合的巡行，後一種是只知自己快樂的流連荒亡，〕您選擇哪一種，由您自己決定吧！』景公聽了，大為高興。先在都城內做好準備，然後駐紮郊外，拿出錢糧，救濟貧窮的人。景公又把樂官長叫來，對他說：『給我創作一支君臣同樂的歌曲！』這支歌曲就是《徵招》《角招》，歌詞說：『勸止國君，有什麼不對呢？』勸止國君，是愛護國君哩。」

◇ 2·5

齊宣王問曰：「人皆謂我毀明堂，毀諸，已乎？」孟子對曰：「夫明堂者，王者之堂也。王欲行王政，則勿毀之矣。」王曰：「王政可得聞與？」對曰：「昔者文王之治岐也，耕者九一，仕者世祿，關市譏而不征，澤梁無禁，罪人不孥。老而無妻曰鰥，老而無夫曰寡，老而無子曰獨，幼而無父曰孤。此四者，天下之窮民而無告者。文王發政施仁，必先斯四者。《詩》云：『哿（gě）矣富人，哀此煢獨！』」王曰：

「善哉言乎！」曰：「王如善之，則何為不行？」王曰：「寡人有疾，寡人好貨。」對曰：「昔者公劉好貨，《詩》云：『乃積乃倉，乃裹餱（hóu）糧，于橐于囊。思戢用光。弓矢斯張，干戈戚揚，爰方啟行。』故居者有積倉，行者有裹糧也，然後可以爰方啟行。王如好貨，與百姓同之，於王何有？」王曰：「寡人有疾，寡人好色。」對曰：「昔者大王好色，愛厥妃。《詩》云：『古公亶父，來朝走馬。率西水滸，至于岐下。爰及姜女，聿來胥宇。』當是時也，內無怨女，外無曠夫。王如好色，與百姓同之，於王何有？」

齊宣王問道：「別人都建議我把明堂拆毀掉，〔您說，〕是毀掉呢，還是不毀呢？」孟子答道：「明堂是有道德而能統一天下的王者的殿堂。您如果要實行王政，就不要把它毀掉了。」王說：「〔怎樣去實行王政呢？〕您可以講給我聽聽嗎？」孟子答道：「從前周文王治理岐周，對農民的稅率是九分抽一；對做官的人給以世代承襲的俸祿；在關口和市場上，只稽查，不徵稅；任何人到湖泊捕魚，不加禁止；犯罪的人，刑罰只由他本人承受，不牽連他的妻室兒女。失掉妻室的老年人叫做鰥夫，失掉丈夫的老婦人叫做寡婦，沒有兒女的老人叫做孤獨者，死了父親的兒童叫做孤兒。這四種人是社會上窮苦無靠的人。周文王實行仁政，一定最先考慮到他們。《詩經·小雅·正月》上說：『有錢財的人是可以過得去了，可憐那些無依無靠的孤單者吧。』」宣王說：「這話說得真好呀！」孟子說：「您如果認為這話好，那為什麼不實行呢？」宣王說：「我有個毛病，我喜愛錢財〔，實行王政怕有困難〕。」孟子答道：「從前公劉也喜愛錢財，《詩經·大雅·公劉》上寫道：『糧食真多，外有囤，內滿倉；還包裹着乾糧，裝滿囊，裝滿囊。人民團結，國威發揚。箭上弦，弓開張，其他武器都上場，浩浩蕩蕩向前行。』因此留在家裏的人有積穀，行軍的人有乾糧，這才能率領軍隊前進。王如果喜愛錢財，能跟百姓一道，那對於實行王政統一天下，有什麼

困難呢？」王又説：「我有個毛病，我喜愛女人〔，實行王政怕有困難〕。」孟子答道：「從前太王也喜愛女人，非常疼愛他的妃子。《詩經・大雅・綿》上寫道：『古公亶父清早便跑着馬，沿着邠地西邊漆水河岸，來到岐山之下。還帶領着他的妻子姜氏女，都來這裏視察住處。』在這個時候，沒有找不着丈夫的老處女，也沒有找不着妻子的單身漢。王假若喜愛女人，能跟百姓一道，那對於實行王政統一天下，有什麼困難呢？」

◇ 2・6 ···

孟子謂齊宣王曰：「王之臣有託其妻子於其友而之楚遊者。比其反也，則凍餒其妻子，則如之何？」王曰：「棄之。」曰：「士師不能治士，則如之何？」王曰：「已之。」曰：「四境之內不治，則如之何？」王顧左右而言他。

孟子對齊宣王説：「您有一個臣子把妻室兒女託付給朋友照顧，自己卻遊楚國去了。等他回來的時候，他的妻室兒女都在捱餓受凍。對待這樣的朋友，應該怎樣辦呢？」王説：「和他絕交。」孟子説：「假若管刑罰的長官不能管理他的下級，那應該怎樣辦呢？」王説：「撤掉他！」孟子説：「假若一個國家治理得很不好，那又該怎樣辦呢？」齊王回過頭來左右張望，把話題扯到別處去了。

◇ 2・7 ···

孟子見齊宣王，曰：「所謂故國者，非謂有喬木之謂也，有世臣之謂也。王無親臣矣，昔者所進，今日不知其亡也。」王曰：「吾何以識其不才而舍之？」曰：「國君進賢，如不得已，將使卑逾尊，疏逾戚，可不慎與？左右皆曰賢，未可也；諸大夫皆曰賢，未可也；國人皆曰賢，然後察之；見賢焉，然後用之。左右皆曰不可，勿聽；諸大夫皆曰不可，勿聽；國人皆曰不可，然後察之；見不可焉，然後去之。左右

皆曰可殺，勿聽；諸大夫皆曰可殺，勿聽；國人皆曰可殺，然後察之；見可殺焉，然後殺之。故曰國人殺之也。如此，然後可以為民父母。」

　　孟子謁見齊宣王，對他說道：「我們平日所說的『故國』，並不是那個國家有高大樹木的意思，而是有累世功勛的老臣的意思。您現在沒有親信的臣子啦，過去所進用的人，到今天想不到都去職了。」王問：「怎樣去識別那些缺乏才能的人而不用他呢？」孟子答道：「國君選拔賢才，如果迫不得已要用新人，要把卑賤者提拔在尊貴者之上，把疏遠者提拔在親近者之上，對這種事能不慎重嗎？左右親近之人都說某人好，不可輕信；眾位大夫都說某人好，也不可輕信；全國的人都說某人好，然後去瞭解；發現他真有才幹，再任用他。左右親近之人都說某人不好，不要聽信；眾位大夫都說某人不好，也不要聽信；全國之人都說某人不好，然後去瞭解；發現他真不好，再罷免他。左右親近之人都說某人可殺，不要聽信；眾位大夫都說某人可殺，也不要聽信；全國之人都說某人可殺，然後去瞭解；發現他該殺，再殺他。所以說，這是全國人殺的。這樣，才可以做百姓的父母。」

◇ 2・8　·····································

　　齊宣王問曰：「湯放桀，武王伐紂，有諸？」孟子對曰：「於傳有之。」曰：「臣弒其君可乎？」曰：「賊仁者謂之『賊』，賊義者謂之『殘』。殘賊之人，謂之『一夫』。聞誅一夫紂矣，未聞弒君也。」

　　齊宣王問道：「商湯流放夏桀，武王討伐殷紂，真有這回事嗎？」孟子答道：「史籍上有這樣的記載。」宣王說：「做臣子的殺掉他的君主，這可以嗎？」孟子說：「破壞仁愛的人叫做『賊』，破壞道義的人叫做『殘』。這樣的人，我們叫他作『獨夫』。我只聽說過周武王誅殺了獨夫殷紂，沒有聽說過他是以臣弒君的。」

································

　　孟子見齊宣王，曰：「為巨室，則必使工師求大木。工師得大木，則王喜，以為能勝其任也。匠人斲而小之，則王怒，以為不勝其任矣。夫人幼而學之，壯而欲行之，王曰：『姑舍女所學而從我。』則何如？今有璞玉於此，雖萬鎰，必使玉人雕琢之。至於治國家，則曰：『姑舍女所學而從我。』則何以異於教玉人雕琢玉哉？」

　　孟子謁見齊宣王，說：「建築一所大房子，那一定要派主管工匠的工師去尋找大的木料。工師得到了大木料，王就高興，認為他能夠盡到他的責任。如果木匠把那木料砍小了，王就會發怒，認為他承擔不了這個責任。〔可見專門技術是很需要的。〕有些人，從小學習一門專業，長大了便想運用實行，可是王卻對他說：『把你所學的暫時放下，聽從我的話吧！』這怎麼行呢？假定王有一塊未經雕琢的玉石，雖然它價值很高，也一定要請玉匠來雕琢它。可是，一說到治理國家，您卻〔對政治家〕說：『把你所學的暫時放下，聽從我的話吧！』這跟您要讓玉匠按照您的辦法去雕琢玉石，又有什麼兩樣呢？」

································

　　齊人伐燕，勝之。宣王問曰：「或謂寡人勿取，或謂寡人取之。以萬乘之國伐萬乘之國，五旬而舉之，人力不至於此。不取必有天殃，取之何如？」孟子對曰：「取之而燕民悅，則取之。古之人有行之者，武王是也。取之而燕民不悅，則勿取。古之人有行之者，文王是也。以萬乘之國伐萬乘之國，簞食壺漿以迎王師，豈有他哉？避水火也。如水益深，如火益熱，亦運而已矣。」

　　齊宣王攻打燕國，大獲全勝。齊宣王問道：「有些人勸我不要吞併燕國，也有些人勸我吞併它。〔我想：〕以一個擁有兵車萬輛

的大國去攻打同樣擁有兵車萬輛的大國，只用五十天便打下來了，光憑人力是做不到的呀〔，一定是天意如此〕。如果我們不吞併它，上天會〔認為我們違反了他的意旨，因而〕降下災害來。吞併它，怎麼樣？」孟子答道：「如果吞併它，燕國百姓很高興，便吞併它。古人曾這樣做過的，周武王便是。如果吞併它，燕國百姓不高興，那就不要吞併它。古人曾這樣做過的，周文王便是。以齊國這樣擁有兵車萬輛的大國來攻打燕國這樣擁有兵車萬輛的大國，燕國的百姓卻用竹筐盛着乾飯，用壺盛着酒漿來歡迎您的軍隊，難道會有別的意思嗎？只不過是想逃離那水深火熱的苦難生活罷了。如果他們的災難更加深了，那只是統治者由燕轉為齊罷了。」

◇ 2．11 ....

　　齊人伐燕，取之。諸侯將謀救燕。宣王曰：「諸侯多謀伐寡人者，何以待之？」孟子對曰：「臣聞七十里為政於天下者，湯是也。未聞以千里畏人者也。《書》曰：『湯一征，自葛始。』天下信之，東面而征，西夷怨，南面而征，北狄怨，曰：『奚為後我？』民望之，若大旱之望雲霓也。歸市者不止，耕者不變。誅其君而弔其民，若時雨降，民大悅。《書》曰：『徯我后，后來其蘇！』今燕虐其民，王往而征之，民以為將拯己於水火之中也，簞食壺漿以迎王師。若殺其父兄，係累其子弟，毀其宗廟，遷其重器，如之何其可也？天下固畏齊之強也，今又倍地而不行仁政，是動天下之兵也。王速出令，反其旄倪，止其重器，謀於燕眾，置君而後去之，則猶可及止也。」

　　齊國攻打燕國，吞併了它。別的國家在計議着救助燕國。宣王便問道：「很多國家正在商議着來攻打我，要怎樣對待呢？」孟子答道：「我聽說過，有憑藉着縱橫各七十里的國土來統一天下的，商湯就是，但沒有聽說過擁有縱橫各一千里的國土而害怕別國的。《尚書》上說過：『商湯征伐，從葛國開始。』天下人都相信他，

因此，向東方進軍，西方國家的百姓便不高興，向南方進軍，北方國家的百姓便不高興，都説：『為什麼把我們放到後面呢？』人們盼望他，正好像久旱盼望烏雲和霓虹一樣。〔湯的征伐，一點也不驚擾百姓，〕做買賣的照常來往，種莊稼的照常下地。只是誅殺那些暴虐的國君，以慰撫那些被殘害的百姓。他的來到，正好像天上及時降下甘霖一樣，老百姓非常高興。《尚書》上又説：『等待我們的王，他到了，我們也就復活了！』如今燕國的君主虐待百姓，您去征伐他，那裏的百姓認為您是要把他們從水深火熱的苦難中解救出來，因此都用筐盛着乾飯，用壺盛着酒漿來歡迎您的軍隊。而您呢，卻殺掉他們的父兄，擄掠他們的子弟，毀壞他們的宗廟祠堂，搬走他們的寶器，這怎麼可以呢？天下各國本來就害怕齊國強大，現在齊國的土地又擴大了一倍，而且還暴虐無道，這自然會招致各國興兵動武。您趕快發佈命令，遣回老老小小的俘虜，停止搬運燕國的寶器，再和燕國的人士協商，選立一位燕王，然後自己從燕國撤退，這樣做，要使各國停止興兵，還是來得及的。」

◇ 2·12

鄒與魯鬨。穆公問曰：「吾有司死者三十三人，而民莫之死也。誅之，則不可勝誅；不誅，則疾視其長上之死而不救。如之何則可也？」孟子對曰：「凶年饑歲，君之民老弱轉乎溝壑，壯者散而之四方者幾千人矣；而君之倉廩實、府庫充，有司莫以告，是上慢而殘下也。曾子曰：『戒之，戒之！出乎爾者，反乎爾者也。』夫民今而後得反之也。君無尤焉！君行仁政，斯民親其上、死其長矣。」

鄒國同魯國發生了衝突。鄒穆公問孟子説：「這一次衝突，我的官吏犧牲了三十三個，老百姓卻沒有一個為官吏死難的。殺了他們罷，殺不了那麼多；不殺罷，他們瞪着兩眼看着長官被殺卻不去營救，實在可恨。〔您説，〕怎樣辦才好呢？」孟子答道：「當災荒年歲，您的百姓，年老體弱的棄屍於山溝荒野之中，年輕力壯的便

四處逃荒，這樣的人有千把了；而您的穀倉中堆滿了糧食，庫房裏裝滿了財寶，這種情形，您的有關官吏誰也不來報告，這就是在上位的人不關心老百姓，並且還殘害他們。曾子曾經說過：『提高警惕，提高警惕！你怎樣去對待人家，人家將怎樣回報你。』現在，您的百姓可以得到報復的機會了。您不要責備他們吧！您如果實行仁政，您的百姓自然就會愛護他們的上級，情願為他們的長官犧牲了。」

◇ 2·13 ··

滕文公問曰：「滕，小國也，間於齊、楚。事齊乎，事楚乎？」孟子對曰：「是謀非吾所能及也。無已，則有一焉：鑿斯池也，築斯城也，與民守之，效死而民弗去，則是可為也。」

滕文公問道：「滕國是一個弱小的國家，處在齊國和楚國的中間，是服事齊國呢，還是服事楚國呢？」孟子答道：「這個問題不是我的能力所能解決的。如果您定要我來談，那就只有一個主意：把護城河挖深，把城牆築堅固，同老百姓一道來保衛它，這樣，百姓寧肯獻出生命，都不離開，那就有辦法了。」

◇ 2·14 ··

滕文公問曰：「齊人將築薛，吾甚恐。如之何則可？」孟子對曰：「昔者大王居邠，狄人侵之，去之岐山之下居焉。非擇而取之，不得已也。苟為善，後世子孫必有王者矣。君子創業垂統，為可繼也。若夫成功，則天也。君如彼何哉？強為善而已矣。」

滕文公問道：「齊國人準備加強薛地的城池，我很害怕，您說怎麼辦才好？」孟子答道：「從前，太王居於邠地，狄人來侵犯，他便避開，搬到岐山之下定居。這不是太王主動選擇而採取的辦

法，實在是不得已呀！要是一個君主能實行仁政，〔即使他本人沒有成功，〕他的後代子孫一定會有成為帝王的。有道德的君子創立功業，傳之子孫，正是為着可以一代一代地承繼下去。至於能不能成功，還得依靠天命。您怎樣去對付齊人呢？只有努力實行仁政罷了。」

◇ 2·15 ·····················

　　滕文公問曰：「滕，小國也，竭力以事大國，則不得免焉，如之何則可？」孟子對曰：「昔者大王居邠，狄人侵之。事之以皮幣，不得免焉；事之以犬馬，不得免焉；事之以珠玉，不得免焉。乃屬其耆老而告之曰：『狄人之所欲者，吾土地也。吾聞之也：君子不以其所以養人者害人。二三子何患乎無君？我將去之！』去邠，逾梁山，邑於岐山之下居焉。邠人曰：『仁人也，不可失也。』從之者如歸市。或曰：『世守也，非身之所能為也，效死勿去。』君請擇於斯二者。」

　　滕文公問道：「滕是個弱小的國家，盡心竭力地服事大國，仍然難免於禍害，應該怎麼辦才行？」孟子答道：「古時候，太王居於邠地，狄人來侵犯他。太王用皮裘和絲綢去孝敬他，敵人沒有停止侵犯；又用好狗駿馬去孝敬他，狄人也沒有停止侵犯；又用珍珠寶玉去孝敬他，狄人還是沒有停止侵犯。太王便召集邠地的長老，向他們宣佈：『狄人所要的是我們的土地。〔土地只是養人之物，〕我聽說過：有道德的人不能為了養人之物反而使人遭到禍害。你們何必害怕沒有君主呢？〔狄人不也可以做你們的君主嗎？〕我準備離開這兒〔，免得你們受害〕。』於是離開邠地，越過梁山，在岐山之下重新建築一個城邑，定居下來。邠地的百姓說：『這是一位仁德的人呀，不可以拋棄他。』追隨而去的好像趕集一樣的踴躍。也有人這麼說：『這是祖宗傳下來教我們子孫代代應該保守的基業，不是我本人所能擅自作主把它捨棄的。我寧可獻出生命，也不要離開。』以上兩條道路，您可以擇取其中的任何一條。」

魯平公將出，嬖人臧倉者請曰：「他日君出，則必命有司所之。今乘輿已駕矣，有司未知所之，敢請。」公曰：「將見孟子。」曰：「何哉，君所為輕身以先於匹夫者？以為賢乎？禮義由賢者出，而孟子之後喪逾前喪。君無見焉！」公曰：「諾。」樂正子入見，曰：「君奚為不見孟軻也？」曰：「或告寡人曰：『孟子之後喪逾前喪。』是以不往見也。」曰：「何哉，君所謂逾者？前以士，後以大夫；前以三鼎，而後以五鼎與？」曰：「否，謂棺槨衣衾之美也。」曰：「非所謂逾也，貧富不同也。」樂正子見孟子，曰：「克告於君，君為來見也。嬖人有臧倉者沮君，君是以不果來也。」曰：「行或使之，止或尼之。行、止，非人所能也。吾之不遇魯侯，天也。臧氏之子，焉能使予不遇哉？」

魯平公準備外出，他所寵倖的小臣臧倉請示道：「平日您出外，一定把要去的地方通知管事的人。現在車馬已經都預備好了，管事的人還不知道您要往哪裏去，因此特來請示。」平公說：「我要去拜訪孟子。」臧倉說：「您不尊重自己的身份，卻先去拜訪一個普通人，為的什麼呢？您以為孟子是賢德之人嗎？賢德之人的行為應該合乎禮義，而孟子給他母親辦喪事，排場大大超過他以前給父親辦喪事，〔他未必是賢德之人吧，〕您不要去看望他！」平公說：「好吧。」樂正子去見平公，問道：「您為什麼不去看望孟軻呢？」平公說：「有人告訴我：『孟子給他母親辦喪事，排場大大超過他以前給父親辦喪事。』所以不去看他了。」樂正子說：「您所說的『超過』，是什麼意思呢？是給父親辦喪事用士禮，給母親辦喪事用大夫之禮嗎？是給父親辦喪事用三個鼎擺設供品，給母親辦喪事用五個鼎擺設供品嗎？」平公說：「不，我指的是棺槨衣衾的精美。」樂正子說：「那便不能說『超過』，只是前後貧富不同罷了。」樂正子去見孟子，說道：「我同魯君講了，他打算來看您。

可是他所寵倖的小臣臧倉阻止了他，他因此就不來了。」孟子說：「一個人要幹件事情，是有一種力量在指使他；不幹，也有一種力量在阻止他。幹與不幹，不是單憑人力所能做到的。我不能與魯侯遇合，是由於天命。臧家那個小子，他怎麼能使我不和魯侯相遇合呢？」

公孫丑章句上

凡九章。

◇ 3·1 ·······························

公孫丑問曰：「夫子當路於齊，管仲、晏子之功，可復許乎？」孟子曰：「子誠齊人也，知管仲、晏子而已矣。或問乎曾西曰：『吾子與子路孰賢？』曾西蹵然曰：『吾先子之所畏也。』曰：『然則吾子與管仲孰賢？』曾西艴（fú）然不悅，曰：『爾何曾比予於管仲？管仲得君如彼其專也，行乎國政如彼其久也，功烈如彼其卑也，爾何曾比予於是？』」曰：「管仲，曾西之所不為也，而子為我願之乎？」曰：「管仲以其君霸，晏子以其君顯。管仲、晏子猶不足為與？」曰：「以齊王，由反手也。」曰：「若是，則弟子之惑滋甚。且以文王之德，百年而後崩，猶未洽於天下；武王、周公繼之，然後大行。今言王若易然，則文王不足法與？」曰：「文王何可當也？由湯至於武丁，賢聖之君六七作，天下歸殷久矣，久則難變也。武丁朝諸侯、有天下，猶運之掌也。紂之去武丁未久也，其故家遺俗、流風善政猶有存者，又有微子、微仲、王子比干、箕子、膠鬲 —— 皆賢人也 —— 相與輔相之，故久而後失之也。尺地莫非其有也，一民莫非其臣也，然而文王猶方百里起，是以難也。齊人有言曰：『雖有智慧，不如乘勢；雖有鎡基，不如待時。』今時則易然也：夏后、殷、周

之盛，地未有過千里者也，而齊有其地矣；雞鳴狗吠相聞，而達乎四境，而齊有其民矣。地不改辟矣，民不改聚矣，行仁政而王，莫之能禦也。且王者之不作，未有疏於此時者也；民之憔悴於虐政，未有甚於此時者也。飢者易為食，渴者易為飲。孔子曰：『德之流行，速於置郵而傳命。』當今之時，萬乘之國行仁政，民之悅之，猶解倒懸也。故事半古之人，功必倍之，惟此時為然。」

弟子公孫丑問孟子：「您如果在齊國當權，管仲、晏子的功業可以再度興起來嗎？」孟子說：「你真是個齊國人，只曉得管仲、晏子。曾經有人問曾西（曾參之孫）：『你和子路相比，誰強？』曾西不安地說道：『子路是我祖父所敬畏的人〔，我哪敢和他相比〕。』那人又說：『那麼，你和管仲相比，誰強？』曾西馬上不高興起來，說道：『你為什麼竟拿我跟管仲相比呢？管仲得到齊桓公的信賴是那樣地專一，行使國家的政權是那樣地長久，而功績卻那樣地低下，你為什麼竟拿我跟他相比呢？』」停了一會兒，孟子又說：「管仲是曾西都不願跟他相比的人，你以為我願意學他嗎？」公孫丑說：「管仲輔助桓公，使他稱霸天下；晏子輔助景公，使他名揚諸侯。管仲、晏子難道還不值得學習嗎？」孟子說：「用齊國來統一天下，易如反掌。」公孫丑說：「照您這樣說來，我就更加不懂了。像文王那樣的德行，而且活了將近一百歲，他推行的德政，還沒有遍及天下；武王、周公繼承他的事業，然後才大大地推行了王道〔，統一了天下〕。現在，你把統一天下說得那樣容易，那麼，文王也不值得效法了嗎？」孟子說：「文王怎麼能夠比得上現在呢？〔拿當時的歷史情況來說吧，〕從湯到武丁，賢明的君主總有六七位，天下的人歸服殷朝已經很久了，時間一久便很難變動。武丁使得諸侯來朝，把天下治理好，就像在手掌轉運東西一樣。紂王距武丁的年代並不很久，當時的勛舊世家、善良習俗、先民遺風、仁愛政教有些還保存着，又有微子、微仲、王子比干、箕

子、膠鬲 —— 他們都是賢德的人 —— 共同來輔助他，所以經歷相當長的時間才衰亡了。當時沒有一尺土地不是紂王所有，沒有一個百姓不歸紂王所管，然而文王還能憑藉縱橫百里的小國以創立豐功偉業，這自然是很困難的。齊國有句俗話：『縱使有聰明，還得把握形勢；縱使有鋤頭，還得等待耕種季節。』現時要推行王政，就容易了：因為縱使在夏、商、周最興盛的年代裏，任何國家的土地也沒有超過縱橫千里的，現在齊國卻有這麼廣闊的土地，且〔人煙如此稠密，〕雞鳴狗叫的聲音可互相聽見，從首都一直到四方的邊境，齊國有這麼多的百姓。國土不必再開拓，百姓也不必再增加，只要實行仁政來統一天下，就沒有人能夠阻止得了。而且統一天下的賢君沒有出現，在歷史上為時從來沒有這樣長久過；老百姓被暴虐的政治所折磨，歷史上也從來沒有這樣厲害過。肚子飢餓的人不挑擇食物，口渴的人不挑擇飲料。孔子說過：『德政的流行，比驛站傳達政令還要迅速。』現時擁有兵車萬輛的大國實行仁政，老百姓的高興程度，正好像被人倒掛着而給解救了一般。所以，『事半功倍』超過古人，只有在這個時代才行。」

◇ 3·2 ⋯⋯⋯⋯⋯⋯⋯⋯⋯⋯⋯⋯⋯⋯

公孫丑問曰：「夫子加齊之卿相，得行道焉，雖由此霸王，不異矣。如此則動心否乎？」孟子曰：「否，我四十不動心。」曰：「若是，則夫子過孟賁（bēn）遠矣。」曰：「是不難，告子先我不動心。」曰：「不動心有道乎？」曰：「有。北宮黝之養勇也，不膚撓，不目逃。思以一毫挫於人，若撻之於市朝。不受於褐寬博，亦不受於萬乘之君。視刺萬乘之君，若刺褐夫。無嚴諸侯，惡聲至，必反之。孟施舍之所養勇也，曰：『視不勝猶勝也。量敵而後進，慮勝而後會，是畏三軍者也。舍豈能為必勝哉？能無懼而已矣。』孟施舍似曾子，北宮黝似子夏。夫二子之勇，未知其孰賢，然而孟施舍守約也。昔者曾子謂子襄曰：『子好勇乎？吾嘗聞大勇於夫

子矣：自反而不縮，雖褐寬博，吾不惴焉；自反而縮，雖千萬人，吾往矣。』孟施舍之守氣，又不如曾子之守約也。」

曰：「敢問夫子之不動心與告子之不動心，可得聞與？」「告子曰：『不得於言，勿求於心；不得於心，勿求於氣。』不得於心，勿求於氣，可；不得於言，勿求於心，不可。夫志，氣之帥也；氣，體之充也。夫志至焉，氣次焉。故曰：『持其志，無暴其氣。』」「既曰『志至焉，氣次焉』，又曰『持其志，無暴其氣』者，何也？」曰：「志壹則動氣，氣壹則動志也。今夫蹶者趨者，是氣也，而反動其心。」「敢問夫子惡乎長？」曰：「我知言，我善養吾浩然之氣。」「敢問何謂浩然之氣？」曰：「難言也。其為氣也，至大至剛，以直養而無害，則塞於天地之間。其為氣也，配義與道；無是，餒也。是集義所生者，非義襲而取之也。行有不慊（qiè）於心，則餒矣。我故曰：告子未嘗知義，以其外之也。必有事焉而勿正，心勿忘，勿助長也。無若宋人然。宋人有閔其苗之不長而揠之者，芒芒然歸，謂其人曰：『今日病矣，予助苗長矣。』其子趨而往視之，苗則槁矣。天下之不助苗長者寡矣。以為無益而舍之者，不耘苗者也；助之長者，揠苗者也，非徒無益，而又害之。」「何謂知言？」曰：「詖（bì）辭知其所蔽，淫辭知其所陷，邪辭知其所離，遁辭知其所窮。生於其心，害於其政；發於其政，害於其事。聖人復起，必從吾言矣。」

「宰我、子貢善為說辭，冉牛、閔子、顏淵善言德行，孔子兼之，曰：『我於辭命，則不能也。』然則夫子既聖矣乎？」曰：「惡！是何言也！昔者子貢問於孔子，曰：『夫子聖矣乎？』孔子曰：『聖則吾不能，我學不厭而教不倦也。』子貢曰：『學不厭，智也；教不倦，仁也。仁且智，夫子既聖矣。』夫聖，孔子不居——是何言也！」「昔者竊聞之：子夏、子游、子張皆有聖人之一體，冉牛、閔子、顏淵則具體而微。敢問所安？」曰：「姑舍是。」曰：「伯夷、伊尹何如？」曰：「不同

道。非其君不事，非其民不使；治則進，亂則退：伯夷也。何事非君，何使非民；治亦進，亂亦進：伊尹也。可以仕則仕，可以止則止，可以久則久，可以速則速：孔子也。皆古聖人也，吾未能有行焉；乃所願，則學孔子也。」「伯夷、伊尹於孔子，若是班乎？」曰：「否。自有生民以來，未有孔子也。」曰：「然則有同與？」曰：「有。得百里之地而君之，皆能以朝諸侯、有天下；行一不義、殺一不辜而得天下，皆不為也。是則同。」曰：「敢問其所以異。」曰：「宰我、子貢、有若，智足以知聖人；污不至阿其所好。宰我曰：『以予觀於夫子，賢於堯、舜遠矣。』子貢曰：『見其禮而知其政，聞其樂而知其德，由百世之後，等百世之王，莫之能違也。自生民以來，未有夫子也。』有若曰：『豈惟民哉？麒麟之於走獸，鳳凰之於飛鳥，泰山之於丘垤（dié），河海之於行潦，類也。聖人之於民，亦類也。出於其類，拔乎其萃，自生民以來，未有盛於孔子也。』」

公孫丑問道：「老師假若做了齊國的卿相，能夠實現自己的主張，從此小則可以成霸業，大則可以成王業，那是不足奇怪的。如果遇到這種情況，您是不是有所恐懼疑惑而動心呢？」孟子說：「不，我從四十歲以後，就不再動心了。」公孫丑說：「這麼看來，老師比古代勇士孟賁強多了。」孟子說：「這個不難，告子不動心比我還早呢。」公孫丑說：「不動心有什麼方法麼？」孟子說：「有。北宮黝培養勇氣，即使肌膚被刺，毫不顫動；眼睛被戳，都不眨一眨。他以為受一點點挫折，就好像在大庭廣眾之中捱了鞭打一樣。他既不能忍受卑賤的人的侮辱，也不能忍受大國君主的侮辱。把刺殺大國的君看成刺殺卑賤的人一樣。對各國的君主毫不畏懼，捱了罵一定回擊。孟施舍培養勇氣又有所不同，他說：『我對待不能戰勝的敵人，跟對待足以戰勝的敵人一樣。如果先估量敵人的力量才前進，先考慮勝敗才交鋒，這種人若碰到眾多的軍隊，一定會害

怕。我哪能一定打勝仗呢？不過能夠無所畏懼罷了。』孟施舍培養
勇氣像曾子，北宮黝培養勇氣像子夏。這兩個人的勇氣，我也不知
道誰強誰弱，〔但從培養方法而論，〕孟施舍比較簡易可行。從前
曾子對子襄説：『你喜好勇武嗎？我曾經從孔老師那裏聽到過關於
大勇的理論：即反躬自問，正義不在我，對方縱是卑賤的人，我不
去恐嚇他；反躬自問，正義確在我，對方縱是千軍萬馬，我也勇往
直前。』孟施舍培養勇氣只是保持一股無所畏懼的鋭氣，〔曾子卻
以義理的曲直為斷，〕孟施舍自然又不如曾子這個方法簡易可行。」
公孫丑説：「我大膽地問問您：老師的不動心和告子的不動心〔有
何不同〕，可以講給我聽聽嗎？」孟子説：「告子曾經講過：『假若
不能在言語上得到勝利，便不必求助於思想；假若不能在思想上得
到勝利，便不必求助於意氣。』〔我認為，〕不能在思想上得到勝
利，便不去求助於意氣，是對的；不能在言語上得到勝利，便不去
求助於思想，是不對的。〔為什麼呢？〕因為思想意志是意氣感情
的主帥，意氣感情是充滿體內的力量。思想意志到了哪裏，意氣感
情也就在哪裏表現出來。所以我説：『既要堅定自己的思想意志，
也不要濫用自己的意氣感情。』」公孫丑説：「您既然説：『思想意
志到了哪裏，意氣感情也就在哪裏表現出來。』但是您又説：『既
要堅定自己的思想意志，又不要濫用自己的意氣感情。』這是什麼
道理呢？」孟子説：「〔它們之間是可以互相影響的。〕思想意志
若專注於某一方面，意氣感情自然必為之轉移〔，這是一般的情
況〕。意氣感情假若專注於某一方面，也一定會影響到思想意志，
不能不為之動盪。譬如跌倒和奔跑，這只是體氣專注於某一方面的
作用，然而也不能不影響到思想，造成內心的浮動。」公孫丑問
道：「請問老師長於哪一方面？」孟子説：「我善於分析別人的言
詞，也善於培養我的浩然之氣。」公孫丑又問道：「請問什麼叫做
浩然之氣呢？」孟子説：「這就難説得明白了。那一種氣，最偉大，
最剛強。用正當方法去培養它，一點不加傷害，就會充滿上下四
方，無所不在。那種氣，必須與正義和聖道配合；缺乏它，就沒有

力量了。那一種氣，是經常集正義行為所產生的，不是偶然的正義行為所能取得的。只要做一件於心有愧的事，那種氣就會疲萎了。所以我說，告子不曾懂得義，因為他把義看成心外之物。〔我們必須把義看成心內之物，〕一定要培養它，但不要有特定的目的；時時刻刻地記住它，但也不能違背客觀規律去幫助它生長。不要學宋國人那樣。宋國有一個擔心禾苗不長而去把它拔高的人，他十分疲倦地回去，對家裏人說：『今天累壞了！我幫助禾苗生長了！』他兒子趕快跑去一看，禾苗都枯槁了。其實天下不幫助禾苗生長的人是很少的。認為培養工作沒有益處而放棄不幹的，就等於是種莊稼不鋤草的懶漢；違背客觀規律去幫助它生長的就是拔苗的人，這種助長的行為，不但沒有益處，反而是傷害了它。」公孫丑問：「怎麼樣才算善於分析別人的言詞呢？」孟子答道：「不全面的言詞，我知道它片面性之所在；過分的言詞，我知道它失足之所在；不合正道的言詞，我知道它與正道分歧之所在；躲閃的言詞，我知道它理屈之所在。這四種言詞，從思想中產生，必然會在政治上帶來危害；如果把它體現於政治措施，一定會危害國家的各種具體工作。如果聖人再出現，也一定會承認我的話是對的。」公孫丑說：「宰我、子貢善於講話，冉牛、閔子、顏淵善於闡述道德品行，孔子則兼有這兩種長處，但是他還說：『我對於辭令，則不擅長。』〔而您既善於分析別人的言詞，又善於養浩然之氣，言語、道德兼而有之，〕那麼，您已經是聖人了嗎？」孟子說：「哎！這是什麼話！從前子貢問孔子，說：『老師已經是聖人了嗎？』孔子說：『聖人，我做不到；我不過學習不知厭倦，教人不辭疲勞罷了。』子貢便說：『學習不知厭倦，這是智；教人不辭疲勞，這是仁。既仁且智，老師已經是聖人了。』聖人，連孔子都不敢自居，〔你卻加在我的頭上，〕這是什麼話呢！」公孫丑說：「從前我曾聽說過，子夏、子游、子張都各有孔子的一部分長處；冉牛、閔子、顏淵大體接近於孔子，卻不如他那樣博大精深。請問老師：您居於哪一種人？」孟子說：「暫且不談這個。」公孫丑又問：「伯夷和伊尹怎麼

樣?」孟子答道:「不相同。不是他理想的君主他不去服事,不是他理想的百姓他不去使喚;天下太平就出來做官,天下昏亂就退而隱居:伯夷是這樣的。任何君主都可以去服事,任何百姓可以去使喚;天下太平做官,天下不太平也做官:伊尹是這樣的。應該做官就做官,應該辭職就辭職,應該繼續幹就繼續幹,應該馬上走就馬上走:孔子是這樣的。他們都是古代的聖人,〔可惜〕我都沒有做到;至於我所希望的,是學習孔子。」公孫丑問:「伯夷、伊尹與孔子不是一樣的嗎?」孟子答道:「不!從有人類以來,沒有能比得上孔子的。」公孫丑又問:「那麼,在這三位聖人中,有相同的地方嗎?」孟子答道:「有。如果得着縱橫百里的土地,而讓他們做君王,他們都能夠使諸侯來朝覲,統一天下;如果叫他們做一件不合道義的事,殺一個沒有犯罪的人,因而能得到天下,他們都是不會做的。這就是他們相同的地方。」公孫丑説:「請問,他們不同的地方又在哪裏呢?」孟子説:「宰我、子貢、有若三人,他們的聰明才智足以瞭解聖人,〔即使〕他們不好,也不致偏袒他們所喜好的人。〔我們且看他們如何稱讚孔子吧。〕宰我説:『以我來看老師,比堯、舜都強多了。』子貢説:『看到一國的禮制,就瞭解它的政治;聽到一國的音樂,就知道它的德教。即使從百代以後去評價百代以來的君王,任何一個君王都不能背離孔子之道。從有人類以來,是沒有一個能和他老人家相比的。』有若説:『難道僅只人類有高下的不同嗎?麒麟對於走獸,鳳凰對於飛鳥,泰山對於土堆,河海對於小溪,何嘗不是同類。聖人對於百姓,也是同類,但遠遠超出了他那同類,大大高出了他那一輩,從有人類以來,沒有人能趕得上孔子的偉大。』」

◇ 3 · 3 ....

孟子曰:「以力假人者霸,霸必有大國。以德行仁者王,王不待大,湯以七十里,文王以百里。以力服人者,非心服也,力不贍也。以德服人者,中心悦而誠服也,如七十子之

服孔子也。《詩》云：『自西自東，自南自北，無思不服。』
此之謂也。」

　　孟子説：「倚仗實力並且假借仁愛之名號召征伐的人，可以稱
霸於諸侯，稱霸一定要憑藉國力的強大。依靠道德來實行仁政的，
可以使天下歸服，這樣不必以強大國力為基礎──湯就僅用他縱
橫七十里的土地，文王也就僅用他縱橫百里的土地〔實行了仁政，
而使人心歸服〕。倚仗實力來使人服從的，人家不會心悦誠服，只
是因為他本身的實力不夠罷了。依靠道德來使人佩服的，人家才會
心悦誠服，像七十多位大弟子歸服孔子一樣。《詩經・大雅・文王
有聲》上説過：『從東到西，從南到北，無不心悦誠服。』正是這
個意思。」

　　◇ 3・4　……………………………………

　　孟子曰：「仁則榮，不仁則辱。今惡辱而居不仁，是猶
惡濕而居下也。如惡之，莫如貴德而尊士，賢者在位，能者
在職。國家閒暇，及是時明其政刑，雖大國必畏之矣。《詩》
云：『迨天之未陰雨，徹彼桑土，綢繆牖戶。今此下民，或
敢侮予？』孔子曰：『為此詩者，其知道乎？能治其國家，
誰敢侮之？』今國家閒暇，及是時，般（pān）樂怠敖，是自
求禍也。禍福無不自己求之者。《詩》云：『永言配命，自求
多福。』《太甲》曰：『天作孽，猶可違；自作孽，不可活。』
此之謂也。」

　　孟子説：「〔諸侯卿相〕如果實行仁政，就會得到榮耀；如果
實行不仁之政，就會遭受屈辱。如今這些人，非常厭惡屈辱，但仍
然處於不仁之境地，這正好比一方面厭惡潮濕，一方面又自處於低
窪之地一樣。假若真的厭惡屈辱，最好是以德為貴從而尊敬士人，
使有德行的人居於相當的官位，有才能的人擔任一定的職務。國家
無內憂外患，趁這個時候修明政治、法典，縱使強大的鄰國也一

定會畏懼它了。《詩經·豳風·鴟鴞》上說：『趁着雨沒下來雲沒起，桑樹根上剝些皮，門兒窗兒都得修理。下面的人們，誰敢把我欺？』孔子說：『做這篇詩的人懂得道理呀！能夠治理他的國家，誰敢侮辱他呢？』如今國家沒有內憂外患，人們追求享樂，怠惰遊玩，這等於自找禍害。禍害或幸福無不是自己找來的。《詩經·大雅·文王》上又說：『我們永遠要與天命相配，自己去尋求更多的幸福。』《太甲》上也說過：『天降的災害還可以躲避，自己作的罪孽，逃也逃不了。』正是這個意思。」

◇ 3·5 ....

孟子曰：「尊賢使能，俊傑在位，則天下之士皆悅而願立於其朝矣。市，廛而不征，法而不廛，則天下之商皆悅而願藏於其市矣。關，譏而不征，則天下之旅皆悅而願出於其路矣。耕者助而不稅，則天下之農皆悅而願耕於其野矣。廛，無夫、里之布，則天下之民皆悅而願為之氓矣。信能行此五者，則鄰國之民仰之若父母矣。率其子弟，攻其父母，自生民以來未有能濟者也。如此，則無敵於天下。無敵於天下者，天吏也。然而不王者，未之有也。」

孟子說：「尊重賢德的人，使用有能力的人，讓傑出的人物都有官位，那麼，天下的士子都會高興，願意到那個朝廷找個一官半職了。在市場上，給予空地以儲藏貨物，卻不徵收貨物稅，如果滯銷，依法徵購，不讓它長久積壓，那麼，天下的商人都會高興，願意把貨物存放在那市場上了。關卡，只稽查而不徵稅，那麼，天下的旅客都會高興，願意經過那裏的道路了。對耕田的人，實行井田制，只助耕公田，不再徵稅，那麼，天下的農夫都會高興，願意在那裏的田野上種莊稼了。人們居住的地方，沒有那一些額外的雇役錢和地稅，那麼，天下的百姓都會高興，願意在那裏僑居了。真正能夠做到這五項，那麼，鄰近國家的老百姓都會像對待爹娘一樣地愛慕他了。〔如果鄰國之君要率領這樣的人民來攻打他，便好比〕

率領他的兒女來攻打他們的父母一樣，自有人類以來，這種事是沒有能夠成功的。像這樣，就會天下無敵。天下無敵的人就叫做『天吏』。如此而不能統一天下的，是從來不曾有過的。」

◇ 3·6 ·······························

孟子曰：「人皆有不忍人之心。先王有不忍人之心，斯有不忍人之政矣。以不忍人之心，行不忍人之政，治天下可運之掌上。所以謂『人皆有不忍人之心』者，今人乍見孺子將入於井，皆有怵惕、惻隱之心，非所以內交於孺子之父母也，非所以要譽於鄉黨朋友也，非惡其聲而然也。由是觀之，無惻隱之心，非人也；無羞惡之心，非人也；無辭讓之心，非人也；無是非之心，非人也。惻隱之心，仁之端也；羞惡之心，義之端也；辭讓之心，禮之端也；是非之心，智之端也。人之有是四端也，猶其有四體也。有是四端而自謂不能者，自賊者也；謂其君不能者，賊其君者也。凡有四端於我者，知皆擴而充之矣，若火之始然、泉之始達。苟能充之，足以保四海；苟不充之，不足以事父母。」

孟子說：「每個人都有憐憫別人的心情。先王因為有憐憫別人的心情，這就有憐憫別人的政治了。憑着憐憫別人的心情來實施憐憫別人的政治，治理天下可以像運轉小物件於手掌上一樣的容易。我之所以說，每個人都有憐憫別人的心情，道理就在於：現在有人突然看到一個小孩要跌進井裏去了，任何人都會有驚駭同情的心理。這種心情的產生，不是為着和這小孩的爹娘攀結交情，不是為着要在鄉里朋友中間博取美譽，也不是厭惡那小孩的哭聲才如此的。從這事看來，一個人，如果沒有同情之心，簡直不是個人；如果沒有羞恥之心，簡直不是個人；如果沒有推讓之心，簡直不是個人；如果沒有是非之心，簡直不是個人。同情之心是仁的開端，羞恥之心是義的開端，推讓之心是禮的開端，是非之心是智的開端。一個人有這四種開端，正好比他有四肢一樣〔，是自然而然的〕。

有這四種開端卻自己認為不行的人，這是自暴自棄的人；認為他的君主不行的人，便是暴棄他的君主的人。凡具備這四種開端的人，如果曉得把它們擴充起來，便會像剛剛燒燃的火，〔終必不可撲滅；〕剛剛流出的泉水〔，終必匯成江河〕。假若能夠擴充，便足以安定天下；假若不擴充，〔讓它消滅，〕便連瞻養爹娘都不可能。」

◇ 3・7 ....

孟子曰：「矢人豈不仁於函人哉？矢人唯恐不傷人，函人唯恐傷人。巫、匠亦然。故術不可不慎也。孔子曰：『里仁為美。擇不處仁，焉得智？』夫仁，天之尊爵也，人之安宅也。莫之禦而不仁，是不智也。不仁、不智，無禮、無義，人役也。人役而恥為役，由弓人而恥為弓，矢人而恥為矢也。如恥之，莫如為仁。仁者如射：射者正己而後發；發而不中，不怨勝己者，反求諸己而已矣。」

孟子說：「造箭的人難道比造鎧甲的人本性要殘忍些嗎？〔如果不是這樣，為什麼〕造箭的人生怕他的箭不能傷害人，而造鎧甲的人卻生怕他的甲不能抵禦刀箭呢？做巫醫的和做木匠的也如此〔，巫醫唯恐自己的法術不靈，病人不得痊癒；木匠唯恐病人好了，棺材銷不出去〕。可見一個人選擇謀生之術不可不謹慎。孔子說：『與仁德共處是好的。由自己選擇，卻不與仁德共處，怎麼能說是聰明呢？』仁是天最尊重的爵位，是人最安逸的住宅。沒有人來阻擋你，你卻不仁，這是愚蠢。不仁、不智，無禮、無義，這種人只能做別人的僕役。本應該是僕役，卻自以為恥，正好比造弓的人以造弓為恥，造箭的人以造箭為恥一般。如果真以為恥，不如好好地去實行仁德。實行仁德的人如同賽箭的人一樣：射箭的人先端正自己的姿態而後放箭；如果沒有射中，不埋怨那些勝過自己的人，只是反躬自問罷了。」

◇ 3・8 ....

孟子曰：「子路，人告之以有過則喜。禹聞善言則拜。大舜有大焉：善與人同，舍己從人，樂取於人以為善；自耕稼、陶、漁以至為帝，無非取於人者。取諸人以為善，是與人為善者也。故君子莫大乎與人為善。」

孟子說：「子路，別人指出他的錯誤，他便高興。禹聽到對他有益的話，他就給人敬禮。偉大的舜更是了不起：他對於做有益他人的事，沒有別人和自己的區分，拋棄自己的不是，接受別人的是，非常快樂地吸取別人的優點來做有益的事；從他種莊稼、做瓦器、做漁夫一直到做天子，沒有一處優點不是從別人那裏吸取來的。吸取別人的優點來做有益的事，這就是偕同別人一道做有益的事。所以君子最高的德行就是偕同別人一道做有益的事。」

◇ 3・9 ....

孟子曰：「伯夷，非其君不事，非其友不友。不立於惡人之朝，不與惡人言；立於惡人之朝，與惡人言，如以朝衣朝冠坐於塗炭。推惡惡之心，思與鄉人立，其冠不正，望望然去之，若將浼（měi）焉。是故諸侯雖有善其辭命而至者，不受也。不受也者，是亦不屑就已。柳下惠不羞污君，不卑小官；進不隱賢，必以其道；遺佚而不怨，厄窮而不憫。故曰：『爾為爾，我為我。雖袒裼（xī）裸裎（chéng）於我側，爾焉能浼我哉！』故由由然與之偕而不自失焉，援而止之而止。援而止之而止者，是亦不屑去已。」孟子曰：「伯夷隘，柳下惠不恭。隘與不恭，君子不由也。」

孟子說：「伯夷，不是他理想的君主，不去侍奉；不是他理想的朋友，不去交結。不站在壞人的朝廷裏，不同壞人說話；站在壞人的朝廷裏，同壞人說話，好比穿戴着禮服禮帽坐在泥路或炭灰之上。把這種厭惡壞人壞事的心情推而廣之，他便這樣想，同鄉里人

一塊站着，如果那人帽子沒有戴正，便將不高興地走開，好像自己會沾染骯髒似的。所以當時的各國君主雖然有好言好語來招致他，他也不接受。他之所以不接受，就是因為自己不屑於去接近他們。柳下惠卻不以侍奉壞君為可恥，不以自己官職小為卑下；入朝做官，不隱沒自己的才能，但一定按照他的原則辦事；自己被遺棄，也不怨恨，自己窮困，也不憂愁。所以他說：『你是你，我是我，你縱然在我旁邊赤身露體，怎麼能玷污我呢？』所以無論什麼人他都高興地同他一道，並且一點不失常態。牽住他，叫他留住就留住。他能叫他留住就留住，也就是因為他不屑於離開的緣故。」孟子又說：「伯夷器量太小，柳下惠不太嚴肅。器量小和不嚴肅，君子是不這樣做的。」

公孫丑章句下

凡十四章。自第二章以下，記孟子出處、行實為詳。

◇ 4·1 ·····································

孟子曰：「天時不如地利，地利不如人和。三里之城，七里之郭，環而攻之而不勝。夫環而攻之，必有得天時者矣；然而不勝者，是天時不如地利也。城非不高也，池非不深也，兵革非不堅利也，米粟非不多也，委而去之，是地利不如人和也。故曰：域民不以封疆之界，固國不以山溪之險，威天下不以兵革之利。得道者多助，失道者寡助。寡助之至，親戚畔之；多助之至，天下順之。以天下之所順，攻親戚之所畔，故君子有不戰，戰必勝矣。」

孟子說：「天氣的種種變化條件趕不上地勢的有利於我，地勢的有利於我趕不上人們的團結。譬如有一座小城，每邊長僅三里，它的外郭也僅七里，敵人圍攻它，而不能取勝。在長期圍攻中，一定有合於戰機的天氣，然而不能取勝，這就是因為天氣的變化條

件趕不上所佔的有利地勢。〔又譬如，另一守城者，〕城牆不是不高，護城河不是不深，兵器和甲冑不是不銳利堅固，糧食不是不多；〔然而敵人一來〕便棄城逃走，這就是因為所佔的有利地勢趕不上人的團結。所以我說，限制人民不必用國家的疆界，保衛國家不必靠山川的險阻，威行天下不必憑兵器的銳利。行仁政，幫助他的人就多；不行仁政，幫助他的人就少。幫助的人少到極點時，連親戚都反對他；幫助的人多到極點時，全天下都順從他。拿全天下順從的力量來攻打連親戚都反對的人，那麼，仁君聖主或者不必用戰爭，若用戰爭，必定是勝利的了。」

◇ 4‧2

　　孟子將朝王，王使人來，曰：「寡人如就見者也，有寒疾，不可以風。朝，將視朝，不識可使寡人得見乎？」對曰：「不幸而有疾，不能造朝。」明日，出弔於東郭氏。公孫丑曰：「昔者辭以病，今日弔，或者不可乎？」曰：「昔者疾，今日愈，如之何不弔？」王使人問疾，醫來。孟仲子對曰：「昔者有王命，有采薪之憂，不能造朝。今病小愈，趨造於朝，我不識能至否乎？」使數人要於路，曰：「請必無歸而造於朝。」不得已而之景丑氏宿焉。景子曰：「內則父子，外則君臣，人之大倫也。父子主恩，君臣主敬。丑見王之敬子也，未見所以敬王也。」曰：「惡！是何言也！齊人無以仁義與王言者，豈以仁義為不美也？其心曰『是何足與言仁義也』云爾，則不敬莫大乎是。我非堯舜之道不敢以陳於王前，故齊人莫如我敬王也。」景子曰：「否，非此之謂也。《禮》曰：『父召，無諾。』『君命召，不俟駕。』固將朝也，聞王命而遂不果，宜與夫禮若不相似然。」曰：「豈謂是與？曾子曰：『晉、楚之富，不可及也。彼以其富，我以吾仁；彼以其爵，我以吾義。吾何慊乎哉？』夫豈不義而曾子言之？是或一道也。天下有達尊三：爵一，齒一，德一。朝廷莫如爵，鄉黨

莫如齒，輔世長民莫如德。惡得有其一以慢其二哉？故將大有為之君，必有所不召之臣；欲有謀焉，則就之。其尊德樂道，不如是不足與有為也。故湯之於伊尹，學焉而後臣之，故不勞而王；桓公之於管仲，學焉而後臣之，故不勞而霸。今天下地醜德齊，莫能相尚，無他，好臣其所教，而不好臣其所受教。湯之於伊尹，桓公之於管仲，則不敢召。管仲且猶不可召，而況不為管仲者乎？」

孟子準備去朝見齊王，恰巧齊王派了個人來，說道：「我本應該來看你，但是感冒了，不能吹風。如果你肯來朝，我便也臨朝辦公，不曉得我能夠看到你嗎？」孟子答道：「不幸得很，我也有病，不能到朝廷裏來。」第二天，孟子要到東郭大夫家裏去弔喪。公孫丑說：「昨天您託辭有病謝絕齊王的召見，今天又去弔喪，大概不可以吧？」孟子說：「昨天生了病，今天好了，為什麼不去弔喪呢？」齊王打發人來探病，並且有醫生同來。孟仲子（孟子弟子）應付說：「昨天齊王有命令來，孟子得了小病，不能奉命上朝廷去。今天剛好一點，已經上朝廷裏去了，但是我不曉得能不能夠到達。」接着孟仲子派了好幾個人，分別在孟子歸家的路上攔截他，說：「您無論如何不要回家，一定要趕快上朝廷去！」孟子沒有辦法，只得躲到景丑（齊國大夫）的家中歇宿。景丑說：「在家庭裏有父子，在家庭外有君臣，這是人與人之間最重要的關係。父子之間以慈愛為主，君臣之間以恭敬為主。我只看見齊王對你很尊敬，卻沒有看見你對王是怎樣恭敬的。」孟子說：「哎！這是什麼話！在齊國人之中，沒有一個用仁義的道理向王進言的，他們難道就以為仁義不好嗎？〔不是的。〕他們的心裏是這樣想的：『這個王哪能夠得上和他談仁義呢？』他們對王就是這樣的，這才是最大的不恭敬哩。我呢，不是堯舜之道不敢拿來向王陳述，所以在齊國人之中，沒有一個比得上我這樣對王恭敬的。」景丑說：「不，我所說的不是指這個。《禮記》上說過：『父親召喚，「唯」一聲就起

身，不說「諾」。』『君主召喚，不等車馬駕好就先走。』你呢，本來準備朝見王，一聽到王來召見，反而不去了，似乎和《禮記》所說有點不相合。」孟子說：「原來你說的是這個呀。曾子說過：『晉國和楚國的財富，我們趕不上。但是，他有他的財富，我有我的仁德；他有他的爵位，我有我的道義。我為什麼覺得比他少了什麼呢？』這些話如果沒有道理，曾子難道肯說嗎？這大概是有點道理的。天下公認為尊貴的東西有三樣：爵位是一個，年齡是一個，道德是一個。在朝廷中，先論爵位；在鄉里中，先論年齡；至於輔助君主統治百姓，自然以道德為最重要。他哪能憑着爵位來輕視我的年齡和道德呢？所以大有作為的君主，一定有他的不受召喚的臣子；若有什麼事要商量，就親自到臣子那裏去。要尊崇道德和樂於行仁政，如果不這樣，便不足以和他一起有所作為。因此，商湯對於伊尹，先向伊尹學習，然後任他為臣，因此不大費力氣便統一了天下；桓公對於管仲，也是先向他學習，然後任他為臣，因此不大費力氣便稱霸於諸侯。現在，各個大國，土地的大小是同樣的，行為作風也不相上下，彼此之間誰也不能駕凌在誰之上，這沒有別的緣故，正是因為他們只喜歡用聽他的話的人為臣，卻不喜歡用能教導他的人為臣。商湯對於伊尹，桓公對於管仲，就不敢召喚。管仲還不可以召喚，何況連管仲都不願做的人呢？」

◇ 4·3 ···

陳臻問曰：「前日於齊，王餽兼金一百而不受；於宋，餽七十鎰而受；於薛，餽五十鎰而受。前日之不受是，則今日之受非也；今日之受是，則前日之不受非也：夫子必居一於此矣。」孟子曰：「皆是也。當在宋也，予將有遠行，行者必以贐（jìn），辭曰：『餽贐。』予何為不受？當在薛也，予有戒心，辭曰：『聞戒，故為兵餽之。』予何為不受？若於齊，則未有處也。無處而餽之，是貨之也。焉有君子而可以貨取乎？」

孟子弟子陳臻問道：「過去在齊國，齊王送您上等好金一百鎰，您不接受；後來在宋國，宋君送您七十鎰，您受了；在薛，薛君送您五十鎰，您也受了。如果過去不接受是正確的，那今天接受便錯了；如果今天接受是正確的，那過去不接受便錯了。二者之中，老師一定有一個是錯了。」孟子說：「都是正確的。當在宋國的時候，我準備遠行，他們對遠行的人一定要送些盤纏，因此宋君說：『送上一點盤纏吧。』我為什麼不受呢？當在薛的時候，我聽說路上有危險，須要戒備，因此薛君說：『聽說您需要戒備，送點錢給您買兵器吧。』我為什麼不受呢？至於在齊國，就沒有什麼理由。沒有什麼理由卻要送錢給我，這等於用金錢收買我。哪有君子可以拿錢收買的呢？」

◇ 4 · 4 ……………………………………………

孟子之平陸，謂其大夫曰：「子之持戟之士，一日而三失伍，則去之否乎？」曰：「不待三。」「然則子之失伍也亦多矣。凶年饑歲，子之民老羸轉於溝壑，壯者散而之四方者幾千人矣。」曰：「此非距心之所得為也。」曰：「今有受人之牛羊而為之牧之者，則必為之求牧與芻矣。求牧與芻而不得，則反諸其人乎，抑亦立而視其死與？」曰：「此則距心之罪也。」他日，見於王，曰：「王之為都者，臣知五人焉。知其罪者，惟孔距心。」為王誦之。王曰：「此則寡人之罪也。」

孟子到了平陸（齊國的城邑），對當地的長官孔距心說：「如果你的戰士，一天三次失職，你開除他嗎？」孔距心答道：「不必等待三次，我就開除他了。」孟子說：「那麼，你自己失職的地方也很多。災荒年成，你的百姓年老體弱拋屍露骨於山溝中的、年輕力壯逃亡於四方的已將近千人了。」孔距心答道：「這不是我的力量所能做到的。」孟子說：「譬如現在有一個人，接收別人的牛羊，替他牧放，那一定要替牛羊尋找牧場和草料了。如果牧場和草料都找不到，是把它退還原主呢，還是站在那裏看着牛羊一個個死去

呢?」孔距心答道:「這就是我的罪過了。」另一天,孟子朝見齊王,説:「王的地方長官,我認識了五位。明白自己罪過的,只有孔距心一人。」於是把過去的問答複述一遍。王説:「這也是我的罪過呢!」

◇ 4 · 5

孟子謂蚳(chí)蛙曰:「子之辭靈丘而請士師,似也,為其可以言也。今既數月矣,未可以言與?」蚳蛙諫於王而不用,致為臣而去。齊人曰:「所以為蚳蛙則善矣;所以自為,則吾不知也。」公都子以告。曰:「吾聞之也:有官守者,不得其職則去;有言責者,不得其言則去。我無官守,我無言責也,則吾進退豈不綽綽然有餘裕哉?」

孟子對蚳蛙(齊國大夫)説:「你辭去靈丘縣長,卻要做法官,似乎很有道理,因為可以向王進言。現在,你做了法官已經幾個月了,還不能向王進言嗎?」蚳蛙向王進諫,王不聽,因之辭職而去。齊國有人便説:「孟子替蚳蛙考慮得不錯了,但是他替自己考慮得怎樣呢,那我還不知道。」公都子(孟子弟子)把這話告訴孟子。孟子説:「我聽説過:有固定職務的,如果無法盡其職責,就可以不幹;有進言責任的,如果言不聽,計不從,也就可以不幹。我既沒有固定的職務,又沒有進言的責任,那我的行動怎麼不是有無限的迴旋餘地呢?」

◇ 4 · 6

孟子為卿於齊,出弔於滕,王使蓋(gě)大夫王驩為輔行。王驩朝暮見,反齊、滕之路,未嘗與之言行事也。公孫丑曰:「齊卿之位,不為小矣;齊、滕之路,不為近矣;反之而未嘗與言行事,何也?」曰:「夫既或治之,予何言哉?」

孟子在齊國做卿,奉使到滕國去弔喪,齊王還派蓋邑的縣長

王驩作為副使同行。王驩同孟子兩人成天在一起，來回於齊、滕兩國的旅途，孟子卻不曾同他一道談過公事。公孫丑問道：「齊卿的官位，不算小了；齊、滕兩國間的距離，不算近了；但來回一趟，卻不曾同王驩談過公事，這是為什麼呢？」孟子答道：「他既然一個人獨斷專行，我還説什麼呢？」

◇ 4・7 ⋯⋯⋯⋯⋯⋯⋯⋯⋯⋯⋯⋯⋯

孟子自齊葬於魯，反於齊，止於嬴。充虞請曰：「前日不知虞之不肖，使虞敦匠事，嚴，虞不敢請。今願竊有請也：木若以美然。」曰：「古者棺槨無度；中古棺七寸，槨稱之。自天子達於庶人，非直為觀美也，然後盡於人心。不得，不可以為悦；無財，不可以為悦。得之為有財，古之人皆用之，吾何為獨不然？且比化者，無使土親膚，於人心獨無恔（xiāo）乎？吾聞之也：君子不以天下儉其親。」

孟子從齊國到魯國去埋葬母親，又回到齊國，到了嬴縣，停留下來。充虞（孟子弟子）請問道：「承您看得起我，派我監理棺槨的製造事務，當時大家都忙碌，我雖有疑問，不敢請教。今日才來請教：棺木似乎太好了。」孟子答道：「上古對於棺槨的尺寸，沒有一定規矩；到了中古，才規定棺厚七寸，槨厚以相稱為準。從天子一直到老百姓，講究棺槨，不僅為着美觀，而是要這樣才算盡了孝子之心。為法制所限，不能用上等木料，當然不稱心；用上等木料，沒有財力，也還是不稱心。有用上等木料的地位，財力又能買得起，古人都這樣做了，我為什麼獨獨不這樣呢？而且，為了不使死者的屍體和泥土相挨，對孝子説來，難道就完全能夠稱心了嗎？我聽説過：在任何情況下，都不應該在父母身上省錢。」

◇ 4・8 ⋯⋯⋯⋯⋯⋯⋯⋯⋯⋯⋯⋯⋯

沈同以其私問曰：「燕可伐與？」孟子曰：「可。子噲不得與人燕，子之不得受燕於子噲。有仕於此，而子悦之，不

告於王而私與之吾子之祿爵；夫士也，亦無王命而私受之於子。則可乎？何以異於是？」齊人伐燕。或問曰：「勸齊伐燕，有諸？」曰：「未也。沈同問：『燕可伐與？』吾應之曰：『可。』彼然而伐之也。彼如曰：『孰可以伐之？』則將應之曰：『為天吏，則可以伐之。』今有殺人者，或問之曰：『人可殺與？』則將應之曰：『可。』彼如曰：『孰可以殺之？』則將應之曰：『為士師，則可以殺之。』今以燕伐燕，何為勸之哉？」

沈同（齊國臣子）用個人身份問孟子說：「燕國可以討伐嗎？」孟子答道：「可以。燕王子噲不能夠〔任意〕把燕國交給別人，他的相國子之也不能夠〔就這樣〕從子噲那裏接受燕國。譬如有這麼個人，你很喜歡他，便不向王請示，自作主張把你的俸祿官位都讓給他；他也沒有國王的任命，便私自從你那裏接受了俸祿官位。這樣可以嗎？子噲、子之私相授受的事，和這個例子有什麼不同呢？」齊國果然去討伐燕國。有人問孟子說：「齊國討伐燕國，你曾經勸止過，有這回事嗎？」孟子答道：「沒有。沈同曾經用他個人的名義問我，說：『燕國可以討伐嗎？』我答應說：『可以。』他們就這樣地去攻打燕國了。他假若再問：『誰可以去討伐他呢？』那我便會說：『只有奉行天命的天吏才可以去討伐它。』譬如這裏有一個殺人犯，有人問道：『這犯人該殺嗎？』那我會說：『該殺。』假若他再問：『誰可以殺他呢？』那我就會回答：『只有法官才可以去殺他。』如今以一個同燕國一樣暴虐的齊國去討伐燕國，我為什麼要勸止呢？」

◇ 4·9

燕人畔。王曰：「吾甚慚於孟子。」陳賈曰：「王無患焉。王自以為與周公孰仁且智？」王曰：「惡！是何言也！」曰：「周公使管叔監殷，管叔以殷畔；知而使之，是不仁也；不知

而使之，是不智也。仁、智，周公未之盡也，而況於王乎？賈請見而解之。」見孟子，問曰：「周公何人也？」曰：「古聖人也。」曰：「使管叔監殷，管叔以殷畔也，有諸？」曰：「然。」曰：「周公知其將畔而使之與？」曰：「不知也。」「然則聖人且有過與？」曰：「周公，弟也；管叔，兄也。周公之過，不亦宜乎！且古之君子，過則改之；今之君子，過則順之。古之君子，其過也如日月之食，民皆見之；及其更也，民皆仰之。今之君子，豈徒順之，又從為之辭。」

　　燕國人羣起反抗齊國。齊王〔過去未聽孟子的勸導〕便說：「我對孟子感到非常慚愧。」陳賈（齊國大夫）說：「王不要難過。在仁和智的方面，王和周公比較，您自己說，哪個強一些？」齊王說：「哎！這是什麼話！〔我哪敢同周公相比！〕」陳賈說：「周公派管叔（名鮮，周公兄，武王弟）去監督殷國，管叔卻率領殷國遺民來造反；如果周公早已預見到這一結果，卻仍然派管叔去監督，那是他的不仁；如果周公未曾預見到，便是他的不智。仁和智，周公都沒有完全做到，何況您呢？我願意去見見孟子，向他解釋解釋。」於是陳賈來見孟子，問：「周公是怎樣的人？」孟子答道：「古代的聖人。」陳賈說：「他派管叔去監督殷國，管叔卻率領殷國遺民造反，有這回事嗎？」孟子答道：「有的。」陳賈問：「周公是預見到管叔會造反，偏要派他去的嗎？」孟子答道：「周公不曾預見到。」陳賈說：「這樣說來，聖人也會有過錯嗎？」孟子答道：「周公是弟弟，管叔是哥哥，〔難道弟弟能疑心哥哥會造反嗎？〕周公的過錯不也合乎情理嗎？而且，古代的君子，有了過錯，隨即改正；今天的君子，有了過錯，竟將錯就錯。古代的君子，他的過錯好像日蝕月蝕一般，老百姓個個都看得到；當他改正了，個個都抬頭望着表示敬仰。今天的君子，不僅僅將錯就錯，並且還編造一番歪道理來為錯誤辯護。」

孟子致為臣而歸。王就見孟子，曰：「前日願見而不可得；得侍同朝，甚喜；今又棄寡人而歸，不識可以繼此而得見乎？」對曰：「不敢請耳，固所願也。」他日，王謂時子曰：「我欲中國而授孟子室，養弟子以萬鍾，使諸大夫國人皆有所矜式，子盍為我言之？」時子因陳子而以告孟子，陳子以時子之言告孟子。孟子曰：「然。夫時子惡知其不可也？如使予欲富，辭十萬而受萬，是為欲富乎？季孫曰：『異哉子叔疑！使己為政，不用，則亦已矣，又使其子弟為卿。人亦孰不欲富貴？而獨於富貴之中有私龍斷焉。』古之為市也，以其所有易其所無者，有司者治之耳。有賤丈夫焉，必求龍斷而登之，以左右望而罔市利。人皆以為賤，故從而征之。征商自此賤丈夫始矣。」

孟子辭去齊國的官職準備回鄉。齊王到孟子家中相見，說道：「過去希望看到您，卻不可能；後來能夠同在一起，我很高興；現在您又將拋開我回去了，不知道我們以後還可以相見嗎？」孟子答道：「這個，我只是不敢請求罷了，本來是很希望的。」過了一些時，齊王對時子（齊國大臣）說：「我想在臨淄城中給孟子一幢房屋，用萬鍾之粟來養活他的門徒，讓我國的官吏和人民都有所效法。你何不替我向孟子談談！」時子便託陳子（即陳臻）把這話轉告孟子，陳子也就把時子的話告訴了孟子。孟子說：「嗯。那時子哪曉得這事情做不得呢？假若我貪圖財富，怎會辭去十萬鍾的俸祿來接受這一萬鍾的賜予，這是為了貪圖財富嗎？季孫說過：『子叔疑（季孫、子叔疑不知何時人）真奇怪！自己要做官，別人不用，也就罷了，卻又使起自己的兒子兄弟來做卿大夫。誰不想做官發財？但是他在做官發財之中搞壟斷行為。』〔怎樣叫做『壟斷』呢？〕古代做買賣，用自己有的東西去交換自己所沒有的，這種事情，由相關的部門管理它罷了。有那麼一個下賤漢子，一定要找一

個獨立的高地登上去，左邊望望，右邊望望，恨不得把所有買賣的好處由他一網打盡。別人都覺得這人下賤，因此抽他的稅。向商人抽稅便從此開始了。」

◇ 4·11

孟子去齊，宿於晝。有欲為王留行者，坐而言。不應，隱几而臥。客不悅，曰：「弟子齊宿而後敢言，夫子臥而不聽，請勿復敢見矣。」曰：「坐。我明語子。昔者魯繆公無人乎子思之側，則不能安子思；泄柳、申詳無人乎繆公之側，則不能安其身。子為長者慮，而不及子思；子絕長者乎，長者絕子乎？」

孟子離開齊國，在晝縣（齊國西南附近）過夜。有一位想替齊王挽留孟子的人，恭敬地坐着，同孟子說話。孟子不加理會，伏在靠几上睡起來。那人很不高興，說道：「我在準備見您的頭一天，便齋戒沐浴，整潔身心，今天同您說話，您卻裝睡覺，不聽我的，以後我再也不敢同您相見了。」〔說着，起身要走。〕孟子說：「坐下來！我明白告訴你。過去，〔魯繆公怎樣對待賢人呢？〕他如果沒有人在子思身邊，就不能夠令子思安心；泄柳（魯國人）、申詳（子張的兒子）如果見沒有人在魯繆公身邊，也就不能令自己安心。你替我這老頭考慮，連子思怎樣被魯繆公對待都比不上，〔你不去勸說齊王改變態度，卻用空話挽留我，〕這樣，是你跟我決絕呢，還是我跟你決絕呢？」

◇ 4·12

孟子去齊，尹士語人曰：「不識王之不可以為湯、武，則是不明也；識其不可，然且至，則是干澤也。千里而見王，不遇故去，三宿而後出晝，是何濡滯也？士則茲不悅。」高子以告。曰：「夫尹士惡知予哉？千里而見王，是予所欲也；不遇故去，豈予所欲哉？予不得已也。予三宿而出晝，於予

心猶以為速，王庶幾改之；王如改諸，則必反予。夫出晝而王不予追也，予然後浩然有歸志。予雖然，豈舍王哉？王由足用為善。王如用予，則豈徒齊民安？天下之民舉安。王庶幾改之，予日望之。予豈若是小丈夫然哉？諫於其君而不受，則怒，悻悻然見於其面，去則窮日之力而後宿哉？」尹士聞之，曰：「士誠小人也。」

孟子離開齊國，尹士（齊國人）對別人說：「不認識到齊王不能夠做商湯、周武王這樣的國君，那便是孟子的糊塗；認識到他不行，然而還要來，那便是孟子貪求富貴。他老遠地跑來，不被賞識而去，在晝縣歇了三夜才離開，為什麼這樣慢騰騰的呢？我對這很不高興。」高子（齊國人，孟子弟子）便把這話告訴給孟子。孟子說：「那尹士哪能瞭解我呢？我老遠地來會見齊王，這是我的願望；不被賞識而去，難道也是我的願望嗎？只是我出於不得已。我在晝縣歇宿了三夜才離開，在我思想上還以為太快了，〔我這麼想：〕王也許會改變態度；王假若改變態度，那一定會把我召回。我離開晝縣，王還沒有追回我，我才毫無留戀地有回鄉的念頭。縱是這樣，我難道肯拋棄齊王嗎？齊王〔雖然不能成為商湯、周武，〕也還可以好好地幹一番。齊王假若用我，何止只齊國的百姓得到太平，天下的百姓都可以得到太平。王也許會改變態度的，我天天盼望着呀！我難道像這種小氣人一樣嗎？向王進諫，王不接受，便大發脾氣，滿臉不高興；一旦離開，就非得走到精疲力竭不肯住腳嗎？」尹士聽了這番話以後，說：「我真是個小人。」

◇ 4·13

孟子去齊，充虞路問曰：「夫子若有不豫色然。前日虞聞諸夫子曰：『君子不怨天，不尤人。』」曰：「彼一時，此一時也。五百年必有王者興，其間必有名世者。由周而來，七百有餘歲矣。以其數，則過矣；以其時考之，則可矣。夫天未欲平治天下也；如欲平治天下，當今之世，舍我其誰

也？吾何為不豫哉！」

孟子離開齊國，在路上，充虞問道：「您似乎有點不愉快的樣子。但是，從前我聽您說過，『君子不抱怨上天，不責怪別人。』〔今天又為什麼如此呢？〕」孟子説：「那是那時，這是這時。〔情況不同啦。從歷史上看來，〕每過五百年一定有位聖君興起，而且還會有聞名於世的人才從中湧現出來。從周武王以來，到現在已經有七百多年了。論年數，超過了五百；論時勢，現在正該是聖君賢臣出來的時候了。上蒼不想使天下太平罷了；如果想使天下太平，在今日的世界上，除開我，還有誰呢？我為什麼不愉快呢？」

◇ 4·14　··

孟子去齊，居休。公孫丑問曰：「仕而不受祿，古之道乎？」曰：「非也。於崇，吾得見王，退而有去志，不欲變，故不受也。繼而有師命，不可以請。久於齊，非我志也。」

孟子離開齊國，居住在休地（今山東滕州市北十五里）。公孫丑問道：「做官卻不接受俸祿，合乎古道嗎？」孟子説：「不。在崇地（今不可考），我看到了齊王，回來便有離開的意思，不想改變，所以不接受俸祿。不久，齊國有戰事，不可以請求離開。但長久地留在齊國，不是我的心願。」

滕文公章句上

凡五章。

◇ 5·1　··

滕文公為世子，將之楚，過宋而見孟子。孟子道性善，言必稱堯舜。世子自楚反，復見孟子。孟子曰：「世子疑吾言乎？夫道一而已矣。成覸（jiàn）謂齊景公曰：『彼丈夫也，我丈夫也，吾何畏彼哉？』顏淵曰：『舜何人也，予何人也，

有為者亦若是。』公明儀曰：『文王，我師也。周公豈欺我哉？』今滕，絕長補短，將五十里也，猶可以為善國。《書》曰：『若藥不瞑眩，厥疾不瘳。』」

　　滕文公在做太子時候，要到楚國去，經過宋國，會見了孟子。孟子開口不離堯舜，同他講了人性本是善良的道理。太子從楚國回來，又來看孟子。孟子説：「太子懷疑我的話嗎？天下的真理就這麼一個。成覸對齊景公説：『他是個男子漢，我也是個男子漢，我為什麼怕他呢？』顏淵説：『舜是什麼樣的人，我也是什麼樣的人，有作為的人也會像他那樣。』公明儀説：『文王是我的老師，周公也是應該信賴的。』現在，滕國假若把土地截長補短，拼成正方形，每邊之長也將近五十里，還可以治理成一個好的國家。《書經》上説過：『如果藥物不能使人吃得頭暈腦轉，那病是不會痊癒的。』〔治大病要用重藥；治小國，也要徹底改變政策。〕」

◇ 5·2　　　　　………………………………………

　　滕定公薨，世子謂然友曰：「昔者孟子嘗與我言於宋，於心終不忘。今也不幸至於大故，吾欲使子問於孟子，然後行事。」然友之鄒，問於孟子。孟子曰：「不亦善乎！親喪，固所自盡也。曾子曰：『生，事之以禮；死，葬之以禮，祭之以禮：可謂孝矣。』諸侯之禮，吾未之學也；雖然，吾嘗聞之矣。三年之喪，齊疏之服，飦（zhān）粥之食，自天子達於庶人，三代共之。」然友反命，定為三年之喪。父兄百官皆不欲，曰：「吾宗國魯先君莫之行，吾先君亦莫之行也，至於子之身而反之，不可。且《志》曰：『喪祭從先祖。』曰：『吾有所受之也。』」謂然友曰：「吾他日未嘗學問，好馳馬試劍。今也父兄百官不我足也，恐其不能盡於大事，子為我問孟子。」然友復之鄒問孟子。孟子問：「然，不可以他求者也。孔子曰：『君薨，聽於冢宰，歠（chuò）粥，面深墨，即位而哭，百官有司莫敢不哀，先之也。』上有好者，下必有

甚焉者矣。君子之德，風也；小人之德，草也。草尚之風必偃。是在世子。」然友反命。世子曰：「然，是誠在我。」五月居廬，未有命戒。百官族人可，謂曰知。及至葬，四方來觀之，顏色之戚，哭泣之哀，弔者大悅。

　　滕文公死了，太子對他的師傅然友說：「過去在宋國，孟子曾給我談了許多，我心裏一直沒有忘記。今日不幸得很，遭了父喪，我想請你問問孟子，然後再辦喪事。」然友便到鄒國，去問孟子。孟子說：「好得很呀！父母的喪事，本應該自動盡心竭力地辦的。曾子說過：『當他們在世的時候，依禮節去奉侍，他們去世了，依禮節去埋葬，依禮節去祭祀，這可以說是盡孝了。』諸侯的禮節，我雖然不曾學習過，但也聽說過。實行三年的喪禮，穿着粗布縫邊的孝服，吃着稀粥，從天子一直到老百姓，夏、商、周三代都是這樣的。」然友回國覆命，太子便決定行三年的喪禮。滕國的父老官吏都不願意，說道：「我們宗國魯國的歷代君主沒有實行過，我們歷代的祖先也沒有實行過，到你這一代便改變了祖先的做法，這是不應該的。而且《志》上說過：『喪禮祭禮一律依從祖宗的規矩。』道理就在於我們是從這一傳統繼承下來的。」太子便對然友說：「我過去不曾搞過學問，只喜歡跑馬舞劍。今日，我要實行三年之喪，父老、官吏們都對我不滿，恐怕我對這一喪禮不能盡心竭力，你再替我去問問孟子吧！」然友又到鄒國去問孟子。孟子說：「嗯！這是不能求之於別人的。孔子說過：『君主死了，太子把一切政務交給首相，喝着粥，面色深黑，臨孝子之位便哭，大小官吏沒有人敢不悲哀，因為太子親身帶頭的緣故。』在上位的有什麼愛好，在下面的人一定愛好得更厲害。君子的行為好像風，小人的行為好像草，風向哪邊吹，草就向哪邊倒。這一件事完全由太子決定。」然友向太子回報。太子說：「對，這確實應當由我決定。」於是太子住在喪廬中五個月，不曾頒佈過任何命令和禁令。官吏和同族們都很贊成，認為知禮。等待舉行葬禮的時候，四面八方的人都來觀禮，太子容顏的悲戚，哭泣的哀痛，使來弔喪的人都很滿意。

滕文公問為國。孟子曰:「民事不可緩也。《詩》云:『晝爾于茅,宵爾索綯;亟其乘屋,其始播百穀。』民之為道也,有恆產者有恆心,無恆產者無恆心。苟無恆心,放辟邪侈,無不為已。及陷乎罪,然後從而刑之,是罔民也。焉有仁人在位,罔民而可為也?是故賢君必恭儉、禮下,取於民有制。陽虎曰:『為富不仁矣,為仁不富矣。』夏后氏五十而貢,殷人七十而助,周人百畝而徹,其實皆什一也。徹者,徹也;助者,藉也。龍子曰:『治地莫善於助,莫不善於貢。』貢者,校數歲之中以為常。樂歲,粒米狼戾,多取之而不為虐,則寡取之;凶年,糞其田而不足,則必取盈焉。為民父母,使民盼盼(xì)然,將終歲勤動,不得以養其父母,又稱貸而益之,使老稚轉乎溝壑,惡在其為民父母也?夫世祿,滕固行之矣。《詩》云:『雨我公田,遂及我私。』惟助為有公田,由此觀之,雖周亦助也。設為庠序學校以教之:庠者,養也;校者,教也;序者,射也。夏曰校,殷曰序,周曰庠,學則三代共之,皆所以明人倫也。人倫明於上,小民親於下。有王者起,必來取法,是為王者師也。《詩》云:『周雖舊邦,其命維新。』文王之謂也。子力行之,亦以新子之國。」使畢戰問井地。孟子曰:「子之君將行仁政,選擇而使子,子必勉之!夫仁政,必自經界始。經界不正,井地不鈞,穀祿不平,是故暴君污吏必慢其經界。經界既正,分田制祿可坐而定也。夫滕,壤地褊小,將為君子焉,將為野人焉。無君子莫治野人,無野人莫養君子。請野九一而助,國中什一使自賦。卿以下必有圭田,圭田五十畝,餘夫二十五畝。死徙無出鄉,鄉田同井,出入相友,守望相助,疾病相扶持,則百姓親睦。方里而井,井九百畝,其中為公田,八家皆私百畝,同養公田,公事畢,然後敢治私事,所以別野人也。此其大略也。若夫潤澤之,則在君與子矣。」

滕文公問孟子治理國家的事情。孟子説：「關心人民是最為急迫的任務。《詩經》上説：『白天割取茅草，晚上絞成繩索，趕緊修繕房屋，到時播種五穀。』人民有一個基本情況：有一定的財產收入的人才有一定的道德觀念和行為準則，沒有一定的財產收入的人便不會有一定的道德觀念和行為準則。假若沒有一定的道德觀念和行為準則，就會胡作非為，違法亂紀，什麼壞事都幹得出來。等到他們犯了罪，然後加以懲罰，這等於陷害百姓。哪有仁愛的人坐朝，卻做出陷害百姓的事呢？所以賢明的君主一定認真辦事、節省費用、有禮貌地對待部下，尤其是徵收賦稅，要有一定的制度。陽虎（即陽貨，魯季氏家臣）曾經説過：『要發財致富，便不能仁愛了；要仁愛，便不能發財致富了。』〔古代的税收制度大致如此：〕夏代每家五十畝地而行『貢』法，商朝每家七十畝地而行『助』法，周朝每家一百畝地而行『徹』法。〔三種税制雖然不同，〕税率其實都是十分抽一。『徹』是通的意思，〔因為那是在通盤計算不同情況下貫徹十分之一的税率；〕『助』是藉助的意思〔，因為要藉助於人民的勞力來耕種公有土地〕。古代一位賢者龍子説過：『田税最好是用助法，最不好是用貢法。』貢法是比較若干年的收成得一個定數〔，不分豐收和災荒，都按這一定數來徵收〕。豐收年成，到處是穀物，多徵收一點也不算苛刻，但並不多收；災荒年成，每家的收穫量甚至還不夠第二年肥田的用費，也非收滿那一定數不可。一國的君主號稱百姓的父母，卻使百姓整年地辛勤勞動，結果連養活爹娘都不能夠，還得借高利貸來湊足納税數位，終於使一家老小拋屍露骨於山溝中，那麼作為百姓父母的作用又在哪兒呢？做大官的人都有一定的田租收入，子孫相傳，這一辦法，滕國早就實行了。〔為什麼百姓不能有一定的田地收入呢？〕《詩經·小雅·大田》上説：『雨先下到公田裏，然後灑落到私田。』只有助法才有公田，從這點看來，就是周朝，也是實行助法的。〔人民的生活有着落了，〕便要興辦『庠』『序』『學』『校』來教育他們。『庠』是教養的意思，『校』是教導的意思，『序』是陳列的意思〔，陳列

實物以便進行實物教育〕。〔地方學校，〕夏代叫『校』，商代叫『序』，周代叫『庠』，至於大學，三個朝代都叫『學』，其目的都是為了闡明人與人之間的各種道德關係以及相關的行為準則。人與人的道德關係和行為準則，諸侯、卿大夫、士都明白了，小百姓自然會親密地團結在一起。如果有聖王興起，一定會來學習仿效，這樣便做了聖王的老師了。《詩經・大雅・文王》上又說：『岐周雖然是一個古老的國家，國運卻充滿着新氣象。』這是讚美文王的詩句。你努力實行吧，也來使你的國家氣象一新！」滕文公派畢戰向孟子問井田制。孟子說：「你的君主準備實行仁政，選擇你來問我，你一定要好好幹！實行仁政，一定要從劃分整理田界開始。田界劃分得不正確，井田的大小就不均勻，作為俸祿的田租收入也就不會公平合理，所以暴虐的君主以及貪官污吏一定要打亂正確的田界。田界正確了，分配人民以田地、制定官吏的俸祿都可以毫不費力地作出決定了。滕國的土地狹小，卻也得有官吏和勞動人民。沒有官吏，便沒有人管理勞動人民；沒有勞動人民，也沒有人養活官吏。我建議：郊野用九分抽一的助法，城市用十分抽一的貢法。公卿以下的官吏，一定有供祭祀的圭田，每家五十畝，如果他家還有剩餘的勞動力，便每一勞動力再給二十五畝。無論埋葬或者搬家，都不離開本鄉本土，共一井田的各家，平日出入互相友愛，防禦盜賊互相幫助，一有疾病互相照顧，那麼百姓之間便親愛和睦了。辦法是：每一方里的土地為一個井田，每一井田有九百畝，當中一百畝是公田，以外八百畝分給八家做私田，這八家共同來耕種公田，先把公田耕種完畢，再來料理私人的事務，這就是區別官吏與勞動人民的辦法。這不過是個大概。至於怎樣去修飾調度，那就在於你的君主和你本人了。」

◇ 5・4 ....

有為神農之言者許行，自楚之滕，踵門而告文公曰：「遠方之人，聞君行仁政，願受一廛而為氓。」文公與之處。其

徒數十人，皆衣褐，捆屨、織席以為食。陳良之徒陳相與其弟辛負耒耜而自宋之滕，曰：「聞君行聖人之政，是亦聖人也。願為聖人氓。」陳相見許行而大悅，盡棄其學而學焉。陳相見孟子，道許行之言曰：「滕君則誠賢君也，雖然，未聞道也。賢者與民並耕而食，饔飧而治。今也滕有倉廩府庫，則是厲民而以自養也，惡得賢？」孟子曰：「許子必種粟而後食乎？」曰：「然。」「許子必織布而後衣乎？」曰：「否，許子衣褐。」「許子冠乎？」曰：「冠。」曰：「奚冠？」曰：「冠素。」曰：「自織之與？」曰：「否，以粟易之。」曰：「許子奚為不自織？」曰：「害於耕。」曰：「許子以釜甑爨，以鐵耕乎？」曰：「然。」「自為之與？」曰：「否，以粟易之。」「以粟易械器者，不為厲陶冶；陶冶亦以其械器易粟者，豈為厲農夫哉？且許子何不為陶冶，舍皆取諸其宮中而用之？何為紛紛然與百工交易？何許子之不憚煩？」曰：「百工之事，固不可耕且為也。」「然則治天下獨可耕且為與？有大人之事，有小人之事。且一人之身，而百工之所為備，如必自為而後用之，是率天下而路也。故曰：或勞心，或勞力；勞心者治人，勞力者治於人；治於人者食人，治人者食於人。天下之通義也。當堯之時，天下猶未平，洪水橫流，泛濫於天下；草木暢茂，禽獸繁殖，五穀不登；禽獸逼人，獸蹄鳥跡之道交於中國。堯獨憂之，舉舜而敷治焉。舜使益掌火，益烈山澤而焚之，禽獸逃匿。禹疏九河，瀹濟、漯（tà）而注諸海，決汝、漢，排淮、泗而注之江，然後中國可得而食也。當是時也，禹八年於外，三過其門而不入，雖欲耕，得乎？后稷教民稼穡，樹藝五穀，五穀熟而民人育。人之有道也，飽食、暖衣、逸居而無教，則近於禽獸。聖人有憂之，使契（xiè）為司徒，教以人倫：父子有親，君臣有義，夫婦有別，長幼有序，朋友有信。放勳曰：『勞之來之，匡之直之，輔之翼之，使自得之，又從而振德之。』聖人之憂民如

此，而暇耕乎？堯以不得舜為己憂，舜以不得禹、皋陶（gāo
yáo）為己憂。夫以百畝之不易為己憂者，農夫也。分人以財
謂之惠，教人以善謂之忠，為天下得人者謂之仁。是故以天
下與人易，為天下得人難。孔子曰：『大哉堯之為君！惟天為
大，惟堯則之。蕩蕩乎，民無能名焉。君哉舜也！巍巍乎，
有天下而不與焉。』堯、舜之治天下，豈無所用其心哉？亦
不用於耕耳。吾聞用夏變夷者，未聞變於夷者也。陳良，楚
產也，悅周公、仲尼之道，北學於中國。北方之學者，未能
或之先也。彼所謂豪傑之士也。子之兄弟事之數十年，師死
而遂倍之。昔者孔子沒，三年之外，門人治任將歸，入揖於
子貢，相向而哭，皆失聲，然後歸。子貢反，築室於場，獨
居三年，然後歸。他日，子夏、子張、子游以有若似聖人，
欲以所事孔子事之，強曾子。曾子曰：『不可。江漢以濯之，
秋陽以暴之，皜皜乎不可尚已！』今也南蠻鴃（jué）舌之人
非先王之道，子倍子之師而學之，亦異於曾子矣。吾聞出於
幽谷遷於喬木者，未聞下喬木而入於幽谷者。《魯頌》曰：
『戎狄是膺，荊舒是懲。』周公方且膺之，子是之學，亦為不
善變矣。」「從許子之道，則市賈不貳，國中無偽。雖使五尺
之童適市，莫之或欺。布帛長短同，則賈相若；麻縷絲絮輕
重同，則賈相若；五穀多寡同，則賈相若；屨大小同，則賈
相若。」曰：「夫物之不齊，物之情也。或相倍蓰（xǐ），或
相什伯，或相千萬，子比而同之，是亂天下也，巨屨小屨同
賈，人豈為之哉？從許子之道，相率而為偽者也，惡能治國
家？」

　　有一位研究神農氏學說的人叫做許行的，從楚國到了滕國，
親自謁見滕文公，告訴他說：「我這個由遠方來的人，聽說您實行
仁政，希望得到一個住所，做您的百姓。」滕文公給了他房屋。他
的門徒幾十個，都穿着粗麻織成的衣服，以打草鞋、織席子謀生。

陳良（楚國的儒者）的門徒陳相和他弟弟陳辛揹着農具，從宋國到了滕國，也對滕文公說：「聽說您實行聖人的德政，那麼，您也是聖人了。我願意做聖人的百姓。」陳相見了許行，非常高興，完全拋棄以前的學說，向許行學習。陳相來看孟子，轉述許行的話，說道：「滕君確實是個賢明的君主，雖然如此，但是也還不真懂得道理。賢明的人要和人民一道耕種，才來謀食；自己做飯菜，而且還要替百姓辦事。如今滕國有儲穀米的倉廩，存財物的府庫，這是損害百姓來奉養自己，怎麼能叫做賢明呢？」孟子說：「許子一定是自己種莊稼然後才吃飯嗎？」陳相說：「對。」「許子一定是自己織布然後才穿衣嗎？」「不，許子只穿粗麻織成的衣服。」「許子戴帽子嗎？」答道：「戴。」孟子問：「戴什麼帽子？」答道：「戴白綢帽子。」孟子問：「是自己織的嗎？」答道：「不，用穀米換來的。」孟子問：「許子為什麼不自己織呢？」答道：「因為妨礙幹莊稼活。」孟子問：「許子也用鍋甑做飯，用鐵器耕田嗎？」答道：「對。」「是自己做的嗎？」答道：「不，用穀米換來的。」「農夫用穀米換取鍋甑和農具，不能說是損害了瓦匠鐵匠，那麼，瓦匠鐵匠用鍋甑和農具來換取穀米，難道說是損害了農夫嗎？況且許子為什麼不親自燒窰煉鐵，做成各種器械，什麼東西都儲備在家中而隨時取用呢？為什麼許子要一椿椿一件件地和各種工匠做交易呢？為什麼許子這樣不怕麻煩呢？」陳相答道：「各種工匠的工作，本來不是既耕種又同時兼幹得了的。」「那麼，管理國家難道就能既耕種又同時兼幹得了的嗎？〔可見必須分工。〕有官吏的工作，有小民的工作。只要是一個人，各種工匠的產品對他都是不可缺少的，如果每件東西都要自己製造出來才去用它，這是率領天下的人疲於奔命。所以我說，有的人幹腦力勞動，有的人幹體力勞動；幹腦力勞動的人統治人，幹體力勞動的人被人統治；被統治的人養活別人，統治的人靠人養活。這是通行天下的共同義理。當堯的時候，天下還不安定，洪水為災，四處泛濫；草木密密麻麻地生長，鳥獸成羣地繁殖，穀物卻沒有收成；飛禽走獸危害人類，到處都是它們的足跡。堯一個

人為此憂慮，把舜選拔出來總領治理工作。舜命令伯益掌管火政，伯益便用烈火燒毀山野沼澤地帶的草木，使鳥獸逃的逃躲的躲。禹又疏浚九河，治理濟水、漯水，引流入海，挖掘汝水、漢水，疏通淮水、泗水，引導流入長江，中國這才可以耕種，人民才得到足食。在這個時候，禹有八年在外，三次經過自己的家門都不進去，縱使他們想親自種地，可能嗎？后稷教導百姓種莊稼，栽培穀物，穀物成熟了，便可以養育百姓。人之所以為人，吃飽了，穿暖了，住得安逸了，如果沒有受教育，也和禽獸差不多。聖人又為此憂慮，便派契做司徒官，主管教育，用人與人之間道德關係的大道理以及行為準則來教育人民：父子之間有骨肉之親，君臣之間有禮義之道，夫妻之間摯愛而有內外之別，老少之間有尊卑之序，朋友之間有誠信之德。堯說道：『督促他們，糾正他們，幫助他們，使他們各得其所，然後加以提攜和教誨。』聖人為百姓考慮得如此周到而不厭倦，還有閒暇去耕種嗎？堯把得不着舜這樣的人作為自己的憂慮，舜把得不着禹和皋陶這樣的人作為自己的憂慮。因自己的田地耕種得不好為之憂慮的，那是農夫。把錢財分給別人叫做惠，把行好的道理教誨別人叫做忠，替天下人民找到出色人才的便叫做仁。〔在我看來，〕把天下讓給別人比較容易，替天下人民找到出色人才卻困難。所以孔子說：『堯作為君主真是偉大！只有天最偉大，也只有堯能夠效法天。堯的聖德廣闊無邊呀，竟使人民找不到恰當的詞語來讚美他。舜也是了不得的天子！他多麼的崇高，坐了天下，自己卻不享受它，佔有它。』堯、舜治理天下，難道沒有用心思嗎？只是不用在莊稼上罷了。我只聽說過用中國的一切來同化落後國家的，沒有聽說過用落後國家的一切來同化中國的。陳良本來是楚國的土著，卻喜愛周公、孔子的學說，由南到北來中國學習，北方的讀書人還沒有能夠超過他的，他真是所謂豪傑之士啊！你們兄弟向他學習了幾十年，他一死，就完全背叛他。從前，孔子死了，〔他的門徒都給他守孝三年，〕三年之後，各人收拾行李準備回去，走進子貢的住處作揖告別，相對而哭，都泣不成聲，這才

回去。子貢又回到墓地重新築屋，獨自住了三年〔守孝〕，然後回去。過了些時，子夏、子張、子游認為有若有點像孔子，便想要用尊敬孔子之禮來尊敬他，勉強要曾子同意。曾子說：『不行。譬如曾經用江漢之水洗濯過，曾經在夏天的太陽裏曝曬過，〔他老人家〕真是潔白得無以復加了。〔誰能比得上孔子呢？〕』如今許行這南方蠻子，說話怪腔怪調，也來指責我們祖先聖王的規矩，你們卻背叛你們的老師去向他學，那和曾子的態度便相反了。〔譬如鳥，〕我只聽說過飛出深暗山溝遷往高大樹木上的，沒有聽說過離開高大樹木飛進深暗山溝的。《魯頌》中說過：『攻擊戎狄，痛懲荊舒。』〔楚國這樣的國家，〕周公還要攻擊它，你卻向他學習，這簡直是越變越壞了。」陳相說：「如果聽從許子的學說，那市場上的物價就會一致，人人沒有欺假。即令打發小孩子去市場，也沒有人來欺騙他。布匹絲綢的長短一樣，價錢便一樣；麻線絲線的輕重一樣，價錢便一樣；穀米的多少一樣，價錢便一樣；鞋的大小一樣，價錢便一樣。」孟子說：「貨物的品種、品質不一致，這是常情。〔它們的價格，〕有的相差一倍至五倍，有的相差十倍至百倍，有的相差千倍至萬倍；你要〔不分精粗優劣，〕完全使它們一致，這只是擾亂天下罷了。好鞋和壞鞋一個價錢，人們難道會肯幹嗎？聽從許子的學說，是率領大家走向虛偽，哪能用來治理國家呢？」

◇ 5·5

墨者夷之因徐辟而求見孟子。孟子曰：「吾固願見。今吾尚病，病癒，我且往見，夷子不來！」他日，又求見孟子。孟子曰：「吾今則可以見矣。不直，則道不見；我且直之。吾聞夷子墨者，墨之治喪也，以薄為其道也；夷子思以易天下，豈以為非是而不貴也？然而夷子葬其親厚，則是以所賤事親也。」徐子以告夷子。夷子曰：「儒者之道，古之人『若保赤子』，此言何謂也？之則以為愛無差等，施由親始。」徐子以告孟子。孟子曰：「夫夷子，信以為人之親其兄之子，

為若親其鄰之赤子乎？彼有取爾也。赤子匍匐將入井，非赤子之罪也。且天之生物也，使之一本，而夷子二本故也。蓋上世嘗有不葬其親者，其親死，則舉而委之於壑。他日過之，狐狸食之，蠅蚋（ruì）姑嘬（chuāi）之。其顙有泚（cǐ），睨而不視。夫泚也，非為人泚，中心達於面目，蓋歸反虆梩（léi lí）而掩之。掩之誠是也，則孝子仁人之掩其親，亦必有道矣。」徐子以告夷子。夷子憮然為間，曰：「命之矣！」

　　墨家的信徒夷之藉着徐辟（孟子弟子）的關係要求拜見孟子。孟子說：「我本來願意接見，不過我現在還在生病，病好了，我打算去看他，他不必來！」過了一些時候，他又要求來見孟子。孟子說：「現在可以相見了。不過，不說直話，真理就表現不出來，我姑且說說直話吧。我聽說夷子是墨家信徒，墨家辦理喪葬，以薄葬為合理，夷子也想用薄葬來改革天下風尚，難道認為不薄葬就是不尊貴嗎？但是他埋葬自己的父母卻相當豐厚，那便是拿他所輕賤所否定的事情來對待父母親了。」徐子把這話告訴了夷子。夷子說：「儒家的學說認為，古代的君王愛護百姓好像愛護嬰兒一般，這句話是什麼意思呢？我認為是，人與人之間的愛，並沒有親疏厚薄的區別，只是實行起來從父母親開始。〔那麼，墨家的兼愛之說很有道理，而我的厚葬父母，也有着解說了。〕」徐子又把這話告訴了孟子。孟子說：「夷子真以為人們愛他的姪兒，和愛他鄰人的嬰兒是一樣的嗎？夷子不過抓住了這一點：嬰兒在地上爬行，快要跌到井裏去了，這自然不是嬰兒自己的罪過。〔這時候，不管是誰家的孩子，無論誰看見了，都會去救的。夷子以為這就是愛無等次，其實，這是人的惻隱之心。〕況且天生萬物，只有一個根源，〔就人來說，只有父母，所以儒家主張『老吾老以及人之老』，〕夷子卻說有兩個根源，〔因此認為我的父母和人家的父母，沒有分別，主張愛無等次，〕道理就在這裏。大概上古曾經有不埋葬父母的人，父母死了，抬了他拋棄在山溝中。過了一些時候，經過那裏，狐狸

在咬吃着他，蒼蠅蚊子在咀吮着他，那個人額頭上不禁流着悔恨的汗，斜着眼睛望望，不敢正視。這種流汗，不是流給別人看的，實是由於內心悔恨而表達在面貌上的，大概他回家也去取了鋤頭畚箕把屍體埋葬了。埋葬屍體誠然是對的，那麼，孝子仁人埋葬他的父母，也一定有他的道理了。」徐子把這話告訴了夷子。夷子茫然地停了一會，說道：「我懂得了。」

滕文公章句下

凡十章。

◇ 6·1 ·······························

陳代曰：「不見諸侯，宜若小然；今一見之，大則以王，小則以霸。且《志》曰『枉尺而直尋』，宜若可為也。」孟子曰：「昔齊景公田，招虞人以旌，不至，將殺之。志士不忘在溝壑，勇士不忘喪其元。孔子奚取焉？取非其招不往也。如不待其招而往，何哉？且夫枉尺而直尋者，以利言也。如以利，則枉尋直尺而利，亦可為與？昔者趙簡子使王良與嬖奚乘，終日而不獲一禽。嬖奚反命曰：『天下之賤工也。』或以告王良。良曰：『請復之。』強而後可，一朝而獲十禽。嬖奚反命曰：『天下之良工也。』簡子曰：『我使掌與女乘。』謂王良，良不可，曰：『吾為之範我馳驅，終日不獲一；為之詭遇，一朝而獲十。《詩》云：「不失其馳，舍矢如破。」我不貫與小人乘，請辭。』御者且羞與射者比，比而得禽獸，雖若丘陵，弗為也。如枉道而從彼，何也？且子過矣，枉己者，未有能直人者也。」

孟子弟子陳代說：「不去謁見諸侯，似乎只是拘泥於小節吧；如今一去謁見諸侯，大呢，可以實行仁政，統一天下，小呢，可以改革局面，稱霸中國。而且《志》上說『所屈折的只有一尺，而

所伸直的卻有八尺了』，似乎可以幹一幹。」孟子説：「從前齊景公田獵，用有羽毛裝飾的旌旗來召喚獵場管理員，管理員不去，景公便準備殺他。〔可是他並不因此而畏懼，曾經得到孔子的稱讚。〕因為有志之士〔堅守節操，〕不怕〔死無葬身之地，〕棄屍山溝；勇敢的人〔見義而為，〕不怕丟失腦袋。對於這一獵場管理員孔子取法他哪一點呢？就是取法他不是自己應該接受的召喚，他硬是不去。假如我竟不等諸侯召喚便去，那又是怎樣的呢？而且你説所屈折的只有一尺，伸直的卻有八尺，這完全是從利益的觀點考慮的。如果專從利益來考慮，那麼，所屈折的有八尺，伸直的卻只一尺，也有利益，也可以幹麼？從前，趙簡子（晉國大夫趙鞅）命令王良（善駕車者）替他的一個叫奚的寵倖小臣駕車去打獵，整天打不着一隻鳥。奚向簡子回報説：『王良是個拙劣的駕車人。』有人便把這話告訴了王良，王良説：『希望再來一次。』奚在勉強之下才答應，一個早晨便打中十隻鳥。他又回報説：『王良是個高明的駕車人。』趙簡子説：『那麼，我就叫他專門替你駕車。』於是同王良説，王良不答應，説：『我為他按規矩驅車奔馳，整天打不着一隻；我為他違背規矩駕車，一個早晨便打中了十隻。可是《詩經·小雅·車攻》上説過：「按照規矩驅車奔馳，箭一放出便射中。」我不習慣於替小人駕車，這差事我不能擔任。』駕車人尚且以同壞射手合作為可恥，這種合作獲得的禽獸即使堆集如山，也不肯幹。假如我們先辱沒自己的志向和主張，去追隨諸侯，那又是為了什麼呢？尚且你錯了，自己不正直的人，從來沒有能夠使別人正直的。」

◇ 6·2 ....

景春曰：「公孫衍、張儀豈不誠大丈夫哉？一怒而諸侯懼，安居而天下熄。」孟子曰：「是焉得為大丈夫乎？子未學禮乎？丈夫之冠也，父命之；女子之嫁也，母命之，往送之門，戒之曰：『往之女家，必敬必戒，無違夫子。』以順為正

者，妾婦之道也。居天下之廣居，立天下之正位，行天下之大道；得志，與民由之；不得志，獨行其道。富貴不能淫，貧賤不能移，威武不能屈，此之謂大丈夫。」

有個叫景春的問孟子說：「公孫衍和張儀（皆魏國人）難道不是真正的大丈夫嗎？一發脾氣，諸侯便都害怕；安靜下來，天下便太平無戰事。」孟子說：「這個怎能叫做大丈夫呢？你沒有學過禮儀嗎？男子到成年的時候，父親給以訓導；女子在出嫁的時候，母親給以訓導，送她到門口，告誡她說：『到了你的夫家，一定要恭敬，一定要警惕，不要違背丈夫的意思。』以順從為最大原則的，乃是婦女之道。〔至於男子，〕應住在天下最寬廣的住宅——仁——裏面，站在天下最正確的位置——禮——上面，走着天下最光明的正路——義；得志的時候，偕同百姓循着正道前進；不得志的時候，也獨自堅持自己的原則。富裕尊貴不能亂我之心，貧窮卑賤不能變我之志，權勢武力不能屈我之節，這樣才叫做大丈夫。」

◇ 6 · 3 ·····························

周霄問曰：「古之君子仕乎？」孟子曰：「仕。《傳》曰：『孔子三月無君，則皇皇如也，出疆必載質。』公明儀曰：『古之人三月無君則弔。』」「三月無君則弔，不以急乎？」曰：「士之失位也，猶諸侯之失國家也。《禮》曰：『諸侯耕助，以供粢盛；夫人蠶繅，以為衣服。犧牲不成，粢盛不潔，衣服不備，不敢以祭。惟士無田，則亦不祭。』牲殺、器皿、衣服不備，不敢以祭，則不敢以宴，亦不足弔乎？」「出疆必載質，何也？」曰：「士之仕也，猶農夫之耕也；農夫豈為出疆舍其耒耜哉？」曰：「晉國亦仕國也，未嘗聞仕如此其急。仕如此其急也，君子之難仕，何也？」曰：「丈夫生而願為之有室，女子生而願為之有家。父母之心，人皆有之。不待父母之命、媒妁之言，鑽穴隙相窺，逾牆相從，則父母、國人皆

賤之。古之人未嘗不欲仕也，又惡不由其道。不由其道而往者，與鑽穴隙之類也。」

　　魏國人周霄問道：「古代的君子做官嗎？」孟子答道：「做官。《傳記》上說：『孔子要是三個月沒有被君主任用，就非常焦急不安，離開一個國家，一定帶着準備和別國君主初次見面的禮物。』公明儀也說過：『古代的人三個月沒有被君主任用，就要去安慰他，給以同情。』」周霄便問：「三個月沒有找到君主便去安慰他，不也太急了嗎？」孟子答道：「士人失掉了官位，正好比諸侯失掉了國家。《禮記》上說過：『諸侯親自參加耕種，就是用來提供祭品；夫人親自養蠶繅絲，就是用來提供祭服。牛羊不肥壯，穀物不潔淨，祭服不完備，不敢用來祭祀。士人若沒有〔提供祭祀的〕田地，那也不能祭祀。』牛羊、祭具、祭服不完備，不敢用來祭祀，也就不能舉行宴會，那也不應該去安慰他嗎？」周霄又問：「離開國界一定帶着見面的禮物，又是什麼緣故呢？」孟子答道：「士人做官，就好比農民耕田；農民難道因為離開國界便捨棄他的農具嗎？」周霄說：「魏國也是一個有官可做的國家，我卻不曾聽說過找官位是這樣的急迫。找官位既是這樣急迫，君子卻不輕易做官，又是什麼緣故呢？」孟子說：「男孩子一生下來，父母便希望給他找妻室；女孩子一生下來，父母希望給她找婆家。爹娘這種心情，個個都有。但是，若不等爹娘開口，不經媒人介紹，自己便鑽洞扒門縫來互相偷看，爬過牆去私自會面，那麼，爹娘和社會人士都會看不起他。古代的人不是不想做官，但是又討厭不經正道來找官做。不經正道找官做的，便跟男女之間鑽洞扒門縫偷看是一樣的。」

◇ 6·4 ....

　　彭更問曰：「後車數十乘，從者數百人，以傳食於諸侯，不以泰乎？」孟子曰：「非其道，則一簞食不可受於人；如其道，則舜受堯之天下，不以為泰。子以為泰乎？」曰：「否。

士無事而食，不可也。」曰：「子不通功易事，以羨補不足，則農有餘粟，女有餘布；子如通之，則梓、匠、輪、輿皆得食於子。於此有人焉，入則孝，出則悌，守先王之道，以待後之學者，而不得食於子；子何尊梓、匠、輪、輿而輕為仁義者哉？」曰：「梓、匠、輪、輿，其志將以求食也；君子之為道也，其志亦將以求食與？」曰：「子何以其志為哉？其有功於子，可食而食之矣。且子食志乎，食功乎？」曰：「食志。」曰：「有人於此，毀瓦畫墁（màn），其志將以求食也，則子食之乎？」曰：「否。」曰：「然則子非食志也，食功也。」

孟子弟子彭更問道：「跟隨的車子幾十輛，跟從的人幾百，由這一國吃到那一國，〔您這樣做，〕不也太過分了嗎？」孟子答道：「如果不合理，就是一筐飯也不可以接受；如果合理，舜接受了堯的天下，都不以為過分。你以為過分了嗎？」彭更說：「不是這樣說，〔我認為〕讀書人不工作，吃白飯，是不可以的。」孟子說：「你如果不互相溝通各人的成果，交換各業的產品，用多餘的來彌補不夠的，那麼，就會使農民有多餘的米，〔別人吃不着，〕婦女有多餘的布〔，別人穿不着〕；如果能互通有無，木匠車工就都能夠從你那裏得到吃的。假定這裏有個人，在家孝順父母，出外尊敬長輩，嚴守古代聖王的禮法道義，並用來扶植後代學者，然而不能從你這裏得到吃的；那麼，你為什麼尊重木匠車工卻輕視仁義之士呢？」彭更說：「木匠車工，他們的動機本是謀飯吃的；君子研究學問，推行王道，那動機也是謀飯吃嗎？」孟子說：「你為什麼要論動機呢？他們對你有功勞，可以給他吃的便給以吃的。尚且，你是論動機給食呢，還是論功勞給食呢？」彭更說：「論動機。」孟子說：「這裏有個人，把屋瓦打碎，在新刷的牆壁上亂畫，他的動機也是謀飯吃，你給他吃的嗎？」彭更說：「不給。」孟子說：「這樣，你就不是論動機，而是論功勞行賞的了。」

萬章問曰：「宋，小國也；今將行王政，齊、楚惡而伐之，則如之何？」孟子曰：「湯居亳，與葛為鄰，葛伯放而不祀。湯使人問之曰：『何為不祀？』曰：『無以供犧牲也。』湯使遺之牛羊。葛伯食之，又不以祀。湯又使人問之曰：『何為不祀？』曰：『無以供粢盛也。』湯使亳眾往為之耕，老弱饋食。葛伯率其民，要其有酒食黍稻者奪之，不授者殺之。有童子以黍肉餉，殺而奪之。《書》曰：『葛伯仇餉。』此之謂也。為其殺是童子而征之，四海之內皆曰：『非富天下也，為匹夫匹婦復仇也。』湯始征，自葛載，十一征而無敵於天下。東面而征，西夷怨，南面而征，北狄怨，曰：『奚為後我？』民之望之，若大旱之望雨也。歸市者弗止，芸者不變。誅其君，弔其民，如時雨降，民大悅。《書》曰：『徯我后，后來其無罰。』『有攸不惟臣，東征，綏厥士女，匪厥玄黃，紹我周王見休，惟臣附于大邑周。』其君子實玄黃於匪以迎其君子，其小人簞食壺漿以迎其小人，救民於水火之中，取其殘而已矣。《太誓》曰：『我武惟揚，侵于之疆，則取于殘，殺伐用張，于湯有光。』不行王政云爾；苟行王政，四海之內皆舉首而望之，欲以為君；齊、楚雖大，何畏焉？」

孟子弟子萬章問道：「宋國是個小國家，如今想實行仁政，齊、楚兩個大國卻因此懷恨，出兵攻擊它，怎麼辦呢？」孟子道：「湯居住在亳地，同葛國為鄰，葛伯放肆得很，不守禮法，不祭祀鬼神。湯派人去問：『為什麼不祭祀呢？』回答道：『沒有牛羊做祭品。』湯便給他牛羊。葛伯把牛羊吃了，卻不用來祭祀。湯又派人去問：『為什麼不祭祀呢？』回答道：『沒有穀米做祭物。』湯便派亳地的百姓去替他們耕種，老弱的人給耕田的人送飯。葛伯卻帶領着他的百姓，攔住並搶奪那些拿着酒飯的送飯者，不肯交出來的便殺掉他。有一個小孩去送飯和肉，葛伯竟把他殺掉了，搶去他的飯

和肉。《尚書》上説：『葛伯仇視送飯者。』正是這個意思。湯就為着這個小孩的被殺來討伐葛伯，天下的人都説：『湯不是貪圖天下的財富，而是為老百姓報仇。』湯的征伐，便從葛伯開始，他出征十一次，沒有能抵抗他的。出征東方，西方的人便不高興，出征南方，北方的人便不高興，説道：『為什麼不先打我們這裏呢？』老百姓盼望他，正和大旱年歲盼望雨水一樣。〔湯進行征伐的時候，〕做買賣的不曾停止過，鋤地的不曾躲避過。殺掉那暴虐的君主，安慰那可憐的百姓，這也和及時雨落下來一樣，老百姓非常高興。《尚書》也説過：『等待我的王！王來了，我們便不再受罪了！』又説：『攸國不服，周王便東行討伐，來安定那些男男女女，他們也把黑色和黃色的綢帛捆好放在筐子裏，請求介紹和周王相見，得到光榮，做大周國的臣民。』這説明了周朝初年東征攸國的情況，官員們把那黑色和黃色的束帛裝滿筐子來迎接官員，老百姓也用竹筐盛飯，用壺盛酒漿來迎接士兵，可見周王的出師，只是把老百姓從水火之中拯救出來，殺掉殘暴的君主罷了。《泰誓》上説：『我們的威武要發揚，攻到邢國的疆土上，殺掉那殘暴的君王，還有一些該死的都得砍光，這樣的功績比商湯還輝煌。』不實行仁政便罷了；如果實行仁政，天下的人都會抬起頭盼望着，要擁護他來做君主；齊國、楚國縱是強大，有什麼可怕的呢？」

◇ 6·6

孟子謂戴不勝曰：「子欲子之王之善與？我明告子。有楚大夫於此，欲其子之齊語也，則使齊人傅諸，使楚人傅諸？」曰：「使齊人傅之。」曰：「一齊人傅之，眾楚人咻之，雖日撻而求其齊也，不可得矣；引而置之莊嶽之間數年，雖日撻而求其楚，亦不可得矣。子謂『薛居州，善士也』，使之居於王所。在於王所者，長幼卑尊皆薛居州也，王誰與為不善？在王所者，長幼卑尊皆非薛居州也，王誰與為善？一薛居州，獨如宋王何？」

孟子對宋國大夫戴不勝說：「你想要你的君王學好嗎？我明白告訴你。這裏有位楚國的官員，想要他的兒子學會說齊國話，那麼，是找齊國人來教呢，還是找楚國人來教呢？」戴不勝答道：「找齊國人來教。」孟子說：「一個齊國人來教他，卻有許多楚國人在打擾，即使每天鞭撻他，逼他說齊國話，也是做不到的；假若帶領他去齊國臨淄莊街嶽里的鬧市住上幾年，即使每天鞭撻他，逼他說楚國話，也是做不到的〔，因為他天天聽到的是齊國話〕。你說薛居州是個好人，要他住在王宮中。如果在王宮中年齡大的小的、地位低的高的，都是薛居州這樣的好人，那王會同誰幹出壞事來呢？如果在王宮中年齡大的小的、地位低的高的，都不是薛居州這樣的好人，那王又同誰幹出好事來呢？只一個薛居州能把宋王怎麼樣呢？」

◇ 6 · 7　⋯⋯⋯⋯⋯⋯⋯⋯⋯⋯⋯⋯⋯

公孫丑問曰：「不見諸侯何義？」孟子曰：「古者不為臣不見。段干木逾垣而辟之，泄柳閉門而不納，是皆已甚；迫，斯可以見矣。陽貨欲見孔子，而惡無禮。大夫有賜於士，不得受於其家，則往拜其門。陽貨瞰孔子之亡也，而饋孔子蒸豚；孔子亦瞰其亡也，而往拜之。當是時，陽貨先，豈得不見？曾子曰：『脅肩諂笑，病於夏畦。』子路曰：『未同而言，觀其色赧赧然，非由之所知也。』由是觀之，則君子之所養，可知已矣。」

公孫丑問道：「您不主動地去謁見諸侯，是什麼道理呢？」孟子說：「在古代，〔一個人〕如果不是諸侯的臣屬，便不去謁見。〔從前魏文侯去看段干木，〕段干木卻跳過牆躲開了，〔魯穆公去看泄柳，〕泄柳關着大門不予接待，這都做得過分；如果逼着要見，也就可以會見。陽貨想要孔子來看他，又不願自己失禮，〔逕行召喚。按照禮節，〕大夫對士人有所賞賜，當時士人如果不在家，不能親自接受，便得去大夫家裏拜謝。因此陽貨在探聽到孔子外出

時，給他送去一個蒸熟的小豬；孔子也探聽到陽貨不在家，才去答謝。在這個時候，陽貨若是〔不耍花招，〕先去看孔子，孔子哪會不去看他呢？曾子說：『聳起兩肩，做着討好的笑臉，這比夏天在菜地裏工作還要累。』子路說：『分明不願意同這個人交談，卻勉強和他說話，臉上又表現出慚愧的顏色，這種人，我是不能理解的。』從這裏看來，君子怎樣來培養自己的品德和節操，就可以知道了。」

◇ 6 · 8　..

　　戴盈之曰：「什一，去關市之征，今茲未能，請輕之，以待來年然後已，何如？」孟子曰：「今有人日攘其鄰之雞者，或告之曰：『是非君子之道。』曰：『請損之，月攘一雞，以待來年然後已。』——如知其非義，斯速已矣，何待來年？」

　　宋國大夫戴盈之問孟子說：「稅率十分抽一，免除關卡和商品的賦稅，今年還辦不到，預備先減輕一些，等到明年然後完全實行，怎麼樣？」孟子說：「現在有一個人每天偷鄰人一隻雞，有人告訴他說：『這不是正派人的行為。』他便說：『預備減少一些，先每個月偷一隻，等到明年然後完全不偷。』——如果曉得這種行為不正當，便趕快停止算了，為什麼要等到明年呢？」

◇ 6 · 9　..

　　公都子曰：「外人皆稱夫子好辯，敢問何也？」孟子曰：「予豈好辯哉？予不得已也。天下之生久矣，一治一亂。當堯之時，水逆行，泛濫於中國，蛇龍居之，民無所定；下者為巢，上者為營窟。《書》曰：『洚水警余。』洚水者，洪水也。使禹治之。禹掘地而注之海，驅蛇龍而放之菹（jù），水由地中行，江、淮、河、漢是也。險阻既遠，鳥獸之害人者消，然後人得平土而居之。堯、舜既沒，聖人之道衰，暴君代作，壞宮室以為污池，民無所安息；棄田以為園囿，使民不

得衣食。邪說暴行又作，園囿、污池、沛澤多而禽獸至。及紂之身，天下又大亂。周公相武王誅紂，伐奄三年討其君，驅飛廉於海隅而戮之，滅國者五十，驅虎豹犀象而遠之，天下大悅。《書》曰：『丕顯哉，文王謨！丕承哉，武王烈！佑啟我後人，咸以正無缺。』世衰道微，邪說暴行有作，臣弒其君者有之，子弒其父者有之。孔子懼，作《春秋》。《春秋》，天子之事也。是故孔子曰：『知我者其惟《春秋》乎！罪我者其惟《春秋》乎！』聖王不作，諸侯放恣，處士橫議，楊朱、墨翟之言盈天下。天下之言，不歸楊，則歸墨。楊氏為我，是無君也；墨氏兼愛，是無父也。無父無君，是禽獸也。公明儀曰：『庖有肥肉，廄有肥馬，民有飢色，野有餓莩，此率獸而食人也。』楊墨之道不息，孔子之道不著，是邪說誣民，充塞仁義也。仁義充塞，則率獸食人，人將相食。吾為此懼，閑先聖之道，距楊墨，放淫辭，邪說者不得作。作於其心，害於其事；作於其事，害於其政。聖人復起，不易吾言矣。昔者禹抑洪水而天下平，周公兼夷狄、驅猛獸而百姓寧，孔子成《春秋》而亂臣賊子懼。《詩》云：『戎狄是膺，荊舒是懲，則莫我敢承。』無父無君，是周公所膺也。我亦欲正人心，息邪說，距詖行，放淫辭，以承三聖者，豈好辯哉？予不得已也。能言距楊、墨者，聖人之徒也。」

公都子說：「別人都說您喜歡辯論，請問，為什麼呢？」孟子說：「我難道喜歡辯論嗎？我是不能不辯論呀。人類社會產生很久了，太平一時，又動亂一時。當唐堯的時候，洪水橫流，到處泛濫，大地上成為蛇和龍的居處，人們無處安身；低地的人在樹上搭巢，高地的人便挖掘相連的洞穴。《尚書》上說：『洚水警戒我們。』洚水是什麼呢？就是洪水。舜命令禹來治理。禹疏通河道，使水都流到大海裏，把蛇和龍趕到草澤裏，水順着河牀流動，長江、淮

河、黃河、漢水便是這樣治理的。危險既已消除，害人的鳥獸也沒有了，人才能夠在平原居住。堯、舜死了以後，聖人之道逐漸衰落，殘暴的君主不斷出現，他們毀壞民居來做深池，使百姓無地安身；破壞農田來做園林，使百姓不能得到衣食。荒謬的學說、殘暴的行為隨之興起，園林、深池、草澤多了起來，禽獸也就來了。到商紂的時候，天下又大亂。周公輔助武王，把紂王殺了，又討伐奄國，三年之後又把奄君殺掉了，並把飛廉趕到海邊，也殺戮了他，被滅的國家一共五十個，把老虎、豹子、犀牛、大象趕到遠方，天下的百姓非常高興。《尚書》上說過：『文王的謀略多麼光明！武王的功烈多麼偉大！幫助我們，啟發我們，直到後代，使大家都純正而沒有缺點。』太平之世和仁義之道逐漸衰微，荒謬的學說、殘暴的行為又起來了，有臣子殺死君主的，也有兒子殺死父親的。孔子深為憂慮，寫作了《春秋》這部歷史書。寫歷史，〔有所讚揚和指謫，〕這本來是天子的職權〔，孔子不得已而做了〕。所以孔子說：『瞭解我的，怕只在於《春秋》這部著作吧！責罵我的，也怕只在於《春秋》這部著作吧！』〔自那以後〕聖王也不再出現，諸侯無所忌憚，一般士人也亂發議論，楊朱、墨翟的學說充滿天下。於是，所有的主張不屬於楊朱派，便屬於墨翟派。楊派主張個人第一，這便否定對君上的盡忠，就是目無君上；墨派主張人人一樣，不分親疏，這便將否定對父親的盡孝，就是目無父母。目無君上，目無父母，那就成為禽獸了。公明儀說過：『廚房裏有肥肉，馬廄裏有壯馬，但是老百姓臉上有飢餓的顏色，野外躺着餓死的屍體，這就是率領着禽獸來吃人。』楊朱、墨翟的學說不消滅，孔子的學說就無法發揚，這是荒謬的學說欺騙了百姓，而阻塞了仁義的道路。仁義的道路被阻塞，也就等於率領禽獸來吃人，人與人也將互相殘殺。我因而深為憂慮，便出來捍衛古代聖人的學說，反對楊、墨的學說，駁斥荒唐的言論，使發表荒謬議論的人不能抬頭。〔那種荒謬的學說，〕從心裏產生出來，便會危害工作；危害了工作，也就危害了政局。即使聖人再度興起，也是會同意我這番話的。從

前大禹制服了洪水，天下才得到太平；周公兼併了夷狄，趕跑了猛獸，百姓才得到安寧；孔子寫成了《春秋》，叛亂的臣子和不孝的兒子便有所害怕。《詩經·魯頌·閟宮》上說過：『攻擊戎狄，痛懲荊舒，就沒有人敢於抗拒我。』像楊、墨這樣目無君上、目無父母的人，正是周公所要懲罰的。我也要端正人心，消滅邪說，反對偏激的行為，駁斥荒唐的言論，來繼承大禹、周公、孔子三位聖人的事業，難道這是喜歡辯論嗎？我是不能不辯論的呀。能夠以言論來反對楊、墨的，也就是聖人的門徒了。」

◇ 6·10

　　匡章曰：「陳仲子豈不誠廉士哉？居於（wū）陵，三日不食，耳無聞，目無見也。井上有李，螬食實者過半矣，匍匐往，將食之，三嚥，然後耳有聞，目有見。」孟子曰：「於齊國之士，吾必以仲子為巨擘焉。雖然，仲子惡能廉？充仲子之操，則蚓而後可者也。夫蚓，上食槁壤，下飲黃泉。仲子所居之室，伯夷之所築與，抑亦盜跖之所築與？所食之粟，伯夷之所樹與，抑亦盜跖之所樹與？是未可知也。」曰：「是何傷哉？彼身織屨，妻辟纑，以易之也。」曰：「仲子，齊之世家也。兄戴，蓋祿萬鍾。以兄之祿為不義之祿而不食也，以兄之室為不義之室而不居也，辟兄離母，處於於陵。他日歸，則有饋其兄生鵝者，己頻顣（cù）曰：『惡用是鶂鶂（yì）者為哉？』他日，其母殺是鵝也，與之食之。其兄自外至，曰：『是鶂鶂之肉也。』出而哇之。以母則不食，以妻則食之；以兄之室則弗居，以於陵則居之：是尚為能充其類也乎？若仲子也，蚓而後充其操者也。」

　　齊國人匡章對孟子說：「陳仲子難道不是一個真正廉潔的人嗎？住在於陵這地方，三天沒有吃東西，耳朵聽不見了，眼睛也看不見了。正好井上有個李子，金龜子已經吃掉了大半，他爬過去，拿來吃，吞下三口，耳朵才有了聽覺，眼睛才有了視覺。」孟子

説：「在齊國士人中間，我一定把仲子比作大拇指。但是，他怎麼能叫做廉潔呢？要推廣仲子的所作所為，那只有把人變成蚯蚓之後才能辦到。蚯蚓，在地面上便吃乾土，在地下便喝泉水。〔真是廉潔之至，無求於人。仲子還不能和它比。為什麼呢？〕他所住的房屋，是像伯夷那樣廉潔的人建築的呢，還是像盜蹠那樣的強盜建築的呢？他吃的穀米，是像伯夷那樣廉潔的人種植的呢，還是像盜蹠那樣的強盜種植的呢？這是不可能知道的。」匡章説：「那有什麼關係呢？他親自編草鞋，他妻子績麻練麻用以交換來的〔，這就行了〕。」孟子説：「仲子是齊國世代做官的人家，享有世代相傳的祿田。他哥哥陳戴，從蓋邑收入的俸祿便有幾萬石之多。他卻把他哥哥的俸祿視為不義之物，不去吃它，把他哥哥的房屋視為不義之室，不去住它，避開哥哥，離開母親，住在於陵這地方。有一天，他回到家裏，恰巧有一個人送給他哥哥一隻活鵝，他皺着眉頭説：『要這種呃呃叫的東西做什麼呢？』過了些時，他母親殺了這隻鵝，給他吃了。恰巧他哥哥從外面回來，便説：『這就是那呃呃叫的東西的肉呀。』他便跑出門去，用手指抵着舌根，把所吃的都嘔了出來。母親的食物不吃，卻吃妻子的；哥哥的房屋不住，卻住在於陵：這還能算是推行廉潔到頂點嗎？像仲子這樣的行為，如果推行到頂點，只有把人變成蚯蚓之後才能辦到。」

離婁章句上

凡二十八章。

◇ 7·1

孟子曰：「離婁之明，公輸子之巧，不以規矩，不能成方圓；師曠之聰，不以六律，不能正五音；堯舜之道，不以仁政，不能平治天下。今有仁心仁聞，而民不被其澤，不可法於後世者，不行先王之道也。故曰：徒善不足以為政，徒法

不能以自行。《詩》云:『不愆不忘,率由舊章。』遵先王之法而過者,未之有也。聖人既竭目力焉,繼之以規矩準繩,以為方圓平直,不可勝用也;既竭耳力焉,繼之以六律正五音,不可勝用也;既竭心思焉,繼之以不忍人之政,而仁覆天下矣。故曰:為高必因丘陵,為下必因川澤;為政不因先王之道,可謂智手?是以惟仁者宜在高位;不仁而在高位,是播其惡於眾也。上無道揆也,下無法守也,朝不通道,工不信度,君子犯義,小人犯刑,國之所存者幸也。故曰:城郭不完,兵甲不多,非國之災也;田野不辟,貨財不聚,非國之害也;上無禮,下無學,賊民興,喪無日矣。《詩》曰:『天之方蹶,無然泄泄。』泄泄,猶沓沓也。事君無義,進退無禮,言則非先王之道者,猶沓沓也。故曰:責難於君謂之恭,陳善閉邪謂之敬,吾君不能謂之賊。」

孟子説:「就是有古時明目者離婁的眼力,巧匠公輸般的技巧,如果不用圓規和曲尺,也不能正確地畫出方形和圓形;就是有師曠審音的聽力,如果不用六律,便不能校正五音;就是有堯舜之道,如果不行仁政,也不能管理好天下。現在有些諸侯,雖有仁愛的心腸和仁愛的聲譽,但老百姓受不到他的恩澤,他的政績也不能成為後代的模範,這就是因為他不去實行前代聖王之道。所以説,光有好心,不足以治理政事;光有好辦法,好辦法自己也實行不起來〔;好心和好法必須配合而行〕。《詩經・大雅・假樂》上説過:『不要出偏差,不要遺忘,一切都依循傳統的規章。』依循前代聖王的法度犯錯誤的,從來沒有過。聖人既已竭盡了目力,又用圓規、曲尺、水準器、繩墨來製作方、圓、平、直的東西,那些東西便用之不盡了;聖人既已竭盡了耳力,又用六律來校正五音,各種音階也就運用無窮了;聖人既已竭盡了心思,又實行仁政,那麼,仁德便遍覆於天下了。所以説,築高台一定要憑藉山陵,挖深池一定要憑藉沼澤;如果管理政事不憑藉前代聖王之道,能説是聰明

嗎？因此，只有仁德的人才應該處於統治地位；不仁德的人處於統治地位，就會把他的惡行播散給羣眾。在上位的人沒有道德規範，在下層的人便沒有法律制度，朝廷不相信道義，工匠不相信尺度，官吏觸犯義理，百姓觸犯刑法，國家能夠生存下來，那真是太僥倖了。所以說，城牆不堅固，軍備不充足，不是國家的災難；田野沒開闢，經濟不富裕，不是國家的禍害；如果在上位的人沒有禮義，在下層的人沒有受教育，違法亂紀的人都出來了，國家的滅亡也就快了。《詩經·大雅·板》上說：『上天正在動亂，不要這樣多言。』多言即囉嗦。事奉君主不講道義，應對進退沒有禮貌，說話便詆毀前代聖人的規矩，這就是『喋喋多言』。所以說，用仁政來要求君主才叫做『恭』；向君主講述仁義，堵塞異端，這才叫『敬』；如果認為君主不能為善，這便是『賊』。」

◇ 7·2 ·····························

孟子曰：「規矩，方圓之至也；聖人，人倫之至也。欲為君，盡君道；欲為臣，盡臣道。二者皆法堯、舜而已矣。不以舜之所以事堯事君，不敬其君者也；不以堯之所以治民治民，賊其民者也。孔子曰：『道二，仁與不仁而已矣。』暴其民甚，則身弒國亡；不甚，則身危國削。名之曰『幽』、『厲』，雖孝子慈孫，百世不能改也。《詩》云：『殷鑒不遠，在夏后之世。』此之謂也。」

孟子說：「圓規和曲尺是方圓的標準，聖人的言行是做人的標準。作為君主，就要盡君主之道；作為臣子，就要盡臣子之道。這兩種，只要都效法堯和舜便行了。不用舜服事堯的態度和方法來服事君主，便是對這位君主的不敬；不用堯治理百姓的態度和方法來治理百姓，便是對百姓的殘害。孔子說：『治理國家的方法有兩種，行仁政和不行仁政罷了。』虐待百姓太厲害，君主本身就會被殺，國家會滅亡；不太厲害，君主本身就會危險，國力會削弱。死了的謚號叫做『幽』，叫做『厲』，縱使他有孝子慈孫，經歷一百

代也是更改不了的。《詩經・大雅・蕩》上説過：『殷商的明鏡並不遠，就是前代的夏桀。』説的正是這個意思。」

◇ 7・3

孟子曰：「三代之得天下也以仁，其失天下也以不仁。國之所以廢興存亡者亦然。天子不仁，不保四海；諸侯不仁，不保社稷；卿大夫不仁，不保宗廟；士庶人不仁，不保四體。今惡死亡而樂不仁，是猶惡醉而強酒。」

孟子説：「夏、商、周三代獲得天下是由於行仁政，他們的喪失天下是由於不仁。國家的興衰、存亡也是這個道理。天子如果不仁，便不能保持他的天下；諸侯如果不仁，便不能保持他的國家；卿大夫如果不仁，便不能保持他的封地；士人和老百姓如果不仁，便不能保全自己的身體。現在有些人害怕死亡，卻樂於不講仁德，這好比害怕醉偏要多喝酒一樣。」

◇ 7・4

孟子曰：「愛人，不親，反其仁；治人，不治，反其智；禮人，不答，反其敬。行有不得者，皆反求諸己，其身正而天下歸之。《詩》云：『永言配命，自求多福。』」

孟子説：「我愛別人，可是別人不親近我，那得反省自己仁愛是不是深厚；我管理別人，可是沒管好，那得反省自己智慧和知識夠不夠；我有禮貌地對待別人，可是得不到相應的回答，那得反省自己恭敬得夠不夠。任何行為如果沒有得到預期的效果，都要反躬自省，自己的確端正了，天下的人自然會歸向他。《詩經・大雅・文王》上説過：『常順天意不相違，幸福都得自己求。』」

◇ 7・5

孟子曰：「人有恆言，皆曰：『天下國家。』天下之本在國，國之本在家，家之本在身。」

孟子説：「大家都有句口頭禪，都這麼説：『天下國家。』可見天下的根本是國，國的根本是家，而家的根本則是個人。」

◇ 7‧6

孟子曰：「為政不難，不得罪於巨室。巨室之所慕，一國慕之；一國之所慕，天下慕之：故沛然德教溢乎四海。」

孟子説：「搞政治並不難，只要不得罪那些有影響而又賢明的卿大夫就行了。因為他們所敬慕的，一國的人都會敬慕；一國人所敬慕的，天下的人都會敬慕：因此德教就可以浩浩蕩蕩地洋溢於天下。」

◇ 7‧7

孟子曰：「天下有道，小德役大德，小賢役大賢；天下無道，小役大，弱役強。斯二者，天也。順天者存，逆天者亡。齊景公曰：『既不能令，又不受命，是絕物也。』涕出而女於吳。今也小國師大國而恥受命焉，是猶弟子而恥受命於先師也。如恥之，莫若師文王。師文王，大國五年，小國七年，必為政於天下矣。《詩》云：『商之孫子，其麗不億。上帝既命，侯于周服。侯服于周，天命靡常。殷士膚敏，祼將于京。』孔子曰：『仁不可為眾也。夫國君好仁，天下無敵。』今也欲無敵於天下而不以仁，是猶執熱而不以濯也。《詩》云：『誰能執熱，逝不以濯？』」

孟子説：「政治清平的時候，道德不高尚的人被道德高尚的人所役使，不太賢能的人被非常賢能的人所役使；政治腐敗黑暗的時候，力量小的被力量大的所役使，弱的被強的所役使。這兩種情況，都是由當時大勢決定的。順應大勢的生存，違背大勢的滅亡。齊景公曾經説過：『既然不能命令別人，又不能接受別人的命令，只有絕路一條。』因而流着眼淚把女兒嫁到吳國去。如今弱小國家

以強大國家為師，卻以接受命令為恥，這好比學生以接受老師命令為恥一樣。如果真以為恥，最好以文王為師。以文王為師，強大國家只需要五年，較小的國家也只需要七年，一定可以掌握天下的政事。《詩經·大雅·文王》中說過：『商代的子孫，數目何止十萬。上帝既已授命於文王，他們便都臣服於周朝。他們都臣服於周朝，可見天意沒有一定。殷代的臣子都漂亮聰明，執行灌酒的禮節助祭於周京。』孔子也說過：『仁德的力量，是不能拿人多人少來衡量的。君主如果愛好仁德，天下就不會有敵手。』如今一些諸侯想要天下沒有敵手，卻又不行仁政，這好比苦於炎熱的人卻不肯洗澡一樣。《詩經·大雅·桑柔》中說過：『誰能不以炎熱為苦，卻又不去沐浴？』」

◇ 7·8 ··

孟子曰：「不仁者可與言哉？安其危而利其菑，樂其所以亡者。不仁而可與言，則何亡國敗家之有？有孺子歌曰：『滄浪之水清兮，可以濯我纓；滄浪之水濁兮，可以濯我足。』孔子曰：『小子聽之：清斯濯纓，濁斯濯足矣，自取之也。』夫人必自侮，然後人侮之；家必自毀，而後人毀之；國必自伐，而後人伐之。《太甲》曰：『天作孽，猶可違；自作孽，不可活。』此之謂也。」

孟子說：「不仁德的人難道同他可以商談嗎？他們眼見別人陷入危險，無動於衷；利用別人的災難來謀取個人利益；把荒淫暴虐這些足以亡國敗家的事情當作快樂來追求。不仁德的人如果還可以同他商談，怎麼會發生亡國敗家的事情呢？從前有個小孩歌唱道：『滄浪的水清呀，可以洗我的帽纓；滄浪的水濁呀，可以洗我的腳。』孔子說：『學生們聽着：水清就洗帽纓，水濁就洗腳，這都是由水本身決定的。』所以一個人一定先有自取侮辱的行為，別人才會侮辱他；一個家庭一定先有自取毀滅的因素，別人才毀滅它；一個國家一定先有自取討伐的原因，別人才討伐它。《尚書·太甲》

中説過：『上天造作的罪孽，還可以逃開；自己造作的罪孽，逃也逃不了。』正是這個意思。」

◇ 7 · 9 ···

孟子曰：「桀紂之失天下也，失其民也；失其民者，失其心也。得天下有道：得其民，斯得天下矣。得其民有道：得其心，斯得民矣。得其心有道：所欲與之聚之，所惡勿施爾也。民之歸仁也，猶水之就下、獸之走壙（kuàng）也。故為淵驅魚者獺也，為叢驅爵者鸇（zhān）也，為湯、武驅民者桀與紂也。今天下之君有好仁者，則諸侯皆為之驅矣。雖欲無王，不可得已。今之欲王者，猶七年之病求三年之艾也。苟為不畜，終身不得。苟不志於仁，終身憂辱，以陷於死亡。《詩》云：『其何能淑？載胥及溺。』此之謂也。」

孟子說：「桀和紂喪失天下，是由於失去了百姓的支持；他們失去百姓的支持，是由於失去了民心。得到天下有方法：得到了百姓的支持，便得到天下了。得到百姓的支持有方法：得到了民心，便得到百姓的支持了。得到民心也有方法：他們所需要的，替他們聚積起來，他們所厭惡的，不要強加在他們頭上，如此而已。百姓歸附於仁德仁政，正好比水向下流、野獸向曠野奔走一樣。所以，把魚趕來深池的是水獺，把鳥雀趕來森林的是鸇鷹，把百姓趕到商湯、周武王這邊的是夏桀和殷紂。現在的諸侯如果有喜好仁德的人，那其他諸侯都會替他把百姓驅趕來了。縱使不想要統一天下，也是做不到的。但是今天這些想要統一天下的人，如同害了七年的病要找三年的陳艾來醫治一樣。如果平常不積蓄，終身都得不到什麼。如果無意行仁政，終身都會擔憂受辱，以至於死亡。《詩經·大雅·桑柔》上說過：『那如何能辦得好？不過相率落水淹死在禍亂中罷了。』正是這個意思。」

孟子曰：「自暴者，不可與有言也；自棄者，不可與有
為也。言非禮義，謂之自暴也；吾身不能居仁由義，謂之自
棄也。仁，人之安宅也；義，人之正路也。曠安宅而弗居，
舍正路而不由，哀哉！」

孟子說：「自己殘害自己的人，不能和他談有價值的話語；自
己拋棄自己的人，不能和他做有意義的事情。出言破壞禮義，這便
叫做自己殘害自己；自己認為不能居心以仁，不能由義而行，這
便叫做自己拋棄自己。仁愛是人類最安適的居所，道義是人類最正
確的道路。把最安適的居所空着不去住，把最正確的道路捨棄不去
走，可悲得很呀！」

孟子曰：「道在邇而求諸遠，事在易而求之難——人人
親其親、長其長而天下平。」

孟子說：「道理在近處卻往遠處求，事情本來容易卻往難處
做——其實只要各人親愛自己的雙親，尊敬自己的長輩，天下就
太平了。」

孟子曰：「居下位而不獲於上，民不可得而治也。獲
於上有道：不信於友，弗獲於上矣。信於友有道：事親弗
悅，弗信於友矣。悅親有道：反身不誠，不悅於親矣。誠身
有道：不明乎善，不誠其身矣。是故誠者，天之道也；思誠
者，人之道也。至誠而不動者，未之有也；不誠，未有能動
者也。」

孟子說：「職位卑下，又得不到上級的信任，是不能夠把百姓
治理好的。要得到上級的信任有方法：〔首先要得到朋友的信任，〕

若是得不到朋友的信任，也就得不到上級的信任了。要使朋友相信有方法：〔首先要得到父母的歡心，〕若是侍奉父母而不能使父母心歡，朋友也就不相信了。要使父母心歡有方法：〔首先要誠心誠意，〕若是反躬自問，心意不誠，也就不能使父母心歡了。要使自己誠心誠意也有方法：〔首先要明白什麼是善，〕若是不明白什麼是善，也就不能使自己誠心誠意了。所以誠是自然的法則，追求誠是做人的法則。極端誠心而不能感動別人，是不曾有過的事；心不誠，是不可能感動別人的。」

◇ 7 · 13 ....

孟子曰：「伯夷辟紂，居北海之濱，聞文王作，興曰：『盍歸乎來！吾聞西伯善養老者。』太公辟紂，居東海之濱，聞文王作，興曰：『盍歸乎來！吾聞西伯善養老者。』二老者，天下之大老也，而歸之，是天下之父歸之也。天下之父歸之，其子焉往？諸侯有行文王之政者，七年之內，必為政於天下矣。」

孟子說：「伯夷避開紂王，住在北海邊上，聽說文王興盛起來了，便說：『何不到西伯（即周文王）那裏去呢！我聽說他是好心奉養老年的人。』姜太公避開紂王，住到東海邊上，聽說文王興盛起來了，便說：『何不到西伯那裏去呢！我聽說他是好心奉養老年的人。』伯夷和太公兩位老人，是天下最有聲望的老人，都歸向西伯，這等於天下的父親都歸向西伯了。天下的父親都去了，他們兒子還有哪裏可去的呢？如果諸侯中間有實行文王的政績的，頂多七年，就一定能掌握天下的政權了。」

◇ 7 · 14 ....

孟子曰：「求也為季氏宰，無能改於其德，而賦粟倍他日。孔子曰：『求非我徒也，小子鳴鼓而攻之可也。』由此觀之，君不行仁政而富之，皆棄於孔子者也，況於為之強戰？

爭地以戰，殺人盈野；爭城以戰，殺人盈城：此所謂率土地
而食人肉，罪不容於死。故善戰者服上刑，連諸侯者次之，
辟草萊、任土地者次之。」

孟子說：「冉求做季康子的總管，不能改變他的行為，反而把
田賦增加了一倍。孔子說：『冉求不是我的學生，你們可以大張旗
鼓地攻擊他。』從這裏看來，君主不實行仁政，別人反而去幫助他
聚斂財富，都是被孔子所唾棄的，何況替那不仁德的君主努力作戰
的人呢？〔這些人〕為爭奪土地而戰，殺死的人遍佈田野；為爭奪
城池而戰，殺死的人堆滿城池：這就是所謂帶領土地來吃人肉，
判以死刑都不足以贖回他們的罪過。所以好戰的人應該受最重的刑
罰，從事合縱連橫的人該受次一等的刑罰，〔為了增加賦稅使百姓〕
開墾荒原盡地力的人該受再次一等的刑罰。」

◇ 7 · 15 ·····················

孟子曰：「存乎人者，莫良於眸子。眸子不能掩其惡。
胸中正，則眸子瞭焉；胸中不正，則眸子眊（mào）焉。聽
其言也，觀其眸子，人焉廋（sōu）哉？」

孟子說：「觀察一個人，再沒比察看他的眼睛更好的了。因為
眼睛不能遮蓋一個人內心的醜惡。心正，眼睛就明亮；心不正，眼
睛就昏暗。聽一個人說話的時候，注意察看他的眼睛，這人的善惡
又能往哪裏隱藏呢？」

◇ 7 · 16 ·····················

孟子曰：「恭者不侮人，儉者不奪人。侮奪人之君，惟
恐不順焉，惡得為恭儉？恭儉豈可以聲音笑貌為哉？」

孟子說：「恭敬別人的人不會侮辱別人，自己節儉的人不會掠
奪別人。有些諸侯，一味侮辱別人，掠奪別人，生怕別人不順從自
己，那如何能做到恭敬和節儉呢？恭敬和節儉這兩種品德，怎麼可

以光憑好聽的聲音和笑臉裝得出來的呢？」

◇ 7‧17 ⋯⋯⋯⋯⋯⋯⋯⋯⋯⋯⋯⋯⋯

　　淳于髡曰：「男女授受不親，禮與？」孟子曰：「禮也。」曰：「嫂溺，則援之以手乎？」曰：「嫂溺不援，是豺狼也。男女授受不親，禮也；嫂溺，援之以手者，權也。」曰：「今天下溺矣，夫子之不援，何也？」曰：「天下溺，援之以道。嫂溺，援之以手——子欲手援天下乎？」

　　齊國人淳于髡問：「男女之間，不親手遞接東西，這是禮制所定的嗎？」孟子答道：「是禮制所定的。」淳于髡說：「那麼，假若嫂嫂掉在水裏，該用手去拉她嗎？」孟子說：「嫂嫂掉在水裏，不去拉她，這簡直是豺狼。男女之間不親手遞接東西，這是正常的禮制；嫂嫂掉在水裏，用手去拉她，這是變通的辦法。」淳于髡說：「現在天下的人都掉在水裏了，您不去救援，又是什麼緣故呢？」孟子說：「天下的人都掉在水裏了，要用仁義之道去救援；嫂嫂掉在水裏了，用手去救援——你難道要我用手去救援天下的人嗎？」

◇ 7‧18 ⋯⋯⋯⋯⋯⋯⋯⋯⋯⋯⋯⋯

　　公孫丑曰：「君子之不教子，何也？」孟子曰：「勢不行也。教者必以正；以正不行，繼之以怒；繼之以怒，則反夷矣。『夫子教我以正，夫子未出於正也。』則是父子相夷也。父子相夷，則惡矣。古者易子而教之，父子之間不責善。責善則離，離則不祥莫大焉。」

　　公孫丑問：「君子不親自教育兒子，為什麼呢？」孟子說：「由於情勢行不通。教育一定要用正理正道；用正理正道而無效，跟着來的就是憤怒；一憤怒，那反而傷感情了。〔兒子會這麼說：〕『您拿正理正道教我，您的所作所為卻不本着正理正道。』那就會使父子間互相傷感情了。父子間互相傷感情，便很不好了。古時候互相

交換兒子來進行教育，使父子間不因求其好而互相責備。求其好而互相責備，就會使父子間發生隔閡，那是最不好的事。」

◇ 7‧19

孟子曰：「事孰為大？事親為大。守孰為大？守身為大。不失其身而能事其親者，吾聞之矣；失其身而能事其親者，吾未之聞也。孰不為事？事親，事之本也。孰不為守？守身，守之本也。曾子養曾皙，必有酒肉；將徹，必請所與；問：『有餘？』必曰：『有。』曾皙死，曾元養曾子，必有酒肉；將徹，不請所與；問：『有餘？』曰：『亡矣。』將以復進也。此所謂養口體者也。若曾子，則可謂養志也。事親若曾子者，可也。」

孟子說：「侍奉誰最重要？侍奉父母最重要。守護什麼最重要？守護自己〔不陷於邪惡〕最重要。自己的品質節操無所失，又能侍奉父母的，我聽說過；自己的品質節操已陷於邪惡，卻能夠侍奉父母的，我沒有聽說過。侍奉的事都應該做，而侍奉父母是根本；守護的事都應該做，而守護自己的品質節操是根本。從前曾子奉養他的父親曾皙，每餐一定都有酒肉；撤席的時候，一定要問，剩下的給誰，曾皙若問：『還有剩餘嗎？』一定答道：『有。』曾皙死了，曾元奉養曾子，也一定有酒肉；撤除酒菜的時候，便不問剩下的給誰了；曾子若問：『還有剩餘嗎？』便說：『沒有了。』意思是留下預備以後進用。這個叫做撫養父母的口體。至於曾子對父親，方可以叫做撫養父母順從心意。侍奉父母做到像曾子那樣，就可以了。」

◇ 7‧20

孟子曰：「人不足與適也，政不足間也；惟大人為能格君心之非。君仁，莫不仁；君義，莫不義；君正，莫不正。一正君而國定矣。」

孟子説：「那些當政的小人，不值得去譴責，他們的政務也不值得去非議；只有大德的人才能夠糾正君主不正確的思想。君主講仁德，下屬沒有人不仁德的；君主講道義，下屬沒有人不道義的；君主行正道，下屬沒有人不行正道的。只要君主端正了，國家也就安定了。」

◇ 7·21 ……………………………………………………

孟子曰：「有不虞之譽，有求全之毀。」

孟子説：「有意料不到的讚揚，也有過於苛求的詆毀。」

◇ 7·22 ……………………………………………………

孟子曰：「人之易其言也，無責耳矣。」

孟子説：「一個人輕易地亂説話，那便不足責備了。」

◇ 7·23 ……………………………………………………

孟子曰：「人之患，在好為人師。」

孟子説：「一個人的毛病，就在於喜歡在別人面前稱老師。」

◇ 7·24 ……………………………………………………

樂正子從於子敖之齊。樂正子見孟子。孟子曰：「子亦來見我乎？」曰：「先生何為出此言也？」曰：「子來幾日矣？」曰：「昔者。」曰：「『昔者』，則我出此言也，不亦宜乎？」曰：「舍館未定。」曰：「子聞之也，舍館定，然後求見長者乎？」曰：「克有罪。」

樂正子跟隨着王子敖（即王驩）去齊國。樂正子會見孟子。孟子問：「你也來看我嗎？」樂正子答道：「老師為什麼説這樣的話呢？」孟子問：「你來了幾天了？」答道：「昨天才來。」孟子説：「昨天，那麼，我説這樣的話不也應該嗎？」樂正子説：「我的住所

沒有找好。」孟子説：「你聽説過，要住所找好了才來求見長輩的嗎？」樂正子説：「我錯了。」

◇ 7‧25 ⋯⋯⋯⋯⋯⋯⋯⋯⋯⋯⋯⋯⋯⋯⋯⋯⋯⋯⋯

孟子謂樂正子曰：「子之從於子敖來，徒餔（bū）啜也。我不意子學古之道而以餔啜也！」

孟子對樂正子説：「你跟隨着王子敖來，只是為着吃喝罷了。我沒有想到你學習古人的大道理，竟然是為着吃喝的。」

◇ 7‧26 ⋯⋯⋯⋯⋯⋯⋯⋯⋯⋯⋯⋯⋯⋯⋯⋯⋯⋯⋯

孟子曰：「不孝有三，無後為大。舜不告而娶，為無後也，君子以為猶告也。」

孟子説：「不孝順父母的事有三件，其中以沒有子孫後代為最重大。舜不先稟告父母就娶妻，為的是怕沒有後代，〔因為先稟告，妻就會娶不成。〕因此君子認為他〔雖沒有稟告，〕實際上同稟告了一樣。」

◇ 7‧27 ⋯⋯⋯⋯⋯⋯⋯⋯⋯⋯⋯⋯⋯⋯⋯⋯⋯⋯⋯

孟子曰：「仁之實，事親是也；義之實，從兄是也；智之實，知斯二者弗去是也；禮之實，節文斯二者是也；樂之實，樂斯二者，樂則生矣；生則惡可已也，惡可已，則不知足之蹈之、手之舞之。」

孟子説：「仁的主要內容是侍奉父母；義的主要內容是順從兄長；智的主要內容是明白這兩者的道理而堅持下去；禮的主要內容是對這兩者既能適宜地加以調節，又能適當地加以修飾；樂的主要內容是從這兩者之中得到快樂，而快樂就發生了；快樂一發生就無法休止，無法休止就會不知不覺地手舞足蹈起來了。」

孟子曰:「天下大悅而將歸己,視天下悅而歸己猶草芥也,惟舜為然。不得乎親,不可以為人;不順乎親,不可以為子。舜盡事親之道,而瞽瞍厎豫;瞽瞍厎豫,而天下化;瞽瞍厎豫,而天下之為父子者定:此之謂大孝。」

孟子說:「天下的人都很悅服,而且將歸附自己,但把這一切看成草芥一般的,只有舜是這樣。不能得到父母的歡心,不可以做人;不能順從父母的旨意,不可以做兒子。舜竭盡一切心力來侍奉父母,終於使他父親瞽瞍變得高興了;瞽瞍高興了,天下的風俗因此轉移;瞽瞍高興了,天下的父子倫常也由此確定了:這便叫做大孝。」

離婁章句下

凡三十三章。

◇ 8‧1 ┈┈┈┈┈┈┈┈┈┈┈┈┈┈┈┈┈

孟子曰:「舜生於諸馮,遷於負夏,卒於鳴條,東夷之人也。文王生於岐周,卒於畢郢,西夷之人也。地之相去也千有餘里,世之相後也千有餘歲,得志行乎中國,若合符節,先聖後聖,其揆一也。」

孟子說:「舜出生在諸馮,搬家到負夏,死在鳴條,是東方人。文王生在岐周,死在畢郢,是西方人。兩地相隔一千多里,時代相距一千多年,他們得意時在中國的所作所為,幾乎一模一樣,古代的聖人和後代的聖人,其道路是一致的。」

◇ 8‧2 ┈┈┈┈┈┈┈┈┈┈┈┈┈┈┈┈┈

子產聽鄭國之政,以其乘輿濟人於溱(zhēn)、洧

（wěi）。孟子曰：「惠而不知為政。歲十一月徒杠（gāng）成，十二月輿梁成，民未病涉也。君子平其政，行辟人可也，焉得人人而濟之？故為政者，每人而悅之，日亦不足矣。」

子產主持鄭國的政事，用所乘的車輛幫助別人渡過溱水和洧水。孟子議論這事，道：「這只是小恩小惠，他並不懂得政治。如果十一月修成走人的橋，十二月修成走車的橋，百姓就不會再為渡河發愁了。君子把政治搞清平了，他只要出外，人們為他鳴鑼開道都可以，怎麼可能一個一個地去幫助別人渡河呢？如果搞政治的人，要一個一個地去討人歡心，時間也就會太不夠用了。」

◇ 8·3 ·······························

孟子告齊宣王曰：「君之視臣如手足，則臣視君如腹心；君之視臣如犬馬，則臣視君如國人；君之視臣如土芥，則臣視君如寇仇。」王曰：「禮，為舊君有服。何如斯可為服矣？」曰：「諫行言聽，膏澤下於民；有故而去，則君使人導之出疆，又先於其所往；去三年不反，然後收其田里。此之謂三有禮焉。如此，則為之服矣。今也為臣，諫則不行，言則不聽，膏澤不下於民；有故而去，則君搏執之，又極之於其所往；去之日，遂收其田里。此之謂寇仇，寇仇何服之有？」

孟子告訴齊宣王說：「君主把臣下看作自己的手足，那臣下就會把君主看作自己的腹心；君主把臣下看作狗馬，那臣下就會把君主看作一般人；君主把臣下看作泥土草芥，那臣下就會把君主看作仇敵。」宣王說：「禮制規定，臣下對過去的君主還得服一定時期的孝。君主怎樣對待臣下，臣下才會為他服孝呢？」孟子說：「臣下進諫，接受照辦了，建議聽取了，恩澤下達到老百姓；有什麼事故不得不離開，君主就打發人引導他離開國境，又先派人到他要去的地方作一番佈置；離開了三年還不回來，才收回他的土地房屋。這個叫做三有禮。這樣做，臣下就會為他服孝了。如今做臣下的，

勸諫不被接受，建議不被聽取，恩澤到不了百姓；有什麼事故不得不離開，那君主還把他捆綁起來，他去到一個地方，又想方設法使他窮困萬分；離開的那一天，就收回他的土地房屋。這個叫做仇敵。對仇敵一樣的君主，臣下還服什麼孝呢？」

◇ 8 · 4

孟子曰：「無罪而殺士，則大夫可以去；無罪而戮民，則士可以徙。」

孟子說：「士人沒有罪，被殺掉，那麼大夫便可以離國而去；百姓沒有罪，被殺戮，那麼士人便可以遷走避禍。」

◇ 8 · 5

孟子曰：「君仁，莫不仁；君義，莫不義。」

孟子說：「君主若講仁德，便沒有人不講仁德；君主若講道義，便沒有人不講道義。」

◇ 8 · 6

孟子曰：「非禮之禮，非義之義，大人弗為。」

孟子說：「似是而非的禮，似是而非的義，有道德的人是不幹的。」

◇ 8 · 7

孟子曰：「中也養不中，才也養不才，故人樂有賢父兄也。如中也棄不中，才也棄不才，則賢不肖之相去，其間不能以寸。」

孟子說：「道德品質很好的人來養育教誨那道德品質不好的人，有才能的人來養育教誨那沒有才能的人，因此每人都喜歡有個好父兄。如果道德品質很好的人不去養育教誨那些道德品質不好的

人，有才能的人不去養育教誨那些沒有才能的人，那麼，所謂好，所謂不好，其間的距離也近得不能用分寸來計量了。」

◇ 8·8 ....

孟子曰：「人有不為也，而後可以有為。」

孟子說：「一個人要有他不屑於幹的事，然後才能有所作為。」

◇ 8·9 ....

孟子曰：「言人之不善，當如後患何？」

孟子說：「一個人專門宣揚別人的不好，當後患來了，該怎麼辦呢？」

◇ 8·10 ....

孟子曰：「仲尼不為已甚者。」

孟子說：「孔子做什麼事都是不過火的。」

◇ 8·11 ....

孟子曰：「大人者，言不必信，行不必果，惟義所在。」

孟子說：「有德行的人，說話不一定句句守信，行為不一定貫徹始終，只要合乎道義，按道義行事便成。」

◇ 8·12 ....

孟子曰：「大人者，不失其赤子之心者也。」

孟子說：「有德行的人，是能夠保持嬰兒般天真純樸的心的人。」

◇ 8·13 ....

孟子曰：「養生者不足以當大事，惟送死可以當大事。」

孟子說：「養活父母不能算什麼大事情，只有給他們送終才算得上大事情。」

◇ 8‧14 ⋯⋯⋯⋯⋯⋯⋯⋯⋯⋯⋯⋯⋯⋯⋯⋯

孟子曰：「君子深造之以道，欲其自得之也。自得之，則居之安；居之安，則資之深；資之深，則取之左右逢其原。故君子欲其自得之也。」

孟子說：「君子依循正確的方法求得高深的造詣，就是要求他自覺地有所得。自覺地有所得，就能牢固地掌握它而不動搖；牢固地掌握它而不動搖，就能積蓄很深；積蓄很深，便能取之不盡，左右逢源。所以君子要自覺地去有所得。」

◇ 8‧15 ⋯⋯⋯⋯⋯⋯⋯⋯⋯⋯⋯⋯⋯⋯⋯⋯

孟子曰：「博學而詳說之，將以反說約也。」

孟子說：「廣博地學習，詳細地解說，〔是要在融會貫通以後，〕以便回到簡略地述說大義的地步去哩。」

◇ 8‧16 ⋯⋯⋯⋯⋯⋯⋯⋯⋯⋯⋯⋯⋯⋯⋯⋯

孟子曰：「以善服人者，未有能服人者也；以善養人，然後能服天下。天下不心服而王者，未之有也。」

孟子說：「拿真理來使人服輸，是不能夠使人服輸的；拿真理來薰陶教養人，這才能使天下的人都歸服。天下的人心不服卻能統一天下的，是從來沒有過的。」

◇ 8‧17 ⋯⋯⋯⋯⋯⋯⋯⋯⋯⋯⋯⋯⋯⋯⋯⋯

孟子曰：「言無實不祥。不祥之實，蔽賢者當之。」

孟子說：「說話而無內容、無作用，是不好的。這種不好的結果，將由妨礙賢者進用的人來承當。」

徐子曰：「仲尼亟稱於水，曰：『水哉，水哉！』何取於水也？」孟子曰：「源泉混混，不舍晝夜，盈科而後進，放乎四海。有本者如是，是之取爾。苟為無本，七八月之間雨集，溝澮皆盈；其涸也，可立而待也。故聲聞過情，君子恥之。」

徐子（徐辟）說：「孔子幾次稱讚水，說：『水呀，水呀！』他所取法於水的是什麼呢？」孟子說：「有本源的泉水滾滾地往下流，晝夜不停，把低窪之處注滿，又繼續向前奔流，一直流到海洋中去。有本源的便像這樣，孔子取法他這一點罷了。假若沒有本源，一到七八月間，雨水眾多，大小溝渠都滿了；可一會兒也就乾枯了。所以名譽超過實際，君子引為恥辱。」

孟子曰：「人之所以異於禽獸者幾希，庶民去之，君子存之。舜明於庶物，察於人倫，由仁義行，非行仁義也。」

孟子說：「人和禽獸不同的地方只那麼一點點，一般百姓丟棄它，君子保存了它。舜懂得事物的道理，瞭解人類的常情，於是從仁義之道而行，不是把仁義作為工具、手段來使用的。」

孟子曰：「禹惡旨酒而好善言。湯執中，立賢無方。文王視民如傷，望道而未之見。武王不泄邇，不忘遠。周公思兼三王，以施四事；其有不合者，仰而思之，夜以繼日；幸而得之，坐以待旦。」

孟子說：「禹不喜歡美酒，卻喜歡有價值的話。湯堅持中正之道，選拔賢德的人卻不拘一格。文王看待百姓好像他們受了傷害一樣，〔只加撫慰，不加侵擾；〕追求真理又似乎未曾見過一樣〔，毫不自滿，努力不懈〕。武王不輕侮在朝廷中的近臣，不遺忘散在

四方的遠臣。周公想要兼學夏、商、周三代的君主，實踐禹、湯、文王、武王所立的勛業；如果有不合於聖王情況的，便抬着頭考慮，白天想不好，夜裏接着想；幸而想通了，便坐着等待天亮〔馬上付諸實行〕。」

◇ 8‧21 ⋯⋯⋯⋯⋯⋯⋯⋯

孟子曰：「王者之跡熄而《詩》亡，《詩》亡然後《春秋》作。晉之《乘》，楚之《檮杌》（tāo wù），魯之《春秋》，一也：其事則齊桓、晉文，其文則史。孔子曰：『其義則丘竊取之矣。』」

孟子説：「聖王采詩的事情廢止了，《詩》也就沒有了；《詩》沒有了，孔子便創作了《春秋》。〔各國都有叫做『春秋』的史書，〕晉國的又叫做《乘》，楚國的又叫做《檮杌》，魯國的仍叫做《春秋》，都是一樣的：所記載的事情是齊桓公、晉文公之類，所用的筆法則是一般史書的筆法。〔至於孔子的《春秋》就不然，〕他説：『《詩》三百篇中有寓褒善貶惡的大義，我在《春秋》中便借用了。』」

◇ 8‧22 ⋯⋯⋯⋯⋯⋯⋯⋯

孟子曰：「君子之澤，五世而斬；小人之澤，五世而斬。予未得為孔子徒也，予私淑諸人也。」

孟子説：「聖明君主的遺風餘韻，五代以後便斷絕了；在野賢聖的遺風餘韻，五代以後也斷絕了。我沒有能夠做孔子的門徒，我是私下向別人學習來的。」

◇ 8‧23 ⋯⋯⋯⋯⋯⋯⋯⋯

孟子曰：「可以取，可以無取，取傷廉；可以與，可以無與，與傷惠；可以死，可以無死，死傷勇。」

孟子説：「可以拿，可以不拿，拿了如果對保持廉潔有損害
〔，還是不拿〕；可以施與，可以不施與，施與了如果對仁愛有損害
〔，還是不施與〕；可以死，可以不死，死了如果對勇敢有損害〔，
還是不死〕。」

◇ 8·24 ·······················

逢蒙學射於羿，盡羿之道，思天下惟羿為愈己，於是殺
羿。孟子曰：「是亦羿有罪焉。」公明儀曰：「宜若無罪焉。」
曰：「薄乎云爾，惡得無罪？鄭人使子濯孺子侵衛，衛使庚公
之斯追之。子濯孺子曰：『今日我疾作，不可以執弓，吾死矣
夫！』問其僕曰：『追我者誰也？』其僕曰：『庚公之斯也。』
曰：『吾生矣！』其僕曰：『庚公之斯，衛之善射者也；夫子
曰吾生，何謂也？』曰：『庚公之斯學射於尹公之他，尹公
之他學射於我。夫尹公之他，端人也，其取友必端矣。』庚
公之斯至，曰：『夫子何為不執弓？』曰：『今日我疾作，不
可以執弓。』曰：『小人學射於尹公之他，尹公之他學射於
夫子。我不忍以夫子之道反害夫子。雖然，今日之事，君事
也，我不敢廢。』抽矢，扣輪，去其金，發乘矢，而後反。」

古時候，逢蒙跟羿學射箭，完全學得了羿的技巧，他想，天
下的人只有羿比自己強，因此便把羿殺死了。孟子説：「這裏也有
羿的罪過。」公明儀説：「好像沒有什麼罪過吧。」孟子説：「只是
罪過不大罷了，怎麼能説一點也沒有呢？鄭國曾經派子濯孺子侵
犯衛國，衛國便派庚公之斯來追擊他。子濯孺子説：『今天我的病
發作了，拿不了弓，我活不成了。』他問駕車的人：『追我的是誰
呀？』駕車的人答道：『是庚公之斯。』他便説：『我死不了啦。』
駕車的人説：『庚公之斯是衛國有名的射手，您反而説死不了啦，
這是什麼道理呢？』他答道：『庚公之斯跟尹公之他學射箭，尹公
之他又跟我學射箭。尹公之他是個正派人，他所選擇的朋友學生一
定也正派。』庚公之斯追上，問道：『老師為什麼不拿弓？』子濯

孺子說：『今天我的病發作了，拿不了弓。』庾公之斯便說：『我跟
尹公之他學射箭，尹公之他又跟您學射箭。我不忍心拿您的技巧反
過頭來傷害您。但是，今天的事情是國家的公事，我又不敢完全廢
棄。』於是抽出箭，向車輪敲了幾下，把箭頭搞掉，發射四箭，然
後就回去了。」

◇ 8 · 25 ⋯⋯⋯⋯⋯⋯⋯⋯⋯⋯⋯⋯⋯⋯⋯⋯

孟子曰：「西子蒙不潔，則人皆掩鼻而過之；雖有惡人，
齊戒沐浴，則可以祀上帝。」

孟子說：「如果西施身上沾染了骯髒，別人走過的時候，也會
掩著鼻子；即使是面貌醜陋的人，如果他齊戒沐浴，也就可以祭祀
上帝。」

◇ 8 · 26 ⋯⋯⋯⋯⋯⋯⋯⋯⋯⋯⋯⋯⋯⋯⋯⋯

孟子曰：「天下之言性也，則故而已矣。故者以利為本。
所惡於智者，為其鑿也。如智者若禹之行水也，則無惡於智
矣。禹之行水也，行其所無事也。如智者亦行其所無事，則
智亦大矣。天之高也，星辰之遠也，苟求其故，千歲之日至
可坐而致也。」

孟子說：「天下的人討論人性，只要能推求其所以然便行了。
推求其所以然，根本在於順其自然之理。我們厭惡那些聰明人，就
是因為他們容易陷於穿鑿附會。假若聰明人像禹的治水一樣，就不
必對他們有所厭惡了。禹的治水，就是行其所無事〔，順其自然，
因勢利導〕。假如聰明人也能行其所無事，〔不違反其所以然而努
力實行，〕那才智也就不小了。天極高，星辰極遠，只要能推求其
所以然，千年萬歲以後的冬至都可以坐著推算出來。」

◇ 8 · 27 ⋯⋯⋯⋯⋯⋯⋯⋯⋯⋯⋯⋯⋯⋯⋯⋯

公行子有子之喪，右師往弔。入門，有進而與右師言

者，有就右師之位而與右師言者。孟子不與右師言，右師不悅，曰：「諸君子皆與驩言，孟子獨不與驩言，是簡驩也。」孟子聞之，曰：「禮：朝廷不歷位而相與言，不逾階而相揖也。我欲行禮，子敖以我為簡，不亦異乎？」

齊國大夫公行子死了兒子，右師王驩（字子敖）去弔唁。他一進門，便有人近前同他說話，〔他坐定了，〕又有人走近他的席位同他說話。孟子不同他說話，他不高興，說道：「各位大夫都同我說話，只有孟子不同我說話，這是對我的簡慢。」孟子知道了，便說：「按照禮節，在朝廷中，不跨過位次來交談，也不越過石階來作揖。我想要依禮而行，子敖卻以為我簡慢了他，不也可怪嗎？」

◇ 8·28 ....

孟子曰：「君子所以異於人者，以其存心也。君子以仁存心，以禮存心。仁者愛人，有禮者敬人。愛人者，人恆愛之；敬人者，人恆敬之。有人於此，其待我以橫逆，則君子必自反也：我必不仁也，必無禮也，此物奚宜至哉？其自反而仁矣，自反而有禮矣，其橫逆由是也，君子必自反也：我必不忠。自反而忠矣，其橫逆由是也，君子曰：『此亦妄人也已矣。如此，則與禽獸奚擇哉？於禽獸又何難焉？』是故君子有終身之憂，無一朝之患也。乃若所憂則有之：舜，人也；我，亦人也。舜為法於天下，可傳於後世，我由未免為鄉人也，是則可憂也。憂之如何？如舜而已矣。若夫君子所患則亡矣。非仁無為也，非禮無行也。如有一朝之患，則君子不患矣。」

孟子說：「君子不同於一般人的地方，就在於居心不同。君子居心在仁，居心在禮。仁德的人愛別人，有禮貌的人尊敬別人。愛別人的人，別人經常愛他；尊敬別人的人，別人經常尊敬他。假定這裏有個人，他對我橫蠻無理，那君子一定會反躬自問：我一定不

仁，一定無禮，不然，怎麼會有這種態度呢？反躬自問以後，我實在是仁，實在有禮，那人的橫蠻無理仍然如此，君子一定又反躬自問：我一定不忠。反躬自問以後，我實在忠心耿耿，那種橫蠻無理仍然如此，君子就會說：『這個人不過是狂人罷了。既然這樣，那同禽獸有什麼區別呢？對於禽獸又該責備什麼呢？』所以君子有長遠的憂慮，便沒有突發的禍患。這樣的憂慮是有的：舜是人，我也是人。舜為天下人所效法，名聲流傳於後代，我呢，仍然不免是一個普通人，這個才是值得憂慮的事。憂慮了又怎樣辦呢？盡力向舜學習罷了。至於君子，別的禍患就沒有了。不是仁愛的事不幹，不是合於禮節的事不做。即使一旦發生意外的禍患，君子也不認為痛苦了。」

◇ 8·29 ·······································

禹、稷當平世，三過其門而不入，孔子賢之；顏子當亂世，居於陋巷，一簞食，一瓢飲，人不堪其憂，顏子不改其樂，孔子賢之。孟子曰：「禹、稷、顏回同道。禹思天下有溺者，由己溺之也；稷思天下有飢者，由己飢之也：是以如是其急也。禹、稷、顏子易地則皆然。今有同室之人鬥者，救之，雖被髮纓冠而救之可也。鄉鄰有鬥者，被髮纓冠而往救之，則惑也，雖閉戶可也。」

禹、稷處於政治清平時代，三次經過自己家門都不進去，孔子稱讚他們；顏子處於政治動亂的時代，住在狹窄的巷子裏，一筐飯，一瓢水，別人都受不了那種苦，他卻自得其樂，孔子也稱讚他。孟子說：「禹、稷和顏回〔處世的態度雖有所不同，〕道理卻一樣。禹思慮天下有遭淹沒的人，好像是自己淹沒了他一樣；稷思慮天下有捱餓的人，好像是自己使他們捱餓一樣：所以他們拯救百姓才這樣急迫。禹、稷和顏子如果互相交換地位，顏子也會是三過家門不進去的，禹、稷也會自得其樂。假定有同屋的人互相鬥毆，

我去救他，即使是披着頭髮、頂着帽子，連帽帶子也不結好就去救他，都可以。〔禹、稷的行為正好比這樣。〕如果本地方的鄰人在鬥毆，也披着頭髮、不結好帽帶子去救，那就是糊塗了，即使把門關着都是可以的。〔顏回的行為正是如此。〕」

◇ 8‧30 ┈┈┈┈┈┈┈┈┈┈┈┈┈┈┈

公都子曰：「匡章，通國皆稱不孝焉，夫子與之遊，又從而禮貌之，敢問何也？」孟子曰：「世俗所謂不孝者五：惰其四支，不顧父母之養，一不孝也；博弈好飲酒，不顧父母之養，二不孝也；好貨財，私妻子，不顧父母之養，三不孝也；從耳目之欲，以為父母戮，四不孝也；好勇鬥很，以危父母，五不孝也。章子有一於是乎？夫章子，子父責善而不相遇也。責善，朋友之道也；父子責善，賊恩之大者。夫章子豈不欲有夫妻子母之屬哉？為得罪於父，不得近，出妻屏子，終身不養焉。其設心以為不若是，是則罪之大者，是則章子已矣。」

公都子說：「匡章（齊國人），全國都說他不孝，您卻同他來往，而且相當敬重他，請問這該怎麼說呢？」孟子說：「一般人所謂不孝的事有五件：四肢懶惰，不管父母的生活，是一不孝；好下棋喝酒，不管父母的生活，是二不孝；好錢財，偏愛妻室兒女，不管父母的生活，是三不孝；放縱耳目的慾望，使父母因此遭受恥辱，是四不孝；逞勇敢好鬥毆，危及父母，是五不孝。章子在這五項之中有一項嗎？章子不過是父子之間以善相勸，而把關係弄壞了。以善相勸，這是朋友相處之道；父子之間以善相勸，是最傷害感情的事。章子難道不想有夫妻母子的團聚嗎？就因為得罪了父親，不能和他親近，因此把自己妻室和兒子趕出去，終身不要他們奉養。他設想，不如此，那罪惡更大了，這個就是章子的為人哩。」

　　曾子居武城，有越寇。或曰：「寇至，盍去諸？」曰：「無寓人於我室，毀傷其薪木。」寇退，則曰：「修我牆屋，我將反。」寇退，曾子反。左右曰：「待先生如此其忠且敬也，寇至則先去以為民望，寇退則反，殆於不可。」沈猶行曰：「是非汝所知也。昔沈猶有負芻之禍，從先生者七十人，未有與焉。」子思居於衛，有齊寇。或曰：「寇至，盍去諸？」子思曰：「如伋去，君誰與守？」孟子曰：「曾子、子思同道。曾子，師也，父兄也；子思，臣也，微也。曾子、子思易地則皆然。」

　　曾子在武城居住，越國軍隊來侵犯。有人說：「敵寇要來了，何不離開一下呢？」曾子說：「〔好吧。但是〕不要讓人在我這裏借住，破壞那些樹木。」敵人退了，曾子說：「把我的房屋牆壁修理修理吧，我要回來了。」敵人退了，曾子也回來了。他旁邊的人說：「武城的官員們對待您是這樣地忠誠尊敬，敵人來了，您便早早地走開，給百姓做了個壞榜樣；敵人退了，您馬上回來，恐怕不可以吧。」他的弟子沈猶行說：「這個不是你們所曉得的。從前先生住在我那裏，有個名叫負芻的人作亂，跟隨先生的七十個人也都早早走開了。」子思住在衛國，齊國軍隊來侵犯。有人說：「敵人來了，何不走開呢？」子思說：「假若我也走開了，君主同誰一道來守城呢？」孟子說：「曾子、子思兩人所走的道路是相同的。曾子當時是老師，是前輩；子思當時是臣子，是小官。曾子、子思如果對換地位，他們的行為也會是這樣的。」

　　儲子曰：「王使人瞯夫子，果有以異於人乎？」孟子曰：「何以異於人哉？堯、舜與人同耳。」

　　齊國人儲子說：「王打發人來窺探您，您真有跟別人不同之處

嗎？」孟子説：「有什麼跟別人不同的？堯舜也同一般人一樣呢。」

◇ 8．33 ⋯⋯⋯⋯⋯⋯⋯⋯⋯⋯⋯⋯⋯⋯⋯⋯⋯

　　齊人有一妻一妾而處室者。其良人出，則必饜酒肉而後反。其妻問所與飲食者，則盡富貴也。其妻告其妾曰：「良人出，則必饜酒肉而後反；問其與飲食者，盡富貴也，而未嘗有顯者來，吾將良人之所之也。」蚤起，施從良人之所之，遍國中無與立談者。卒之東郭墦間，之祭者，乞其餘；不足，又顧而之他——此其為饜足之道也。其妻歸，告其妾曰：「良人者，所仰望而終身也，今若此！」與其妾訕其良人，而相泣於中庭。而良人未之知也，施施從外來，驕其妻妾。由君子觀之，則人之所以求富貴利達者，其妻妾不羞也而不相泣者，幾希矣！

　　齊國有一個人，家裏有一個大老婆一個小老婆。那丈夫每次外出，一定吃得飽飽的，喝得醉醺醺地回家。大老婆問他一道吃喝的是些什麼人，他説全都是一些有錢有勢的。大老婆便告訴小老婆，説：「丈夫外出，總是飯飽酒醉而後回來；問他同些什麼人吃喝，他説全都是一些有錢有勢的，但是，我從來沒有見過什麼顯貴人物到我們家來，我準備偷偷地看他究竟到了些什麼地方。」第二天清早起來，她便尾隨在丈夫後面，走遍城中，沒有一個人站住同她丈夫説話的。最後一直走到東郊外的墓地，他又走向祭掃墳墓的人，討些殘菜剩飯；不夠，又東張西望地跑到別處去討乞了——這便是他吃飽喝醉的辦法。大老婆回到家裏，便把這情況告訴小老婆，並且説：「丈夫，是我們仰望而終身倚靠的人，現在他竟這樣！」她兩人便在庭中一起咒罵着，哭泣着。但丈夫還不知道，高高興興地從外面回來，向他兩個女人擺威風。在君子看來，有些人所用來乞求升官發財的方法，他大、小老婆不引為羞恥而共同哭泣的，是很少的！

萬章章句上

凡九章。

◇ 9·1 ···

萬章問曰：「舜往於田，號泣於旻天。何為其號泣也？」
孟子曰：「怨慕也。」萬章曰：「『父母愛之，喜而不忘；父
母惡之，勞而不怨。』然則舜怨乎？」曰：「長息問於公明高
曰：『舜往於田，則吾既得聞命矣；號泣於旻天，於父母，則
吾不知也。』公明高曰：『是非爾所知也。』夫公明高以孝
子之心為不若是恝（jiá）：我竭力耕田，共為子職而已矣；父
母之不我愛，於我何哉？帝使其子九男二女，百官牛羊倉廩
備，以事舜於畎畝之中；天下之士多就之者，帝將胥天下而
遷之焉。為不順於父母，如窮人無所歸。天下之士悅之，人
之所欲也，而不足以解憂；好色，人之所欲，妻帝之二女，
而不足以解憂；富，人之所欲，富有天下，而不足以解憂；
貴，人之所欲，貴為天子，而不足以解憂。人悅之、好色、
富、貴，無足以解憂者，惟順於父母可以解憂。人少，則慕
父母；知好色，則慕少艾；有妻子，則慕妻子；仕則慕君，
不得於君則熱中。大孝，終身慕父母。五十而慕者，予於大
舜見之矣。」

萬章問道：「舜到田地裏去，向着天一面訴苦，一面哭泣。為
什麼要這樣呢？」孟子答道：「是對父母既怨恨又懷戀的緣故。」
萬章說：「〔曾子說過：〕『父母喜愛他，雖然高興，卻不因此懈
怠；父母厭惡他，雖然惆悵，卻不因此怨恨。』那麼，舜怨恨父母
嗎？」孟子說：「從前公明高的弟子長息問過公明高，他說：『舜到
田裏去，我已經聽到了；他向天訴苦、哭泣，這樣來對待父母，我
還不懂得那是為什麼。』公明高說：『這不是你所能懂得的。』公
明高認為孝子的心理是不能這樣滿不在乎的：我盡力耕田，好好盡

我做兒子的職責罷了；父母不喜愛我，對我有什麼關係呢？帝堯打發他的孩子九男二女跟百官一起帶着牛羊、糧食等等東西，到田野中去為舜服務；天下的士人也有很多到舜那裏去，堯把整個天下讓給了舜。舜只因沒有得到父母的歡心，便像鰥寡孤獨找不着依靠一般。天下的士人喜愛他，這是誰都希望的，然而不足以消除憂愁；美麗的姑娘，是誰都喜愛的，娶了堯的兩個女兒，然而不足以消除憂愁；財富，是誰都希望獲得的，富有至於佔有天下，然而不足以消除憂愁；尊貴，是誰都希望獲得的，尊貴而至於做了君主，然而也不足以消除憂愁。大家都喜愛他、美麗的姑娘、財富和尊貴都不足以消除憂愁，僅僅只有得到父母的歡心才可以消除憂愁。人在幼小的時候，就懷戀父母；當懂得喜歡女子了，便想念年輕漂亮的女人；有了妻子，便迷戀妻室；做了官，便討好君主，得不到君主的歡心，便焦急得內心發熱。僅僅只有最孝順的人，才終身懷戀父母。到了五十歲還懷戀父母的，我在大舜的身上見到了。」

◇ 9‧2　⋯⋯⋯⋯⋯⋯⋯⋯⋯⋯⋯⋯⋯

萬章問曰：「《詩》云：『娶妻如之何？必告父母。』信斯言也，宜莫如舜。舜之不告而娶，何也？」孟子曰：「告則不得娶。男女居室，人之大倫也。如告，則廢人之大倫，以懟父母，是以不告也。」萬章曰：「舜之不告而娶，則吾既得聞命矣；帝之妻舜而不告，何也？」曰：「帝亦知告焉則不得妻也。」萬章曰：「父母使舜完廩，捐階，瞽瞍焚廩。使浚井，出，從而掩之。象曰：『謨蓋都君咸我績，牛羊父母，倉廩父母，干戈朕，琴朕，弤（dǐ）朕，二嫂使治朕棲。』象往入舜宮，舜在牀琴。象曰：『鬱陶思君爾。』忸怩。舜曰：『惟茲臣庶，汝其于予治。』不識舜不知象之將殺己與？」曰：「奚而不知也？象憂亦憂，象喜亦喜。」曰：「然則舜偽喜者與？」曰：「否。昔者有饋生魚於鄭子產，子產使校人畜之池。校人烹之，反命曰：『始舍之，圉圉焉；少則洋洋焉，

攸然而逝。』子產曰：『得其所哉！得其所哉！』校人出，曰：『孰謂子產智？予既烹而食之，曰：「得其所哉，得其所哉。」』故君子可欺以其方，難罔以非其道。彼以愛兄之道來，故誠信而喜之，奚偽焉？」

萬章問道：「《詩經·齊風·南山》上說過：『娶妻應該怎麼辦？一定先要告訴父母。』相信這句話的，該沒有人比得上舜。但是，舜事先不告訴父母，便娶了妻子，又是什麼道理呢？」孟子答道：「告訴父母便娶不成了。男女結婚，是人與人之間的必然關係。如果告訴了，這一必然關係在舜身上便會被廢棄了，結果便將怨恨父母，所以他便不告訴了。」萬章說：「舜不告訴父母而娶妻，那我懂得這道理了；堯給舜以妻子，也不向舜的父母說一聲，又是什麼道理呢？」孟子說：「堯也知道，假若事先說了，便會嫁娶不成了。」萬章問道：「舜的父母打發舜去修繕穀倉，等舜上了屋頂，便抽去梯子，他父親瞽瞍還放火焚燒那穀倉。〔幸而舜設法逃下來了。〕於是又打發舜去淘井，〔他不知道舜從旁邊的洞穴裏〕出來了，便用土填塞井眼。舜的兄弟象說：『謀害舜都是我的功勞，把牛羊分給父母，倉廩分給父母，而干戈歸我，琴歸我，弤弓歸我，要兩位嫂嫂替我鋪牀疊被。』象便走向舜的住房，舜卻坐在牀邊彈琴。象說：『哎呀！我好想念您呀！』然而神情之間是很不好意思的。舜說：『我想念着這些臣下和百姓，你替我管理管理吧！』我不曉得舜知不知道象要殺他？」孟子答道：「為什麼不知道呢？象憂愁，他也憂愁；象高興，他也高興。」萬章說：「那麼，舜是假裝高興的嗎？」孟子說：「不。從前有一個人送條活魚給鄭國的子產，子產派主管池塘的人畜養起來，那人卻煮着吃了，回報說：『剛放在池塘裏，它還要死不活的；一會兒，搖擺着尾巴活動起來了，突然間遠遠地不知去向了。』子產說：『它去到了好地方呀！去到了好地方呀！』那人出來後，說道：『誰說子產聰明，我已經把那條魚煮着吃了，他還說：「去到了好地方呀，去到了好地方

呀！」』所以對於君子，可以用合乎情理的方法來欺騙他，不能用違反道理的詭詐蒙蔽他。象假裝着敬愛兄長的樣子前來，舜因此真誠地相信他，而且高興起來，為什麼是假裝的呢？」

◇ 9·3 ....

萬章問曰：「象日以殺舜為事，立為天子則放之，何也？」孟子曰：「封之也，或曰『放焉』。」萬章曰：「舜流共工於幽州，放兜於崇山，殺三苗於三危，殛鯀於羽山，四罪而天下咸服，誅不仁也。象至不仁，封之有庳（bì）。有庳之人奚罪焉？仁人固如是乎？在他人則誅之，在弟則封之。」曰：「仁人之於弟也，不藏怒焉，不宿怨焉，親愛之而已矣。親之欲其貴也，愛之欲其富也。封之有庳，富貴之也。身為天子，弟為匹夫，可謂親愛之乎？」「敢問『或曰放』者，何謂也？」曰：「象不得有為於其國，天子使吏治其國而納其貢稅焉，故謂之『放』。豈得暴彼民哉？雖然，欲常常而見之，故源源而來。『不及貢，以政接於有庳。』此之謂也。」

萬章問道：「象每天把謀殺舜作為他的工作，等舜做了天子，卻只是流放他，這是什麼道理呢？」孟子答道：「其實是舜封象為諸侯，只是有人說是流放罷了。」萬章說：「舜把共工流放到幽州，把兜發配到崇山，把三苗之君驅逐到三危，把鯀充軍到羽山，懲處了這四個大罪犯，天下便都歸服了，就因為是討伐了不仁德的人。象是最不仁德的人，卻把有庳之國封給他。有庳國的百姓又有什麼罪過呢？對別人，就加以懲處，對弟弟，就封以國土，難道仁德的人是這樣的嗎？」孟子說：「仁德的人對於弟弟，有所憤怒，不藏在心中，有所怨恨，不留在胸內，只是親他愛他罷了。親他，是想要使他尊貴；愛他，是想要使他富裕。把有庳國土封給他，正是使他又富又貴。本人做了天子，弟弟卻是一個老百姓，能說是親愛嗎？」萬章說：「我請問，為什麼有人說是流放呢？」孟子說：「象不能在他國土上為所欲為，天子派遣了官吏來給他治理國家，繳納

貢稅，所以有人說是流放。象難道能夠暴虐地對待他的百姓嗎？〔自然不能。〕縱是如此，舜還是想常常看到象，象也不斷地前來和舜相見。〔古書上說：〕『不必等到規定的朝貢時候，平常也假借政治上的需要來接待有庳。』就是這個意思。」

◇ 9・4 ....

咸丘蒙問曰：「語云：『盛德之士，君不得而臣，父不得而子。』舜南面而立，堯帥諸侯北面而朝之，瞽瞍亦北面而朝之。舜見瞽瞍，其容有蹙。孔子曰：『於斯時也，天下殆哉，岌岌乎！』不識此語誠然乎哉？」孟子曰：「否。此非君子之言，齊東野人之語也。堯老而舜攝也。《堯典》曰：『二十有八載，放勳乃徂落，百姓如喪考妣，三年，四海遏密八音。』孔子曰：『天無二日，民無二王。』舜既為天子矣，又帥天下諸侯以為堯三年喪，是二天子矣。」咸丘蒙曰：「舜之不臣堯，則吾既得聞命矣。《詩》云：『普天之下，莫非王土；率土之濱，莫非王臣。』而舜既為天子矣，敢問瞽瞍之非臣，如何？」曰：「是詩也，非是之謂也；勞於王事，而不得養父母也。曰：『此莫非王事，我獨賢勞也。』故說詩者不以文害辭，不以辭害志。以意逆志，是為得之。如以辭而已矣，《雲漢》之詩曰：『周餘黎民，靡有孑遺。』信斯言也，是周無遺民也。孝子之至，莫大乎尊親；尊親之至，莫大乎以天下養。為天子父，尊之至也；以天下養，養之至也。《詩》曰：『永言孝思，孝思維則。』此之謂也。《書》曰：『祗載見瞽瞍，夔夔齊栗，瞽瞍亦允若。』是為父不得而子也？」

孟子弟子咸丘蒙問道：「俗話說：『道德最高尚的人，君主不能夠以他為臣，父親不能夠以他為子。』舜〔便是這種人，〕做了天子，堯便統領諸侯向北面去朝拜他，他父親瞽瞍也向北面去朝拜他。舜看見了瞽瞍，容貌局促不安。孔子說道：『在這個時候，天下岌岌乎危險得很呀！』不曉得這話真是如此嗎？」孟子答道：

「不。這不是君子的言語，而是齊東田野之人的話。〔堯活着的時候，舜不曾做天子，不過〕堯在老年時，叫舜代理天子之職罷了。《堯典》上說過：『二十八年以後，堯死了，羣臣好像死了父母一樣，服喪三年，老百姓也停止一切音樂。』孔子說過：『天上沒有兩個太陽，人間沒有兩個天子。』假若舜真在堯死以前做了天子，同時又統領天下的諸侯為堯服喪三年，這便是同時有兩個天子了。」咸丘蒙說：「舜不以堯為臣，我已經領教了。《詩經·小雅·北山》上又說過：『全世界沒有一塊不是天子的土地；環繞土地的四周，沒有一人不是天子的臣民。』如果舜既做了天子，瞽瞍卻不是臣民，請問又是什麼道理呢？」孟子說：「《北山》這首詩，不是你所說的那意思，而是說作者本人為國事劬勞，以致不能奉養父母。他說：『這些事沒有一件不是天子的事呀，為什麼獨我一人勞苦呢？』所以解說詩的人，不要因為文字而誤解詞句，也不要因為詞句而誤解原意。用自己切身的體會去推測作者的本意，這就對了。假如拘泥詞句，那《詩經·大雅·雲漢》的詩中說過：『周朝剩餘的百姓，沒有一個存留的。』相信了這一句話，這真是周朝沒有存留一個人了。孝子孝到極點，沒有超過尊敬其雙親的；尊敬雙親到極點，沒有超過拿天下來奉養父母的。瞽瞍做了天子的父親，可說是尊貴到極點了；舜以天下來奉養他，可說是奉養到頂點了。《詩經·大雅·下武》中又說過：『永遠地講究孝道，孝便是天下的法則。』正是這個意思。《尚書》又說過：『舜恭敬地來見瞽瞍，態度謹慎恐懼，瞽瞍也因此真正順理而行了。』這難道是『父親不能夠以他為兒子』嗎？」

◇ 9·5 ....

萬章曰：「堯以天下與舜，有諸？」孟子曰：「否。天子不能以天下與人。」「然則舜有天下也，孰與之？」曰：「天與之。」「天與之者，諄諄然命之乎？」曰：「否。天不言，以行與事示之而已矣。」曰：「以行與事示之者，如之何？」

曰：「天子能薦人於天，不能使天與之天下；諸侯能薦人於天子，不能使天子與之諸侯；大夫能薦人於諸侯，不能使諸侯與之大夫。昔者，堯薦舜於天而天受之，暴之於民而民受之。故曰：天不言，以行與事示之而已矣。」曰：「敢問薦之於天而天受之，暴之於民而民受之，如何？」曰：「使之主祭而百神享之，是天受之；使之主事而事治，百姓安之，是民受之也。天與之，人與之，故曰：天子不能以天下與人。舜相堯，二十有八載，非人之所能為也，天也。堯崩，三年之喪畢，舜避堯之子於南河之南。天下諸侯朝覲者，不之堯之子而之舜；訟獄者，不之堯之子而之舜；謳歌者，不謳歌堯之子而謳歌舜。故曰：天也。夫然後之中國，踐天子位焉。而居堯之宮，逼堯之子，是篡也，非天與也。《太誓》曰：『天視自我民視，天聽自我民聽。』此之謂也。」

萬章問道：「堯把天下授與舜，有這麼回事嗎？」孟子答道：「不。天子不能把天下授與別人。」萬章又問：「那麼，舜得到了天下，是誰授與的呢？」答道：「天授與的。」又問道：「天授與的，是反復叮嚀地告誡他的嗎？」答道：「不是。天不說話，用行動和工作來表示罷了。」問道：「用行動和工作來表示，是怎樣的呢？」答道：「天子能夠向天推薦人，卻不能強迫天子把天下給與他；〔正如〕諸侯能夠向天子推薦人，卻不能強迫天子把諸侯的職位給與他；大夫能夠向諸侯推薦人，卻不能強迫諸侯把大夫的職位給與他一樣。從前，堯將舜推薦給天，天接受了；又把舜公開介紹給百姓，百姓也接受了。所以說，天不說話，用行動和工作來表示罷了。」問道：「推薦給天，天接受了，公開介紹給百姓，百姓也接受了，這是怎樣的呢？」答道：「叫他主持祭祀，所有神明都來享用，這便是天接受了；叫他主持工作，工作搞得很好，百姓很滿意他，這便是百姓接受了。天授與他，百姓授與他，所以說，天子不能夠拿天下授與人。舜幫助堯治理天下，一共二十八年，這不是

某一人的意志所能做到的，而是天意。堯死了，三年之喪完畢，舜為着要使堯的兒子能夠繼承天下，自己便逃避到南河的南邊去。可是，天下諸侯朝見天子的，不到堯的兒子那裏去，卻到舜那裏；打官司的，也不去堯的兒子那裏去，卻到舜那裏；歌頌的人，也不歌頌堯的兒子，卻歌頌舜。所以說，這是天意。這樣，舜才回到首都，坐了朝廷。如果自己居住於堯的宮室，逼迫堯的兒子〔讓位給自己〕，這是篡奪，而不是天授與了。《太誓》說過：『百姓的眼睛就是天的眼睛，百姓的耳朵就是天的耳朵。』正是這個意思。」

◇ 9·6 ·······················

萬章問曰：「人有言『至於禹而德衰，不傳於賢而傳於子』，有諸？」孟子曰：「否，不然也。天與賢，則與賢；天與子，則與子。昔者，舜薦禹於天，十有七年，舜崩，三年之喪畢，禹避舜之子於陽城，天下之民從之，若堯崩之後不從堯之子而從舜也。禹薦益於天，七年，禹崩，三年之喪畢，益避禹之子於箕山之陰。朝覲訟獄者不之益而之啟，曰：『吾君之子也。』謳歌者不謳歌益而謳歌啟，曰：『吾君之子也。』丹朱之不肖，舜之子亦不肖。舜之相堯、禹之相舜也，歷年多，施澤於民久。啟賢，能敬承繼禹之道。益之相禹也，歷年少，施澤於民未久。舜、禹、益相去久遠，其子之賢不肖，皆天也，非人之所能為也。莫之為而為者，天也；莫之致而至者，命也。匹夫而有天下者，德必若舜、禹，而又有天子薦之者，故仲尼不有天下。繼世以有天下，天之所廢，必若桀、紂者也，故益、伊尹、周公不有天下。伊尹相湯以王於天下，湯崩，太丁未立，外丙二年，仲壬四年，太甲顛覆湯之典刑，伊尹放之於桐，三年，太甲悔過，自怨自艾，於桐處仁遷義，三年，以聽伊尹之訓己也，復歸於亳。周公之不有天下，猶益之於夏，伊尹之於殷也。孔子曰：『唐、虞禪，夏后、殷、周繼，其義一也。』」

萬章問道：「有人説：『到禹的時候，道德就衰微了，天下不傳給賢德的人，卻傳給自己的兒子。』有這樣的話嗎？」孟子答道：「沒有，不是這樣的。天要授與賢德的人，便授與賢德的人；天要授與君主的兒子，便授與君主的兒子。從前，舜把禹推薦給天，十七年之後，舜死了，三年之喪完畢，禹為着要讓位給舜的兒子，便躲避到陽城去。可是，天下的百姓跟隨禹，正好像堯死了以後，他們不跟隨堯的兒子卻跟隨舜一樣。禹把益薦給天，七年之後，禹死了，三年之喪完畢，益又為着讓位給禹的兒子，便躲到箕山之北去。當時，朝見天子的人、打官司的人都不去益那裏，而去啟那裏，説：『他是我們君主的兒子呀。』歌頌的人也不歌頌益，而歌頌啟，説：『他是我們君主的兒子呀。』堯的兒子丹朱不好，舜的兒子也不好。而且，舜輔助堯，禹輔助舜，經歷的年歲多，對百姓施與恩澤的時間長。〔啟和益就不同。〕啟很賢明，能夠認真地繼承禹的傳統。益輔助禹，經歷的年歲少，對百姓施與恩澤的時間短。舜、禹、益之間相距時間的長短，以及他們兒子的好壞，都是天意，不是人力所能做到的。沒有人叫他這樣做，而竟做了的，便是天意；沒有人叫他到來，而竟到來了的，便是命運。以一個老百姓竟而得到天下的，他的道德必然要像舜和禹一樣，而且還要有天子推薦他，所以孔子〔雖是聖人，因沒有天子的推薦，〕便不能得到天下。世代相傳而得到天下的，天要廢棄的，一定是像夏桀、商紂那樣殘暴無德的人，所以益、伊尹、周公〔雖是聖人，因為所逢的君主不像桀和紂，〕便不能得到天下。伊尹輔助湯統一了天下，湯死了，太丁未立就死了，外丙在位二年，仲壬在位四年，〔太丁的兒子太甲又繼承王位。〕太甲破壞了湯的法度，伊尹便流放他到桐邑，三年之後，太甲悔過，自感怨恨，自己悔改，在桐邑，能夠以仁居心，唯義是從，三年之後，完全聽從伊尹對自己的訓誨了，然後又回到亳都做天子。周公沒有得到天下，正好像益在夏朝、伊尹在殷朝一樣。孔子説過：『唐堯、虞舜以天下讓賢，夏、商、周三代卻世世代代傳之子孫，道理是一樣的。』」

◇ 9・7 ....

　　萬章問曰：「人有言：『伊尹以割烹要湯。』有諸？」孟子曰：「否，不然。伊尹耕於有莘之野，而樂堯、舜之道焉。非其義也，非其道也，祿之以天下弗顧也，繫馬千駟弗視也。非其義也，非其道也，一介不以與人，一介不以取諸人。湯使人以幣聘之，囂囂然曰：『我何以湯之聘幣為哉？我豈若處畎畝之中，由是以樂堯、舜之道哉？』湯三使往聘之，既而幡然改曰：『與我處畎畝之中，由是以樂堯、舜之道，吾豈若使是君為堯、舜之君哉？吾豈若使是民為堯、舜之民哉？吾豈若於吾身親見之哉？天之生此民也，使先知覺後知，使先覺覺後覺也。予，天民之先覺者也；予將以斯道覺斯民也。非予覺之而誰也？』思天下之民，匹夫匹婦有不被堯、舜之澤者，若己推而內之溝中。其自任以天下之重如此，故就湯而說之以伐夏救民。吾未聞枉己而正人者也，況辱己以正天下者乎？聖人之行不同也，或遠或近，或去或不去，歸潔其身而已矣。吾聞其以堯、舜之道要湯，未聞以割烹也。《伊訓》曰：『天誅造攻自牧宮，朕載自亳。』」

　　萬章問道：「有人説：『伊尹曾以做廚子切肉做菜的手藝要求湯武王信用他。』有這麼回事嗎？」孟子答道：「沒有，不是這樣的。伊尹在莘國的郊野種莊稼，而以堯舜之道為樂。如果不合道義，縱使以天下的財富作為他的俸祿，他都不回顧一下；縱使有幾千匹馬系在那裏，他都不望一下。如果不合道義，一點也不給與他人，一點也不取於他人。湯曾派人拿禮物去聘請他，他卻安閒地説：『我為什麼要接受湯的聘禮呢？我怎麼不住在田野之中，從而以堯舜之道為自得之樂呢？』湯幾次派人去聘請他，不久，他便完全改變了態度，説：『我與其住在田野之中，從而以堯舜之道為個人的快樂，又何不使現在的君主做堯舜一樣的君主呢？又何不使現在的百姓做堯舜時代一樣的百姓呢？〔堯舜的盛世，〕我何不使它在現時

親自看到呢？上天生育人民，就是要先知先覺者來促使後知後覺者覺悟。我呢，是百姓中間的先覺者；我就得拿這堯舜之道使現在的人有所覺悟。不是我去使他們覺悟，又有誰呢？』伊尹是這樣考慮的：在天下的百姓中，如果有一個男子或一個婦女，沒有沾潤上堯舜之道的恩澤，便好像自己把他推進山溝中去一樣。他是這樣以天下的重任為己任，所以到了湯那裏，便用討伐夏桀拯救百姓的道理說給湯聽。我沒聽說過，先使自己屈曲，卻能夠匡正別人的；何況是先使自己受辱，去匡正天下的呢？聖人的行為，可能各有不同，有的疏遠當時的君主，有的靠攏當時的君主，有的離開朝廷，有的留戀朝廷，歸根到底，都得保持自己身體乾乾淨淨，不沾骯髒。我只聽說過伊尹用堯舜之道要求湯推行王道，沒聽說過他有切肉做菜的事。《伊訓》說過：『上天的討伐，最初是在夏桀宮室裏，是由他自己造成的，我呢，不過從殷都亳邑開始罷了。』」

◇ 9・8 ....

萬章問曰：「或謂孔子於衛主癰疽，於齊主侍人瘠環，有諸乎？」孟子曰：「否，不然也。好事者為之也。於衛主顏讎由。彌子之妻與子路之妻，兄弟也。彌子謂子路曰：『孔子主我，衛卿可得也。』子路以告。孔子曰：『有命。』孔子進以禮，退以義，得之不得曰『有命』。而主癰疽與侍人瘠環，是無義無命也。孔子不悅於魯、衛，遭宋桓司馬將要而殺之，微服而過宋。是時孔子當厄，主司城貞子，為陳侯周臣。吾聞觀近臣，以其所為主；觀遠臣，以其所主。若孔子主癰疽與侍人瘠環，何以為孔子？」

萬章問道：「有人說，孔子在衛國住在衛靈公寵倖的宦官癰疽家裏，在齊國也住在宦官瘠環家裏，真有這回事嗎？」孟子說：「沒有，不是這樣的。這是好事之徒捏造出來的。孔子在衛國，住在顏讎由家中。彌子瑕的妻子和子路的妻子是姊妹。彌子瑕對子路說：『孔子住在我家中，衛國卿相的位置便可以得到。』子路把這話告

訴了孔子。孔子説：『一切由命運決定。』孔子依禮法而進，依禮法而退，所以他説得官位和不得官位『由命運決定』。如果他住在癰疽和宦官瘠環家中，這種行為，便是無視禮義和命運了。孔子在魯國、衛國不得意，又碰上了宋國的司馬桓魋（tuí）預備攔截他，並將他殺死，只得改換服裝悄悄地走過宋國。這時候，孔子正處在困難的境地，便住在司城貞子家中，做了陳侯周的臣子。我聽説過，觀察在朝的臣子，看他所招待的客人；觀察外來的臣子，看他所寄居的主人。如果孔子真的以癰疽和宦官瘠環為寄居的主人，怎麼能算是『孔子』呢？」

◇ 9·9 ……………………………

萬章問曰：「或曰：『百里奚自鬻於秦養牲者，五羊之皮，食牛，以要秦穆公。』信乎？」孟子曰：「否，不然。好事者為之也。百里奚，虞人也。晉人以垂棘之璧與屈產之乘假道於虞以伐虢（guó）。宮之奇諫，百里奚不諫。知虞公之不可諫而去，之秦，年已七十矣。曾不知以食牛干秦穆公之為污也，可謂智乎？不可諫而不諫，可謂不智乎？知虞公之將亡而先去之，不可謂不智也。時舉於秦，知穆公之可與有行也而相之，可謂不智乎？相秦而顯其君於天下，可傳於後世，不賢而能之乎？自鬻以成其君，鄉黨自好者不為，而謂賢者為之乎？」

萬章問道：「有人説：『百里奚把自己賣給秦國養牲畜的人，得價五張羊皮，替人家飼養牛，以此來要求秦穆公任用。』這話可以相信嗎？」孟子答道：「不可，不是這樣的。這是好事之徒捏造的。百里奚是虞國人。晉人用垂棘的美玉和屈地所產的良馬向虞國借路，來攻打虢國。當時虞國的大臣宮之奇諫阻虞公，勸他不要允許；百里奚卻不去勸阻。他知道虞公是不可以勸阻的，因而離開虞國，搬到秦國，這時他已經七十歲了。他竟不知道用飼養牛的方法來要求秦穆公任用是一種惡濁行為，能説是聰明嗎？但是，他預見

到虞公不可勸阻，便不去勸他，又能説是不聰明嗎？他預見到虞公將要被滅亡，因而早早離開，不能説是不聰明。當他在秦國被推舉出來的時候，知道秦穆公是位可以襄助而有作為的君主，因而輔助他，又能説是不聰明嗎？為秦國的卿相，使穆公在天下名望顯赫，而且可以流傳於後代，不是賢德的人能夠如此嗎？出賣自己來成全君主，連鄉里中一個潔身自愛的人都不肯幹，能説賢德的人肯幹嗎？」

萬章章句下

凡九章。

◇ 10·1 ┄┄┄┄┄┄┄┄┄┄┄┄┄┄┄┄┄┄┄┄┄

孟子曰：「伯夷，目不視惡色，耳不聽惡聲；非其君不事，非其民不使；治則進，亂則退。橫政之所出，橫民之所止，不忍居也。思與鄉人處，如以朝衣朝冠坐於塗炭也。當紂之時，居北海之濱，以待天下之清也。故聞伯夷之風者，頑夫廉，懦夫有立志。伊尹曰：『何事非君？何使非民？』治亦進，亂亦進，曰：『天之生斯民也，使先知覺後知，使先覺覺後覺。予，天民之先覺者也；予將以此道覺此民也。』思天下之民，匹夫匹婦有不與被堯、舜之澤者，若己推而內之溝中——其自任以天下之重也。柳下惠不羞污君，不辭小官。進不隱賢，必以其道。遺佚而不怨，厄窮而不憫。與鄉人處，由由然不忍去也。『爾為爾，我為我，雖袒裼裸裎於我側，爾焉能浼我哉？』故聞柳下惠之風者，鄙夫寬，薄夫敦。孔子之去齊，接淅而行；去魯，曰：『遲遲吾行也，去父母國之道也。』可以速而速，可以久而久，可以處而處，可以仕而仕，孔子也。」孟子曰：「伯夷，聖之清者也；伊尹，聖之任者也；柳下惠，聖之和者也；孔子，聖之時者也。孔

子之謂集大成。集大成也者，金聲而玉振之也。金聲也者，始條理也；玉振之也者，終條理也。始條理者，智之事也；終條理者，聖之事也。智，譬則巧也；聖，譬則力也。由射於百步之外也，其至，爾力也；其中，非爾力也。」

孟子説：「伯夷，眼睛不去看不好的事物，耳朵不去聽不好的聲音；不是他理想的君主不去侍奉，不是他理想的百姓不去使喚；天下太平就出來做事，天下昏亂就退居田野。在施行暴政的國家，住有亂民的地方，他都不忍心去居住。他認為同無知的鄉下人相處，好像穿戴着禮服禮帽坐在爛泥或炭灰之上。當商紂的時候，他住在北海邊上，等待天下清平。所以聽到伯夷的高風亮節的人，連貪得無厭的都廉潔起來了，懦弱的也都有剛強不屈的意志了。伊尹説：『哪個君主不可以侍奉？哪個百姓不可以使喚？』因此天下太平出來做官，天下昏亂也出來做官，並且説：『上天生育這些百姓，就是要先知先覺的人來開導後知後覺的人。我是這些人之中的先覺者，我要以堯舜之道來開導這些人。』他總這樣想：在天下的百姓中，只要有一個男子或一個婦女沒有享受到堯舜之道的好處，便仿佛自己把他推進山溝之中——這便是他以天下的重擔為己任的態度。柳下惠不以侍奉壞君為羞恥，也不以官小而辭職。立於朝廷，不隱藏自己的才能，但一定按其原則辦事。自己被遺棄，也不怨恨；窮困，也不憂愁。同無知的鄉下人相處，高高興興地不忍離開。〔他説：〕『你是你，我是我，你縱然在我旁邊赤身露體，哪能沾染着我呢？』所以聽到柳下惠高風亮節的人，連胸襟狹小的也開闊了，刻薄的也厚道了。孔子離開齊國，不等把米淘完、瀝乾就走；離開魯國，卻説：『我們慢慢走吧，這是離開祖國的態度。』應該馬上走就馬上走，應該繼續幹就繼續幹，應該不做官就不做官，應該做官就做官，這便是孔子。」孟子又説：「伯夷是聖人之中清高的人，伊尹是聖人之中負責的人，柳下惠是聖人之中隨和的人，孔子則是聖人之中識時務的人。孔子，可以叫他為集大成者。

『集大成』的意思，〔譬如奏樂，〕先敲鎛（bó）鐘，最後用特磬收束〔，有始有終的〕一樣。先敲鎛鐘，是節奏條理的開始；用特磬收束，是節奏條理的終結。條理的開始在於智，條理的終結在於聖。智好比技巧，聖好比氣力。猶如在百步以外射箭，射到，是你的力量；射中，卻不是你的力量。」

◇ 10·2 ....

北宮錡（qí）問曰：「周室班爵祿也，如之何？」孟子曰：「其詳不可得聞也。諸侯惡其害己也，而皆去其籍。然而軻也嘗聞其略也。天子一位，公一位，侯一位，伯一位，子、男同一位，凡五等也。君一位，卿一位，大夫一位，上士一位，中士一位，下士一位，凡六等。天子之制，地方千里，公侯皆方百里，伯七十里，子、男五十里，凡四等。不能五十里，不達於天子，附於諸侯，曰附庸。天子之卿受地視侯，大夫授地視伯，元士受地視子、男。大國地方百里，君十卿祿，卿祿四大夫，大夫倍上士，上士倍中士，中士倍下士，下士與庶人在官者同祿，祿足以代其耕也。次國地方七十里，君十卿祿，卿祿三大夫，大夫倍上士，上士倍中士，中士倍下士，下士與庶人在官者同祿，祿足以代其耕也。小國地方五十里，君十卿祿，卿祿二大夫，大夫倍上士，上士倍中士，中士倍下士，下士與庶人在官者同祿，祿足以代其耕也。耕者之所獲，一夫百畝；百畝之糞，上農夫食九人，上次食八人，中食七人，中次食六人，下食五人。庶人在官者，其祿以是為差。」

衛國人北宮錡問道：「周朝制定的官爵和俸祿的等級制度是怎樣的呢？」孟子答道：「詳細情況已經不能夠知道了。因為諸侯厭惡那種制度不利於自己，都把那些文獻毀滅了。但是，我也曾大略聽到一些。天子為一級，公一級，侯一級，伯一級，子和男共為一級，一共五級。君為一級，卿一級，大夫一級，上士一級，中士一

級，下士一級，一共六級。天子直接管理的土地縱橫各一千里，公和侯各一百里，伯七十里，子、男各五十里，一共四級。土地不夠五十里的國家，不能直接與天子發生關係，而附屬於諸侯，叫做附庸。天子的卿所受的封地等同於侯，大夫所受的封地等同於伯，元士所受的封地等同於子、男。公侯大國的土地縱橫各一百里，君主的俸祿為卿的十倍，卿為大夫的四倍，大夫為上士的一倍，上士為中士的一倍，中士為下士的一倍，下士的俸祿則和在公家當差的老百姓等同，所得的俸祿也足以抵償他們耕種的收入了。中等國家土地為方七十里，君主的俸祿為卿的十倍，卿祿為大夫的三倍，大夫倍於上士，上士倍於中士，中士倍於下士，下士的俸祿則和在公家當差的老百姓等同，所得俸祿也足以抵償他們耕種的收入了。小國的土地為方五十里，君主的俸祿為卿的十倍，卿祿為大夫的二倍，大夫倍於上士，上士倍於中士，中士倍於下士，下士的俸祿則和在公家當差的老百姓等同，所得俸祿也足以抵償他們耕種的收入了。耕種的收入，一夫一婦分田百畝；百畝田地施肥耕種，上等的農夫可以養活九個人，其次的可以養活八個人，中等的可以養活七個人，再次的養活六個人，下等的養活五個人。老百姓在公家當差的，他們的俸祿也比照這樣來分等級。」

◇ 10·3 ·····························

萬章問曰：「敢問友。」孟子曰：「不挾長，不挾貴，不挾兄弟而友。友也者，友其德也，不可以有挾也。孟獻子，百乘之家也，有友五人焉：樂正裘，牧仲，其三人則予忘之矣。獻子之與此五人者友也，無獻子之家者也。此五人者，亦有獻子之家，則不與之友矣。非惟百乘之家為然也，雖小國之君亦有之。費惠公曰：『吾於子思，則師之矣；吾於顏般，則友之矣；王順、長息，則事我者也。』非惟小國之君為然也，雖大國之君亦有之。晉平公之於亥唐也，入云則入，坐云則坐，食云則食。雖疏食菜羹，未嘗不飽，蓋不

敢不飽也。然終於此而已矣。弗與共天位也，弗與治天職也，弗與食天祿也，士之尊賢者也，非王公之尊賢也。舜尚見帝，帝館甥於貳室，亦饗舜，迭為賓主，是天子而友匹夫也。用下敬上，謂之貴貴；用上敬下，謂之尊賢。貴貴、尊賢，其義一也。」

萬章問道：「請問交朋友的原則。」孟子答道：「不倚仗自己年紀大，不倚仗自己地位高，不倚仗自己兄弟的富貴。交朋友，是因其品德而去交結，因此，心目中不能存在任何有所倚仗的觀念。孟獻子是一位有車馬百輛的大夫，他有五位朋友：樂正裘、牧仲，其餘三位我忘記了。獻子同這五位相交，心目中並不存有自己是大夫的觀念。這五位，如果也存有獻子是位大夫的觀念，就不會同他交友了。不僅有車馬百輛的大夫是如此，縱使小國的君主也有朋友。費惠公說：『我對於子思，則以他為老師；對於顏般，則以他為朋友；至於王順和長息，那不過是替我工作的人罷了。』不僅小國的君主是如此，縱使大國之君也有朋友。晉平公對亥唐，亥唐叫他進去，便進去；叫他坐，便坐；叫他吃飯，便吃飯。縱使是糙米飯小菜湯，也未嘗不吃飽，因為不敢不吃飽。然而晉平公也只是做到這一點罷了。不同他一起共有官位，不同他一起治理政事，不同他一起享受俸祿，這只是一般士人尊敬賢者的態度，不是王公尊敬賢者所應有的態度。舜謁見堯時，堯請他這位女婿住在另一處官邸中，也請他吃飯，〔舜有時也做東道，〕互為客人和主人，這是天子這樣的高位同老百姓交友的範例。以位卑的人尊敬高貴的人，叫做尊重貴人；以高貴的人尊敬位卑的人，叫做尊敬賢者。尊重貴人和尊敬賢者，道理是相同的。」

◇ 10‧4 ....

萬章問曰：「敢問交際何心也？」孟子曰：「恭也。」曰：「『卻之卻之為不恭』，何哉？」曰：「尊者賜之，曰：『其所取之者，義乎，不義乎？』而後受之，以是為不恭，故弗卻

也。」曰:「請無以辭卻之,以心卻之,曰:『其取諸民之不義也。』而以他辭無受,不可乎?」曰:「其交也以道,其接也以禮,斯孔子受之矣。」萬章曰:「今有禦人於國門之外者,其交也以道,其饋也以禮,斯可受禦與?」曰:「不可。《康誥》曰:『殺越人于貨,閔不畏死,凡民罔不譈(duì)。』是不待教而誅者也。殷受夏,周受殷,所不辭也;於今為烈,如之何其受之?」曰:「今之諸侯取之於民也,猶禦也。苟善其禮際矣,斯君子受之,敢問何說也?」曰:「子以為有王者作,將比今之諸侯而誅之乎,其教之不改而後誅之乎?夫謂非其有而取之者盜也,充類至義之盡也。孔子之仕於魯也,魯人獵較,孔子亦獵較。獵較猶可,而況受其賜乎?」曰:「然則孔子之仕也,非事道與?」曰:「事道也。」「事道奚獵較也?」曰:「孔子先簿正祭器,不以四方之食供簿正。」曰:「奚不去也?」曰:「為之兆也。兆足以行矣,而不行,而後去,是以未嘗有所終三年淹也。孔子有見行可之仕,有際可之仕,有公養之仕。於季桓子,見行可之仕也;於衞靈公,際可之仕也;於衞孝公,公養之仕也。」

萬章問道:「請問在交際的時候,應當如何存心?」孟子答道:「應當存心恭敬。」萬章說:「〔俗話說:〕『一再拒絕人家的禮物,這是不恭敬。』為什麼呢?」孟子說:「尊貴的人有所賜與,自己先想想:『他得到的這些禮物是合理的呢,還是不合理的呢?』想明白以後才接受,這樣乃是不恭敬的。因此便不拒絕。」萬章說:「我說,拒絕他的禮物,不用明白說出,在心裏不接受就行,心裏說:『這是他取自百姓的不義之財呀!』因而用別的藉口來拒受,難道不可以嗎?」孟子說:「他依規矩同我交往,依禮節同我接觸,這樣,孔子都會接受禮物的。」萬章說:「如今有一個在國都郊野攔路搶劫的人,他也依規矩同我交往,依禮節向我饋贈,這種贓物,可以接受嗎?」孟子說:「不可以。《尚書·康誥》說:『殺

死別人，搶奪財物，橫強不怕死，這種人，是沒有誰不痛恨的。』這不必先去教育，就可以誅殺的。殷商接受了夏朝的這種法律，周朝接受了殷商的這種法律，沒有更改；現在殺人越貨更為厲害，怎樣能夠接受呢？」萬章說：「今天這些諸侯，他們的財物取自民間，也和攔路搶劫差不多。假若把交際的禮節搞好，君子也就接受了，請問這又是什麼道理呢？」孟子說：「你以為若有聖王興起，對於今天的諸侯，是一律看待，全部誅殺呢，還是先行教育，如不改悔，然後誅殺呢？而且不是自己所有，去取得它，把這種行為說成搶劫，這只是提到原則高度的話。孔子在魯國做官的時候，魯國人爭奪獵物，孔子也爭奪獵物。爭奪獵物都可以，何況接受賜與呢？」萬章說：「那麼，孔子做官，不是為着行道嗎？」孟子說：「是為着行道。」「既為着行道，為什麼又來爭奪獵物呢？」孟子說：「孔子先用文書規定祭祀的器物和祭品，不用別處的食物來供祭祀。〔爭奪來的獵物原為着祭祀，既不能用來供祭祀，便沒有用處，爭奪獵物的風氣自然可以逐漸衰滅了。〕」萬章說：「孔子為什麼不辭官而走呢？」孟子說：「孔子做官，先得試行一下。試行的結果，他的主張可以行得通，而君主卻不肯做下去，這才離開，所以孔子不曾在一個朝廷裏停留過整整三年。孔子有的是因可以行道而去做官，有的是因為君主對他禮遇不錯而去做官，也有的是因國君養賢而去做官。對於魯國的季桓子，是因為可以行道而去做官；對於衛靈公，是因為禮遇不錯而去做官；對於衛孝公，是因為國君養賢而去做官。」

◇ 10 · 5 ．．

　　孟子曰：「仕非為貧也，而有時乎為貧；娶妻非為養也，而有時乎為養。為貧者，辭尊居卑，辭富居貧。辭尊居卑，辭富居貧，惡乎宜乎？抱關擊柝。孔子嘗為委吏矣，曰：『會計當而已矣。』嘗為乘田矣，曰：『牛羊茁壯長而已矣。』位卑而言高，罪也；立乎人之本朝而道不行，恥也。」

孟子說：「做官不是因為貧窮，但有時候也因為貧窮；娶妻子不是為着孝順父母，但有時候也為着孝順父母。因為貧窮而做官的，便該拒絕高官，居於卑位；拒絕厚祿，只受薄俸。拒絕高官，居於卑位，拒絕厚祿，只受薄俸，那該居於什麼位置才合宜呢？做守門打更的小吏都行。孔子也曾經做過管理倉庫的小吏，他說：『出入的數目都對了。』他也曾做過管理牲畜的小吏，他說：『牛羊都壯實長大了。』位置低下，而議論朝廷大事，這是罪過；在君主的朝廷裏做官，而自己的正義主張不能實現，這是恥辱。」

◇ 10·6 ⋯⋯⋯⋯⋯⋯⋯⋯⋯⋯⋯⋯⋯⋯⋯⋯⋯

萬章曰：「士之不託諸侯，何也？」孟子曰：「不敢也。諸侯失國而後託於諸侯，禮也；士之託於諸侯，非禮也。」萬章曰：「君饋之粟，則受之乎？」曰：「受之。」「受之何義也？」曰：「君之於氓也，固周之。」曰：「周之則受，賜之則不受，何也？」曰：「不敢也。」曰：「敢問其不敢何也？」曰：「抱關擊柝者皆有常職以食於上。無常職而賜於上者，以為不恭也。」曰：「君饋之，則受之，不識可常繼乎？」曰：「繆公之於子思也，亟問，亟饋鼎肉。子思不悅。於卒也，摽（biāo）使者出諸大門之外，北面稽首再拜而不受，曰：『今而後知君之犬馬畜伋！』蓋自是台無饋也。悅賢不能舉，又不能養也，可謂悅賢乎？」曰：「敢問國君欲養君子，如何斯可謂養矣？」曰：「以君命將之，再拜稽首而受。其後廩人繼粟，庖人繼肉，不以君命將之。子思以為鼎肉使己僕僕爾亟拜也，非養君子之道也。堯之於舜也，使其子九男事之，二女女焉，百官牛羊倉廩備，以養舜於畎畝之中，後舉而加諸上位，故曰：王公之尊賢者也。」

萬章說：「士不像寓公那樣靠諸侯生活，這是什麼道理呢？」孟子說：「因不敢如此。諸侯喪失了自己的國家，然後在別國做寓公，這是合乎禮儀的；士做寓公，是不合乎禮儀的。」萬章道：「君

主如果贈給他以穀米，那接受不接受呢？」孟子說：「接受。」「接受，又是什麼道理呢？」答道：「君主對於由外國來的人士，本來可以賙濟他。」問道：「賙濟他，就接受，賜與他，就不接受，又是什麼道理呢？」答道：「由於不敢接受的緣故。」問道：「不敢接受，又是什麼道理呢？」答道：「守門打更的人都有一定的職務，因而接受上面的給養。沒有一定的職務，卻接受上面賜與的，這是被認為不恭敬的。」問道：「君主給他饋贈，他就接受，不知道可以經常如此嗎？」答道：「魯繆公對於子思，就屢次問候，屢次送給他熟肉。子思很不高興。最後一次，子思便把來人趕出大門，自己朝北面先磕頭再作揖，拒絕了，說：『今天才知道君主把我當成犬馬一樣地畜養。』大概從此以後再不給子思送禮了。喜得賢人，卻不能重用，又不能有禮貌地照顧其生活，可以說是喜得賢人嗎？」問道：「國君對君子給以生活照顧，要怎樣才叫做有禮貌的照顧呢？」答道：「先稱述君主的旨意送給他，他便先作揖後磕頭，接受了。然後管理倉廩的人經常送來穀米，掌供膳食的人經常送來肉食，這些都不用稱述君主的旨意了〔，接受者也就可以不再作揖磕頭了〕。子思認為，為着一塊肉便使自己屢次屢次地作揖行禮，這便不是照顧君子生活的方式了。堯對於舜，讓自己的九個兒子向舜學習，把自己的兩個女兒嫁給他，而且各種官吏和牛羊、倉庫無不具備，以使舜在田野之中得着周到的生活照顧，然後提拔他到很高的職位上，所以說，這是王公尊敬賢者的範例。」

◇ 10 · 7

　　萬章曰：「敢問不見諸侯，何義也？」孟子曰：「在國曰市井之臣，在野曰草莽之臣，皆謂庶人。庶人不傳質為臣，不敢見於諸侯，禮也。」萬章曰：「庶人，召之役，則往役；君欲見之，召之，則不往見之，何也？」曰：「往役，義也；往見，不義也。且君之欲見之也，何為也哉？」曰：「為其多聞也，為其賢也。」曰：「為其多聞也，則天子不召師，而況

諸侯乎？為其賢也，則吾未聞欲見賢而召之也。繆公亟見於子思，曰：『古千乘之國以友士，何如？』子思不悅，曰：『古之人有言，曰「事之云乎」，豈曰「友之云乎」？』子思之不悅也，豈不曰：『以位，則子君也，我臣也，何敢與君友也？以德，則子事我者也，奚可以與我友？』千乘之君，求與之友而不可得也，而況可召與？齊景公田，招虞人以旌，不至，將殺之。志士不忘在溝壑，勇士不忘喪其元。孔子奚取焉？取非其招不往也。」曰：「敢問招虞人何以？」曰：「以皮冠。庶人以旃（zhān），士以旂（qí），大夫以旌。以大夫之招招虞人，虞人死不敢往；以士之招招庶人，庶人豈敢往哉？況乎以不賢人之招招賢人乎？欲見賢人而不以其道，猶欲其入而閉之門也。夫義，路也；禮，門也。惟君子能由是路，出入是門也。《詩》云：『周道如底，其直如矢。君子所履，小人所視。』」萬章曰：「孔子『君命召，不俟駕而行』，然則孔子非與？」曰：「孔子當仕有官職，而以其官召之也。」

　　萬章問道：「請問士子不去謁見諸侯，這是什麼道理呢？」孟子答道：「不曾有過職位的人，如果居住在城市，便叫做市井之臣，如果居住在田野，便叫做草莽之臣，這都叫做老百姓。老百姓不送見面禮而為臣屬，不敢去謁見諸侯，這是合於禮儀的。」萬章說：「老百姓，召喚他去服役，便去服役；君主若要同他會晤，召喚他，卻不去謁見，這又為什麼呢？」孟子說：「去服役，是應該的；去謁見，是不應該的。而且君主想去同他會晤，為的是什麼呢？」萬章說：「為的是他見識廣博，為的是他品德高尚。」孟子說：「如果為的是見識廣博，〔那便應當以他為師。〕天子還不能召喚老師，何況諸侯呢？如果為的是他品德高尚，那我也不曾聽說過，想要同賢人相見卻隨便召喚的。魯繆公屢次去訪晤子思，問道：『古代具有兵車千輛的國君若同士人交友，是怎樣的呢？』子思不高興，說道：『古人的話，是說國君以士人為師吧，難道說是

同士人交友嗎？』子思之所以不高興，難道不是這樣的意思嗎：『論地位，那你是君主，我是臣下，哪敢同你交朋友呢？論道德，那你是向我學習的人，怎樣可以同我交朋友呢？』具有兵車千輛的國君要求同他交朋友，都做不到，何況召喚他呢？齊景公田獵，用羽毛裝飾的旌旗召喚獵場管理員，他不來，準備殺他。有志之士不怕〔死無葬身之地，〕棄屍山溝，勇敢的人〔見義勇為，〕不怕喪失腦袋。孔子對這一管理員取他哪一點呢？就是取他對不該接受的召喚之禮，硬是不去。」問道：「召喚獵場管理員該用什麼呢？」答道：「用皮帽子。召喚百姓用全幅紅綢做的曲柄旗，召喚士用有鈴鐺的旗，召喚大夫才用有羽毛的旗。用召喚大夫的旗幟去召喚獵場管理員，獵場管理員死也不敢去；用召喚士人的旗幟去召喚老百姓，老百姓難道敢去嗎？何況用召喚不賢之人的禮節去召喚賢人呢？想同賢人會晤，卻不依循規矩禮節，正好像要請他進來卻關閉着大門一樣。義好比是大路，禮好比是大門。只有君子能從這條大路行走，由這個大門出進。《詩經·小雅·大東》上說：『大路像磨刀石一樣平，像箭一樣直。這是君子所行走的，小人所效法的。』」萬章問道：「孔子，聽說有國君之命召喚他，不等車馬駕好，他自己便先行走去，這樣，孔子錯了嗎？」答道：「那是因為孔子在做官，有職務在身，國君是因他擔任官職就召喚他。」

◇ 10·8 ．．．

孟子謂萬章曰：「一鄉之善士，斯友一鄉之善士；一國之善士，斯友一國之善士；天下之善士，斯友天下之善士。以友天下之善士為未足，又尚論古之人。頌其詩，讀其書，不知其人，可乎？是以論其世也。是尚友也。」

孟子對萬章說道：「一個鄉村裏的優秀人物便和那一鄉村的優秀人物交朋友，全國性的優秀人物便和全國性的優秀人物交朋友，天下的優秀人物便和天下的優秀人物交朋友。認為和天下的優秀人物交朋友還不夠，便又追論古代的人物。吟詠他們的詩歌，研究他

們的著作，不瞭解他的為人，可以嗎？〔不可，〕這是因為要討論他那一個時代。這就是追溯歷史與古人交朋友。」

◇ 10 · 9

齊宣王問卿。孟子曰：「王何卿之問也？」王曰：「卿不同乎？」曰：「不同。有貴戚之卿，有異姓之卿。」王曰：「請問貴戚之卿。」曰：「君有大過則諫；反覆之而不聽，則易位。」王勃然變乎色。曰：「王勿異也。王問臣，臣不敢不以正對。」王色定，然後請問異姓之卿。曰：「君有過則諫；反覆之而不聽，則去。」

齊宣王問關於公卿的事情。孟子說：「王所問的是哪一類的公卿？」王說：「公卿難道不一樣嗎？」孟子說：「不一樣。有王族的公卿，有非王族的公卿。」王說：「我請問王族的公卿。」孟子說：「君王若有重大錯誤，他便加勸阻；如果反覆勸阻了還不聽從，就把他廢棄，改立別人。」宣王突然變了臉色。孟子說：「王不要奇怪。王問我，我不敢不用老實話答覆。」宣王臉色恢復正常了，又請問非王族的公卿。孟子說：「君王若有錯誤，便加勸阻；如果反覆勸阻了還不聽從，自己就離職。」

告子章句上

凡二十章。

◇ 11 · 1

告子曰：「性猶杞柳也，義猶桮棬（bēi quān）也；以人性為仁義，猶以杞柳為桮棬。」孟子曰：「子能順杞柳之性而以為桮棬乎，將戕賊杞柳而後以為桮棬也？如將戕賊杞柳而以為桮棬，則亦將戕賊人以為仁義與？率天下之人而禍仁義者，必子之言夫！」

告子説：「人的本性好比杞柳樹，義理好比杯盤；以人的本性去行仁義，正好比用杞柳樹來製成杯盤一樣。」孟子説：「您是順着杞柳樹的本性來製成杯盤呢，還是毀傷杞柳樹的本性來製成杯盤呢？如果要毀傷杞柳樹的本性然後製成杯盤，那也要毀傷人的本性去行仁義嗎？率領天下的人來傷害仁義的，一定是您的這種學説吧！」

◇ 11·2

告子曰：「性猶湍水也，決諸東方則東流，決諸西方則西流。人性之無分於善不善也，猶水之無分於東西也。」孟子曰：「水信無分於東西，無分於上下乎？人性之善也，猶水之就下也。人無有不善，水無有不下。今夫水，搏而躍之，可使過顙；激而行之，可使在山。是豈水之性哉？其勢則然也。人之可使為不善，其性亦猶是也。」

告子説：「人性好比急流水，從東方開個缺口便向東流，從西方開個缺口便向西流。人之所以沒有善與不善的定性，正同水之沒有東流西流的定向一樣。」孟子説：「水誠然沒有東流西流的定向，難道也沒有向上或向下的定向嗎？人性的善良，正好像水的向下流一樣。人沒有不善良的，水沒有不向下流的。當然，拍水使它濺起來，可以高過額角；戽（hù）水使它倒流，可以引上高山。這難道是水的本性嗎？形勢使它如此。人可以使他做壞事，本性的改變也正像這樣。」

◇ 11·3

告子曰：「生之謂性。」孟子曰：「生之謂性也，猶白之謂白與？」曰：「然。」「白羽之白也，猶白雪之白；白雪之白，猶白玉之白與？」曰：「然。」「然則犬之性猶牛之性，牛之性猶人之性與？」

告子説：「天生的資質叫做性。」孟子説：「天生的資質叫做性，就像白色的東西叫做白嗎？」答道：「正是如此。」「白羽毛的白猶如白雪的白，白雪的白猶如白玉的白嗎？」答道：「正是如此。」「那麼，狗性猶如牛性，牛性猶如人性嗎？」

◇ 11 · 4 ┈┈┈┈┈┈┈┈┈┈┈┈┈┈┈

告子曰：「食、色，性也。仁，內也，非外也；義，外也，非內也。」孟子曰：「何以謂仁內義外也？」曰：「彼長而我長之，非有長於我也；猶彼白而我白之，從其白於外也，故謂之外也。」曰：「異於白馬之白也，無以異於白人之白也；不識長馬之長也，無以異於長人之長與？且謂長者義乎，長之者義乎？」曰：「吾弟則愛之，秦人之弟則不愛也，是以我為悦者也，故謂之內。長楚人之長，亦長吾之長，是以長為悦者也，故謂之外也。」曰：「耆秦人之炙，無以異於耆吾炙，夫物則亦有然者也，然則耆炙亦有外與？」

告子説：「飲食男女，這是人的本性。仁是發自內心的東西，不是從外面來的；義是外來的東西，不是發自內心的。」孟子説：「為什麼説仁是發自內心的東西，義是外來的呢？」告子答道：「因為他年紀大，於是我去恭敬他，恭敬之心不是我心中所先有的；正好比外物是白色的，我認它為白的，這是因為外物的白被我加以認識的緣故，所以説義是外來的。」孟子説：「白馬的白和白人的白也許沒有什麼不同，但不知對老馬的憐憫心和對長者的恭敬心，是不是也沒有什麼不同呢？而且，您説，所謂義，是在於長者呢，還是在於尊敬長者的人呢？」告子答道：「是我的弟弟我便愛他，是秦國人的弟弟便不愛他，這是因我內心的喜愛而這樣做的，所以説仁是發自內心的。尊敬楚國的長者，也尊敬自己的長者，這是因為對方年長出於敬愛而這樣做的，所以説義是外來的東西。」孟子説：「喜歡吃秦國人的烤肉，和喜歡吃自己的烤肉沒有什麼不同，

各種事物也有這樣的情形，那麼，難道喜歡吃烤肉的心也是外來的嗎？〔那不和您說的飲食是人的本性的論點相矛盾嗎？〕」

◇ 11·5 ┈┈┈┈┈┈┈┈┈┈┈┈┈┈┈┈┈┈┈┈

　　孟季子問公都子曰：「何以謂義內也？」曰：「行吾敬，故謂之內也。」「鄉人長於伯兄一歲，則誰敬？」曰：「敬兄。」「酌則誰先？」曰：「先酌鄉人。」「所敬在此，所長在彼，果在外，非由內也。」公都子不能答，以告孟子。孟子曰：『『敬叔父乎，敬弟乎？』彼將曰：『敬叔父。』曰：『弟為尸，則誰敬？』彼將曰：『敬弟。』子曰：『惡在其敬叔父也？』彼將曰：『在位故也。』子亦曰：『在位故也。庸敬在兄，斯須之敬在鄉人。』」季子聞之，曰：「敬叔父則敬，敬弟則敬，果在外，非由內也。」公都子曰：「冬日則飲湯，夏日則飲水，然則飲食亦在外也？」

　　孟季子問公都子：「為什麼說義是內在的東西呢？」公都子答道：「恭敬出自我的內心，所以說是內在的東西。」「有個本鄉人比大哥大一歲，那你恭敬誰？」答道：「恭敬哥哥。」「如果在一塊兒飲酒，先給誰斟酒？」答道：「先給本鄉長者斟酒。」「你心裏恭敬的是大哥，卻向本鄉長者敬酒，可見義畢竟是外來的，不是從內心發出的。」公都子不能對答，便來告訴孟子。孟子說：「〔你可以說：〕『是恭敬叔父呢，還是恭敬弟弟呢？』他會說：『恭敬叔父。』你又說：『弟弟若做了受祭的代理人，那又恭敬誰呢？』他會說：『恭敬弟弟。』你便說：『那為什麼說恭敬叔父呢？』他會說：『這是因為弟弟是在受恭敬之位的緣故。』那你也就說：『那也是因為本鄉長者是在首先斟酒的客位。平常的恭敬是在哥哥，暫時的恭敬則是在本地長者。』」季子聽了這話，又說：「對叔父是恭敬，對弟弟也是恭敬，畢竟義是外來的，不是由內心發出的。」公都子說：「冬天喝熱水，夏天喝涼水，那麼，難道飲食〔便不是由於人的本性，〕也是外在的嗎？」

公都子曰：「告子曰：『性無善無不善也。』或曰：『性可以為善，可以為不善；是故文、武興則民好善，幽、厲興則民好暴。』或曰：『有性善，有性不善；是故以堯為君而有象，以瞽瞍為父而有舜，以紂為兄之子且以為君，而有微子啟、王子比干。』今曰『性善』，然則彼皆非與？」孟子曰：「乃若其情，則可以為善矣，乃所謂善也。若夫為不善，非才之罪也。惻隱之心，人皆有之；羞惡之心，人皆有之；恭敬之心，人皆有之；是非之心，人皆有之。惻隱之心，仁也；羞惡之心，義也；恭敬之心，禮也；是非之心，智也。仁、義、禮、智，非由外鑠我也，我固有之也，弗思耳矣。故曰：求則得之，舍則失之。或相倍蓰而無算者，不能盡其才者也。《詩》曰：『天生蒸民，有物有則。民之秉夷，好是懿德。』孔子曰：『為此詩者，其知道乎！故有物必有則；民之秉夷也，故好是懿德。』」

公都子說：「告子說：『人的本性沒有什麼善良不善良。』也有人說：『本性可以使人善良，也可以使人不善良；所以周文王、武王掌朝，百姓便喜好善良；周幽王、厲王掌朝，百姓便喜好橫暴。』也有人說：『有些人本性善良，有些人本性不善良；所以有堯這樣的聖人為君主，卻有象這樣不好的百姓；有瞽瞍這樣的壞父親，卻有舜這樣的好兒子；有紂這樣的惡姪兒，而且為君王，卻有微子啟、王子比干這樣的仁人。』如今老師說人的本性善良，那麼，他們都錯了嗎？」孟子說：「從天生的資質看，可以使人善良，這便是我所謂的人性善良。至於有些人不善良，不能歸罪於他的資質。同情之心，每個人都有；羞恥之心，每個人都有；恭敬之心，每個人都有；是非之心，每個人都有。同情心屬於仁，羞恥心屬於義，恭敬心屬於禮，是非心屬於智。這仁義禮智，不是由外人給與我的，是我本來就有的，不過不曾探索它罷了。所以說，只要

去追求，便會得到；一經放棄，便會失掉。人與人之間，有相差一倍、五倍甚至無數倍的，這是未能充分發揮他們的才幹的緣故。《詩經‧大雅‧烝民》中說：『天生育無數人民，每一樣事物都有它的規律。百姓掌握了那些不變的規律，便喜愛優良的品德。』孔子說：『這篇詩的作者真懂得道理呀！有事物，便有它的規律；百姓掌握了這些不變的規律，所以喜愛優良的品德。』」

◇ 11‧7 ⋯⋯⋯⋯⋯⋯⋯⋯⋯⋯⋯⋯

　　孟子曰：「富歲，子弟多賴；凶歲，子弟多暴。非天之降才爾殊也，其所以陷溺其心者然也。今夫麳（móu）麥，播種而耰（yōu）之，其地同，樹之時又同，浡（bó）然而生，至於日至之時，皆熟矣。雖有不同，則地有肥磽（qiāo）、雨露之養、人事之不齊也。故凡同類者，舉相似也，何獨至於人而疑之？聖人與我同類者。故龍子曰：『不知足而為屨，我知其不為蕢也。』屨之相似，天下之足同也。口之於味，有同耆也；易牙先得我口之所耆者也。如使口之於味也，其性與人殊，若犬馬之與我不同類也，則天下何耆皆從易牙之於味也？至於味，天下期於易牙，是天下之口相似也。惟耳亦然。至於聲，天下期於師曠，是天下之耳相似也。惟目亦然。至於子都，天下莫不知其姣也。不知子都之姣者，無目者也。故曰：口之於味也，有同耆焉；耳之於聲也，有同聽焉；目之於色也，有同美焉。至於心，獨無所同然乎？心之所同然者何也？謂理也，義也。聖人先得我心之所同然耳。故理、義之悅我心，猶芻豢之悅我口。」

　　孟子說：「豐收年成，少年子弟多半怠惰；災荒年成，少年子弟多半強暴。不是天生的資質是這樣不同，而是由於環境使他們心情變壞的緣故。以大麥作比喻罷，播了種，耪了地，如果土地一樣，種植的時候一樣，便會蓬勃地生長起來，一到夏至便都成熟了。縱然有所不同，那是由於地土的肥瘠、雨露的多少、人力的

勤惰不同的緣故。所以一切同類之物，無不大體相同，為什麼一講到人類便產生懷疑了呢？聖人也是我們的同類。龍子曾經說過：『不看清腳樣去編草鞋，我準知道不會編成筐子。』草鞋的相似，是因為各人的腳大體相同。口對於味道，有相同的愛好；易牙（齊桓公寵臣，善烹調）早就摸準了這一愛好。假使口對於味道，人人不同，而且像狗馬和我們人類本質上有不同一樣，那麼，憑什麼天下的人都追隨易牙的口味呢？一講到口味，天下都期望做到易牙那樣，這說明了天下人的味覺大體相同。耳朵也如是。一講到聲音，天下都期望做到師曠那樣，這就說明了天下人的聽覺大體相同。眼睛也如此。一講到子都（古之美貌者），天下沒有人不知道他美麗。不認為子都美麗的，那是沒有眼睛的人。所以說，口對於味道，有相同的愛好；耳對於聲音，有相同的聽覺；眼睛對於顏色，有相同的美感。談到心，就獨獨沒有相同之處嗎？心的相同之處是什麼呢？是理，是義。聖人早就懂得了我們內心相同的理義。所以理、義使我內心高興，正和豬狗牛羊肉合乎我的口味一般。」

◇ 11·8　⋯⋯⋯⋯⋯⋯⋯⋯⋯⋯⋯⋯⋯⋯

　　孟子曰：「牛山之木嘗美矣，以其郊於大國也，斧斤伐之，可以為美乎？是其日夜之所息，雨露之所潤，非無萌蘗之生焉，牛羊又從而牧之，是以若彼濯濯也。人見其濯濯也，以為未嘗有材焉，此豈山之性也哉？雖存乎人者，豈無仁義之心哉？其所以放其良心者，亦猶斧斤之於木也，旦旦而伐之，可以為美乎？其日夜之所息，平旦之氣，其好惡與人相近也者幾希，則其旦晝之所為，有梏亡之矣。梏之反復，則其夜氣不足以存；夜氣不足以存，則其違禽獸不遠矣。人見其禽獸也，而以為未嘗有才焉者，是豈人之情也哉？故苟得其養，無物不長；苟失其養，無物不消。孔子曰：『操則存，舍則亡；出入無時，莫知其鄉。』惟心之謂與！」

孟子說：「牛山的樹木曾經是很茂盛的，因為它長在大都市的郊外，若老用斧子去砍伐，還能夠茂盛嗎？當然，它日日夜夜在生長着，雨露在潤澤着，不是沒有新枝嫩芽生長出來，但緊接着就放羊牧牛，所以變成那樣光禿禿的了。大家看見那光禿禿的樣子，真以為這山不曾有過大的樹木，這難道是山的本性嗎？在某些人本身，難道沒有仁義之心嗎？他之所以會喪失他的善良之心，也正像斧子之對於樹木一般，每天每天地去砍伐，能夠茂盛嗎？他在日裏夜裏發出來的善心，在天剛亮時所接觸到的清明之氣，這些在他心裏激發出來的好惡，跟一般人也是有一點點相近的，可一到第二天白晝，其所作所為又把它泯滅了。反復地泯滅，那麼，他夜有所思的善念自然不能存在；夜有所思的善念不能存在，便和禽獸相距不遠了。別人看到他簡直是禽獸，因而以為他不曾有過善良的資質，這難道也是某些人的本性嗎？所以假若得到培養，沒有東西不能生長；失掉培養，便沒有東西不會消亡。孔子說過：『握住它，就存在，放棄它，就亡失；出出進進沒有一定的時候，也不知道何去何從。』這是指人心而言的罷！」

◇ 11·9

孟子曰：「無或乎王之不智也。雖有天下易生之物也，一日暴之，十日寒之，未有能生者也。吾見亦罕矣，吾退而寒之者至矣，吾如有萌焉何哉？今夫弈之為數，小數也；不專心致志，則不得也。弈秋，通國之善弈者也。使弈秋誨二人弈，其一人專心致志，惟弈秋之為聽；一人雖聽之，一心以為有鴻鵠將至，思援弓繳（zhuó）而射之。雖與之俱學，弗若之矣。為是其智弗若與？曰：非然也。」

孟子說：「王不聰明，不足奇怪。縱使有一種最容易生長的植物，曬它一天，冷它十天，是沒有能夠再長的。我和王相見的次數也太少了，我退居在家，對他冷淡得也到極點了，他雖萌發有善良之心，我對他能有什麼幫助呢？拿下棋的技藝來說，只是雕蟲小

技，如果不一心一意，那就學不好。弈秋是全國最會下棋的人。假使讓他教授兩個人下棋，一個人專心專意，只聽弈秋的話；另一個雖然聽着，心裏卻以為，有只天鵝快要飛來，想拿起弓箭去射它。這樣，縱使和那人一道學習，他的成績一定不如人家。這是因為他的聰明不如人家嗎？不是這樣〔，而是他專心專意不如人家〕。」

◇ 11·10

孟子曰：「魚我所欲也，熊掌亦我所欲也；二者不可得兼，舍魚而取熊掌者也。生亦我所欲也，義亦我所欲也；二者不可得兼，舍生而取義者也。生亦我所欲，所欲有甚於生者，故不為苟得也；死亦我所惡，所惡有甚於死者，故患有所不辟也。如使人之所欲莫甚於生，則凡可以得生者，何不用也？使人之所惡莫甚於死者，則凡可以辟患者，何不為也？由是則生而有不用也，由是則可以辟患而有不為也。是故所欲有甚於生者，所惡有甚於死者。非獨賢者有是心也，人皆有之，賢者能勿喪耳。一簞食，一豆羹，得之則生，弗得則死，呼爾而與之，行道之人弗受；蹴爾而與之，乞人不屑也。萬鍾則不辯禮義而受之。萬鍾於我何加焉？為宮室之美、妻妾之奉、所識窮乏者得我與？鄉為身死而不受，今為宮室之美為之；鄉為身死而不受，今為妻妾之奉為之；鄉為身死而不受，今為所識窮乏者得我而為之。是亦不可以已乎？此之謂失其本心。」

孟子說：「魚是我所喜歡的，熊掌也是我所喜歡的；如果兩者不能都有，便犧牲魚，而要熊掌。生命是我所喜歡的，道義也是我所喜歡的；如果兩者不能都有，便犧牲生命，而要道義。生命本是我所喜歡的，但是我還有比生命更為喜歡的，所以我不幹苟且偷生的事；死亡本是我所厭惡的，但是我還有比死亡更為厭惡的，所以有的禍害我不躲避。如果人們所喜歡的沒有超過生命，那麼，一切可以求生的方法，哪有不使用的呢？如果人們所厭惡的沒有超過死

亡，那麼，一切可以避免禍害的事情，哪有不幹的呢？〔然而，有些人〕由此便可以得到生存，卻不去做；由此便可以避免禍害，卻不去幹。所以說，有比生命更值得喜歡的東西，也有比死亡更令人厭惡的東西。這種思想不僅僅賢德的人有，人人都有，不過賢德的人能夠保持它罷了。一筐飯，一碗湯，得着便能活下去，得不着便餓死，如果是呼喝着給與他，就是飢餓的過路人都不會接受；腳踏過再給與他，就是乞丐也不屑於要。〔然而竟有人對〕萬鍾的俸祿不問是否合於禮義，欣然接受了。萬鍾的俸祿對我有什麼好處呢？為着住宅的華麗、妻妾的侍奉、我所認識的貧苦人感激自己嗎？過去寧死而不接受的，今天卻為了住宅的華麗而接受了；過去寧死而不接受的，今天卻為了妻妾的侍奉而接受了；過去寧死而不接受的，今天卻為了我所認識的貧苦人感激自己而接受了。這些難道不是可以罷手的麼？這便叫做人喪失了他的本性。」

◇ 11·11 ....

孟子曰：「仁，人心也；義，人路也。舍其路而弗由，放其心而不知求，哀哉！人有雞犬放，則知求之；有放心而不知求。學問之道無他，求其放心而已矣。」

孟子說：「仁是人的良心，義是人的正路。放棄了正路而不走，喪失了善良之心而不曉得去找，真可悲呀！一個人，當有雞和狗走失了，便曉得去尋找；當有善良之心喪失了，卻不曉得去尋求。研究學問之途徑沒有別的，就是把那喪失了的善良之心找回來罷了。」

◇ 11·12 ....

孟子曰：「今有無名之指屈而不信，非疾痛害事也；如有能信之者，則不遠秦、楚之路，為指之不若人也。指不若人，則知惡之；心不若人，則不知惡：此之謂不知類也。」

孟子説：「現在有的人，他的無名指彎曲了而不能伸直，雖然不痛苦，也不妨礙工作；如果有人能夠使它伸直，就是去秦國、楚國〔求醫〕都不嫌遠，因為無名指不及別人。無名指不及別人，就知道厭惡；良心不及別人，竟不知道厭惡：這叫做不懂得輕重。」

◇ 11·13 ⋯⋯⋯⋯⋯⋯⋯⋯⋯⋯⋯⋯

孟子曰：「拱把之桐、梓，人苟欲生之，皆知所以養之者。至於身，而不知所以養之者，豈愛身不若桐、梓哉？弗思甚也！」

孟子説：「兩手合圍和一手握着那樣粗細的桐樹梓樹，假若要使它生長起來，都曉得如何去培養。至於自身，卻不曉得如何去培養，難道愛自己還不及愛桐樹梓樹嗎？真是太不動腦筋了。」

◇ 11·14 ⋯⋯⋯⋯⋯⋯⋯⋯⋯⋯⋯⋯

孟子曰：「人之於身也，兼所愛。兼所愛，則兼所養也。無尺寸之膚不愛焉，則無尺寸之膚不養也。所以考其善不善者，豈有他哉？於己取之而已矣。體有貴賤，有小大。無以小害大，無以賤害貴。養其小者為小人，養其大者為大人。今有場師，舍其梧、檟（jiǎ），養其樲（èr）棘，則為賤場師焉。養其一指，而失其肩背而不知也，則為狼疾人也。飲食之人，則人賤之矣，為其養小以失大也。飲食之人無有失也，則口腹豈適為尺寸之膚哉？」

孟子説：「人對於身體，不論哪一部分都愛護。都愛護便都保養。沒有一尺一寸的肌膚不愛護，便沒有一尺一寸的肌膚不保養。考察他護養得好不好，難道有別的方法嗎？只是看他所注重的是身體的哪部分罷了。身體有重要部分，也有次要部分；有小的部分，也有大的部分。不要因為小的部分去損害大的部分，不要因為次要部分去損害重要部分。保養小的部分的就是小人，保養大的部分的

便是君子。假若有一位園藝家，放棄培養梧桐梓樹，卻去培養酸棗荊棘，那就是位很差的園藝家。如果有人只保養他的一個手指，卻喪失了肩膀背脊，自己還不明白，那便是糊塗透頂的人。光是講究吃喝〔而不顧思想道德〕的人，人家都輕視他，因為他保養了小的，喪失大的。如果講究吃喝的人不影響思想道德的培養，那麼，吃喝的目的難道僅僅為着飽口腹那小部分嗎？」

◇ 11·15 ···

公都子問曰：「鈞是人也，或為大人，或為小人，何也？」孟子曰：「從其大體，為大人；從其小體，為小人。」曰：「鈞是人也，或從其大體，或從其小體，何也？」曰：「耳目之官不思，而蔽於物。物交物，則引之而已矣。心之官則思，思則得之，不思則不得也。此天之所與我者。先立乎其大者，則其小者弗能奪也。此為大人而已矣。」

公都子問道：「同樣是人，有的是君子，有的是小人，什麼緣故呢？」孟子答道：「心從禮義，顧此大體的人，是君子；只求耳目之娛，顧眼前小利的人，是小人。」問道：「同樣是人，有的心從禮義顧大體，有的只求耳目之娛顧眼前小利，又是什麼緣故呢？」答道：「譬如耳目這類器官不會思考，所以常為外物所蒙蔽。〔因此，耳目不過是局部小體罷了。〕一與外物相接觸，便常被外物引向迷途了。心這個器官是用來思考的，〔人的善性，〕一思考便得着，不思考便得不着。心這個器官，是上天特意給我們人類的。因此，這是關係大體和大局的器官，先把它樹立起來，那麼，耳目等局部的器官便不能把人的善性奪去了。這樣便成為君子了。」

◇ 11·16 ···

孟子曰：「有天爵者，有人爵者。仁、義、忠、信，樂善不倦，此天爵也；公卿大夫，此人爵也。古之人修其天爵，

而人爵從之。今之人修其天爵，以要人爵；既得人爵，而棄其天爵，則惑之甚者也，終亦必亡而已矣。」

孟子說：「有自然尊貴的爵位，有社會的爵位。仁義忠信，不倦地樂於行善，這是自然尊貴的爵位；公卿大夫，這是社會的爵位。古代的人修養他自然尊貴的爵位，於是社會爵位隨着來了。現在的人修養他自然尊貴的爵位，為的是追求社會爵位；已經得到了社會爵位，便放棄他自然尊貴的爵位，那就太糊塗了，結果連社會爵位也必定會喪失。」

◇ 11・17 ⋯⋯⋯⋯⋯⋯⋯⋯⋯⋯⋯⋯⋯⋯⋯⋯

孟子曰：「欲貴者，人之同心也。人人有貴於己者，弗思耳矣。人之所貴者，非良貴也。趙孟之所貴，趙孟能賤之。《詩》云：『既醉以酒，既飽以德。』言飽乎仁義也，所以不願人之膏粱之味也；令聞廣譽施於身，所以不願人之文繡也。」

孟子說：「希望尊貴，這是人們共同的心理。但每人都有自己可尊貴的東西，只是沒有去想罷了。別人所給與的尊貴，並不是真正值得尊貴的。趙孟（晉國正卿趙盾，字孟）所尊貴的，趙孟同樣可以使他下賤。《詩經・大雅・既醉》上說：『酒已經醉了，德已經飽足了。』說的是仁義之德很富足了，因此也就不羨慕別人肥肉白米的美味了；到處皆知的好名聲加在我身上，因此也就不羨慕別人的繡花美服了。」

◇ 11・18 ⋯⋯⋯⋯⋯⋯⋯⋯⋯⋯⋯⋯⋯⋯⋯⋯

孟子曰：「仁之勝不仁也，猶水勝火。今之為仁者，猶以一杯水救一車薪之火也；不熄，則謂之水不勝火，此又與於不仁之甚者也，亦終必亡而已矣。」

孟子說：「仁勝過不仁，正像水可以撲滅火一樣。如今行仁道

的人，好像用一杯水來救一車木柴的火，火不熄滅，便說水不能撲滅火，這些人又大大助長了很不仁道的人的氣焰，結果連他們已行的這點點仁德都會消失。」

◇ 11·19 ⋯⋯⋯⋯⋯⋯⋯⋯⋯⋯⋯⋯⋯⋯⋯⋯⋯

孟子曰：「五穀者，種之美者也；苟為不熟，不如荑（tí）稗。夫仁，亦在乎熟之而已矣。」

孟子說：「五穀是莊稼中的好品種，假若不能成熟，反而不及稊米和稗子。仁德，也不過在於使它成熟罷了。」

◇ 11·20 ⋯⋯⋯⋯⋯⋯⋯⋯⋯⋯⋯⋯⋯⋯⋯⋯⋯

孟子曰：「羿之教人射，必志於彀（gòu）；學者亦必志於彀。大匠誨人，必以規矩；學者亦必以規矩。」

孟子說：「羿教人射箭，一定拉滿弓；學射的人也一定要努力拉滿弓。有名的木匠教人技藝，一定依循規矩；學藝的人也一定要依循規矩。」

告子章句下

凡十六章。

◇ 12·1 ⋯⋯⋯⋯⋯⋯⋯⋯⋯⋯⋯⋯⋯⋯⋯⋯⋯⋯⋯

任人有問屋廬子曰：「禮與食孰重？」曰：「禮重。」「色與禮孰重？」曰：「禮重。」曰：「以禮食，則飢而死；不以禮食，則得食──必以禮乎？親迎，則不得妻；不親迎，則得妻──必親迎乎？」屋廬子不能對，明日之鄒，以告孟子。孟子曰：「於答是也何有？不揣其本而齊其末，方寸之木可使高於岑樓。金重於羽者，豈謂一鉤金與一輿羽之謂哉？取食之重者與禮之輕者而比之，奚翅食重？取色之重者與禮

之輕者而比之，奚翅色重？往應之曰：『紾兄之臂而奪之食，則得食；不則不得食——則將之手？踰東家牆而摟其處子，則得妻；不摟則不得妻——則將摟之手？』」

有一位任國人問屋廬子（孟子弟子），道：「禮節和飲食哪樣重要？」屋廬子答道：「禮節重要。」「娶妻和禮節哪樣重要？」答道：「禮節重要。」那位任國人問道：「如果按着禮節去找吃的，便會餓死；不按着禮節去找吃的，便能得到吃的——那一定要按着禮節行事嗎？如果按照親迎禮，便得不到妻子；如果不行親迎禮，便會得着妻子——那一定要行親迎禮嗎？」屋廬子不能對答，第二天便去鄒國，把這話告訴孟子。孟子說：「答覆這些話有什麼困難呢？如果不揣度基地的高低是否一致，而只比較其頂端，那一寸厚的木塊，〔若放在高處，〕可以使它高過尖角高樓。我們說，金子比羽毛重，難道是說三錢多重的金子重過一大車羽毛嗎？拿飲食的重要方面和禮節的輕微細節相比，何止是飲食重要呢？拿婚姻的重要方面和禮節的輕微細節相比，何止是娶妻重要呢？你這樣去答覆他吧：『扭轉哥哥的胳膊，搶奪他的食物，便得到吃的；不扭便得不着吃的——那你會去扭嗎？爬過東鄰的牆去摟抱女子，便得到妻室；不去摟抱，便得不着妻室——那你會去摟抱嗎？』」

◇ 12‧2 ....

曹交問曰：「『人皆可以為堯、舜』，有諸？」孟子曰：「然。」「交聞文王十尺，湯九尺，今交九尺四寸以長，食粟而已，如何則可？」曰：「奚有於是？亦為之而已矣。有人於此，力不能勝一匹雛，則為無力人矣；今日舉百鈞，則為有力人矣。然則舉烏獲之任，是亦為烏獲而已矣。夫人豈以不勝為患哉？弗為耳。徐行後長者謂之弟，疾行先長者謂之不弟。夫徐行者，豈人所不能哉？所不為也。堯、舜之道，孝弟而已矣。子服堯之服，誦堯之言，行堯之行，是堯而已矣。子服桀之服，誦桀之言，行桀之行，是桀而已矣。」曰：

「交得見於鄒君，可以假館，願留而受業於門。」曰：「夫道，若大路然，豈難知哉？人病不求耳。子歸而求之，有餘師。」

曹交問道：「人人都可以成為堯舜，有這個說法嗎？」孟子答道：「有的。」曹交問：「我聽說文王身高一丈，湯身高九尺，如今我有九尺四寸多高，卻只會吃飯罷了，要怎樣才可以成為堯舜呢？」孟子說：「這有什麼關係？只要去做就行了。要是有人，自以為連一隻小雞都提不起來，便是毫無力氣的人了；而今說能夠舉重三千斤，便是很有力氣的人了。那麼，能舉得起烏獲（古之大力士）所舉重量的，也就是烏獲了。人難道擔心有什麼不能勝任的嗎？只是不去做罷了。慢慢地走在長者之後，便叫悌；很快地走在長者之前，便叫不悌。慢慢地走，難道是人所不能做到的嗎？只是不那樣做罷了。堯舜之道，也不過就是孝和悌而已。你穿堯的衣服，說堯的話，行堯的所作所為，便是堯了。你穿桀的衣服，說桀的話，行桀的所作所為，便是桀了。」曹交說：「我準備去謁見鄒君，向他借個住的地方，情願留在您門下學習。」孟子說：「道就像大路一樣，怎麼難於瞭解呢？只怕人不去尋求罷了。你回去自己尋求吧，老師多得很呢。」

◇ 12·3 ································

公孫丑問曰：「高子曰『《小弁》，小人之詩也』。」孟子曰：「何以言之？」曰：「怨。」曰：「固哉，高叟之為詩也！有人於此，越人關弓而射之，則己談笑而道之；無他，疏之也。其兄關弓而射之，則己垂涕泣而道之；無他，戚之也。《小弁》之怨，親親也。親親，仁也。固矣夫，高叟之為詩也！」曰：「《凱風》何以不怨？」曰：「《凱風》，親之過小者也；《小弁》，親之過大者也。親之過大而不怨，是愈疏也；親之過小而怨，是不可磯也。愈疏，不孝也；不可磯，亦不孝也。孔子曰：『舜其至孝矣，五十而慕。』」

公孫丑問道：「高子說：《小弁》（見《詩經‧小雅》，是一首被父親驅逐的人抒發哀怨的詩）是小人所作的詩，對嗎？」孟子說：「為什麼這麼說呢？」答道：「因為這詩有怨恨之情。」孟子說：「高老先生講詩真是太機械了！這裏有個人，若是越國人張開弓去射他，他可以有說有笑地講述這事；這沒有別的原因，因為越國人和他關係疏遠。若是他哥哥張開弓去射他，那他會哭哭啼啼地講述這事；這沒有別的原因，因為哥哥是親人。《小弁》的怨恨，正是熱愛親人的緣故。熱愛親人，是合乎仁道的。高老先生講詩實在是太機械了！」公孫丑說：「《凱風》（見《詩經‧邶風》，是一首兒子頌母自責的詩）這篇詩為什麼沒有怨恨之情呢？」答道：「《凱風》這篇詩中，是由於母親的過錯小；《小弁》這篇詩中，卻是由於父親的過錯大。父母的過錯大，卻不抱怨，是更疏遠父母的表現；父母的過錯小，卻去抱怨，是反而激怒自己。更疏遠父母是不孝，反而使自己激怒也是不孝。孔子說：『舜是最孝順的人吧，五十歲還依戀父母。』」

◇ 12‧4 ┈┈┈┈┈┈┈┈┈┈┈┈┈┈┈┈┈┈┈

宋牼（kēng）將之楚。孟子遇於石丘，曰：「先生將何之？」曰：「吾聞秦、楚構兵，我將見楚王說而罷之；楚王不悅，我將見秦王說而罷之。二王我將有所遇焉。」曰：「軻也請無問其詳，願聞其指。說之將何如？」曰：「我將言其不利也。」曰：「先生之志則大矣，先生之號則不可。先生以利說秦、楚之王，秦、楚之王悅於利，以罷三軍之師，是三軍之士樂罷而悅於利也。為人臣者，懷利以事其君；為人子者，懷利以事其父；為人弟者，懷利以事其兄：是君臣、父子、兄弟終去仁義，懷利以相接，然而不亡者，未之有也。先生以仁義說秦、楚之王，秦、楚之王悅於仁義而罷三軍之師，是三軍之士樂罷而悅於仁義也。為人臣者，懷仁義以事其君；為人子者，懷仁義以事其父；為人弟者，懷仁義以事其

兄:是君臣、父子、兄弟去利,懷仁義以相接也,然而不王者,未之有也。何必曰利?」

宋牼將要到楚國去,孟子在石丘地方碰到了他,孟子問道:「先生準備往哪裏去?」宋牼答道:「我聽説秦、楚兩國交兵,我們打算去謁見楚王,向他進言,勸他罷兵;如果楚王不聽,我又打算去謁見秦王,向他進言,勸他罷兵。在兩個國王中,我總會有受到賞識的機遇的。」孟子説:「我不想問得太詳細,只想知道你的大意。你將怎樣去進言呢?」答道:「我打算説,交兵是不利的。」孟子説:「先生的志向是很好的了,可是先生的提法卻不妥。先生用利來向秦王、楚王進言,秦王、楚王因為有利而高興,於是停止軍事行動,這就將使軍隊的官兵樂於罷兵,因之喜歡利。做臣屬的懷着利的觀念來服事君主,做兒子的懷着利的觀念來服事父親,做弟弟的懷着利的觀念來服事哥哥,這就會使君臣、父子、兄弟之間完全去掉了仁義,懷着利的觀念來互相接待,這樣,國家不滅亡,是沒有的事。若是先生用仁義的道理向秦王、楚王進言,秦王、楚王因仁義而高興,於是停止軍事行動,這就會使軍隊的官兵樂於罷兵,因之喜歡仁義。做臣屬的懷着仁義來服事君主,做兒子的懷着仁義來服事父親,做弟弟的懷着仁義來服事哥哥,這就會使君臣、父子、兄弟之間都去掉利的觀念,而懷着仁義來互相接待,這樣,國家不以德政統一天下,也是沒有的事。為什麼一定要説到利呢?」

◇ 12・5

孟子居鄒,季任為任處守,以幣交,受之而不報。處於平陸,儲子為相,以幣交,受之而不報。他日,由鄒之任,見季子;由平陸之齊,不見儲子。屋廬子喜曰:「連得間矣。」問曰:「夫子之任見季子,之齊不見儲子,為其為相與?」曰:「非也。《書》曰:『享多儀,儀不及物,曰不享,惟不役志于享。』為其不成享也。」屋廬子悦。或問之,屋廬子曰:「季子不得之鄒,儲子得之平陸。」

當孟子住在鄒國的時候，季任（任國君主之弟）留守任國，代理國政，送禮物來想和孟子交友，孟子接受了禮物，並不回報。當孟子住在平陸的時候，儲子做齊國的卿相，也送禮物來想和孟子交友，孟子接受了，又不回報。過一段時間，孟子從鄒國到任國，拜訪了季子；從平陸到齊都，卻不去拜訪儲子。屋廬子高興地說：「我找到老師的岔子了。」他便問孟子道：「老師到任國，拜訪季子，到齊都，不拜訪儲子，是因為儲子只是卿相嗎？」孟子答道：「不是。《尚書》上說過：『享獻之禮可貴的是禮儀，如果禮儀不夠，禮物雖多，只能叫做沒有享獻，因為享獻的人心意沒有用在這上面。』這是因為他沒有完成享獻的緣故。」屋廬子高興得很。有人問他，他說：「季子不能夠親身去鄒國，儲子卻能夠親身去平陸〔，他為什麼只送禮而不自己去呢〕。」

◇ 12‧6 ⸱⸱⸱⸱⸱⸱⸱⸱⸱⸱⸱⸱⸱⸱⸱⸱⸱⸱⸱⸱⸱⸱⸱⸱⸱⸱⸱⸱⸱⸱⸱⸱

淳于髡曰：「先名實者，為人也；後名實者，自為也。夫子在三卿之中，名實未加於上下而去之，仁者固如此乎？」孟子曰：「居下位，不以賢事不肖者，伯夷也；五就湯，五就桀者，伊尹也；不惡污君，不辭小官者，柳下惠也。三子者不同道，其趨一也。一者何也？曰：仁也。君子亦仁而已矣，何必同？」曰：「魯繆公之時，公儀子為政，子柳、子思為臣，魯之削也滋甚；若是乎，賢者之無益於國也！」曰：「虞不用百里奚而亡，秦穆公用之而霸。不用賢則亡，削何可得與？」曰：「昔者王豹處於淇，而河西善謳；綿駒處於高唐，而齊右善歌；華周、杞梁之妻善哭其夫，而變國俗。有諸內必形諸外。為其事而無其功者，髡未嘗睹之也。是故無賢者也，有則髡必識之。」曰：「孔子為魯司寇，不用；從而祭，燔肉不至，不稅冕而行。不知者以為為肉也，其知者以為為無禮也。乃孔子則欲以微罪行，不欲為苟去。君子之所為，眾人固不識也。」

淳于髡説：「重視名譽功業，是為着濟世救人；輕視名譽功業，是為着獨善其身。您為齊國三卿之一，對於上輔君王、下濟臣民的名譽和功業都沒有建立，您就離開，仁德的人本來是這樣的嗎？」孟子説：「處在卑賤的職位，不用自己賢人的身份去服事不賢德的人，這是伯夷；五次去湯那裏，又五次去桀那裏，這是伊尹；不討厭惡濁的君主，不拒絕微賤的職位，這是柳下惠。三個人的行為不同，但總方向是一致的。這一致的是什麼呢？應該説，就是仁德。君子只要仁德就行了，為什麼一定要相同呢？」淳于髡説：「當魯繆公的時候，博士公儀休主持國政，泄柳和子思也都為臣立於朝廷，魯國的削弱卻更厲害，賢人對國家毫無好處，竟是這樣的呀！」孟子説：「虞國不用百里奚，因而滅亡；秦穆公用了百里奚，因而稱霸。不用賢人就會遭致滅亡，即使勉強圖存，也是辦不到的。」淳于髡説：「從前王豹住在淇水旁邊，河西的人都會唱歌；綿駒住在高唐，齊國西部地方的人都會唱歌；華周、杞梁的妻子痛哭她們的丈夫，因而改變了國家的風尚。心裏存有什麼，一定表現在外。如果從事某種工作，卻見不到功績，我不曾見過這樣的事。所以，今天是沒有賢人；如果有賢人，我一定會知道他。」孟子説：「孔子做魯國的司寇官，不被信任，跟隨着去祭祀，祭肉也不見送來，於是他匆忙地離開。不知道孔子的人以為他是為爭祭肉而去的，知道孔子的人以為他是為魯國失禮而去的。至於孔子，卻是想要自己背一點小罪名而走，不想隨便離開。君子的作為，一般人本來是不知道的。」

◇ 12・7 ....

　　孟子曰：「五霸者，三王之罪人也；今之諸侯，五霸之罪人也；今之大夫，今之諸侯之罪人也。天子適諸侯曰巡狩，諸侯朝於天子曰述職。春省耕而補不足，秋省斂而助不給。入其疆，土地辟，田野治，養老尊賢，俊傑在位，則有慶；慶以地。入其疆，土地荒蕪，遺老失賢，掊克在位，則

有讓。一不朝則貶其爵,再不朝則削其地,三不朝則六師移之。是故天子討而不伐,諸侯伐而不討。五霸者,摟諸侯以伐諸侯者也,故曰:五霸者,三王之罪人也。五霸,桓公為盛。葵丘之會諸侯,束牲載書而不歃血。初命曰:『誅不孝,無易樹子,無以妾為妻。』再命曰:『尊賢育才,以彰有德。』三命曰:『敬老慈幼,無忘賓旅。』四命曰:『士無世官,官事無攝,取士必得,無專殺大夫。』五命曰:『無曲防,無遏糴,無有封而不告。』曰:『凡我同盟之人,既盟之後,言歸于好。』今之諸侯皆犯此五禁,故曰:今之諸侯,五霸之罪人也。長君之惡,其罪小;逢君之惡,其罪大。今之大夫,皆逢君之惡,故曰:今之大夫,今之諸侯之罪人也。」

孟子說:「五霸,對禹、湯、文武三王說來,是有罪的人;現在的諸侯,對五霸說來,也是有罪的人;現在的大夫,對現在的諸侯說來,又是有罪之人。天子巡行諸侯的國家叫做巡狩,諸侯朝見天子叫做述職。〔天子的巡狩,〕春天考察耕種的情況,說明不足的人;秋天考察收穫的情況,接濟不夠的人。一進到某國的疆界,如果土地已經開闢,田裏農活也搞得很好,老人被贍養,賢者被尊重,傑出的人才掌握大權,那麼就有賞賜;賞賜以土地。如果一進到某國的疆界,土地荒廢,老人被遺棄,賢者不被任用,搜刮錢財的人掌握大權,那麼就有責罰。〔諸侯的述職,〕一次不來朝拜,就降低爵位;兩次不來朝拜,就削減土地;三次不來朝拜,就把軍隊開去。所以天子用武力是『討』,不是『伐』;諸侯則是『伐』,不是『討』。五霸呢,是挾持一部分諸侯來攻伐另一部分諸侯,所以我說,五霸對三王說來,是有罪的人。五霸中,齊桓公最了不得。在葵丘的一次盟會上,捆綁了犧牲祭品,把盟約放在它身上,〔因為相信諸侯不敢失約,〕便沒有吸牲口的血表示守約的儀式。第一條盟約說:誅責不孝之人,不要廢掉已立的太子,不要立妾為妻。第二條盟約說:尊重賢人,培育人才,以表彰有德行的人。

第三條盟約說：尊敬老人，慈愛幼小，不要怠慢貴賓和旅客。第四條盟約說：士人的官職不要世代相傳，公家事務不要兼職，錄用士子一定要得當，不要獨斷專行地殺戮大夫。第五條盟約說：不要到處築堤，不要禁止鄰國來採購糧食，不要有所封賞而不報告〔盟主〕。最後說：所有我們參與盟會的人，在訂立盟約以後，完全恢復舊日的友好。今日的諸侯都違犯了這五條禁令，所以說，今天的諸侯，對五霸說來是有罪之人。臣下助長君主的惡行，這罪行還小；君主有惡行，臣下加以逢迎，〔給他找出理論根據，使他無所忌憚，〕這罪行就大了。今天的大夫，都逢迎君主的惡行，所以說，今天的大夫，對諸侯說來又是有罪之人。」

◇ 12·8 ⋯⋯⋯⋯⋯⋯⋯⋯⋯⋯⋯⋯⋯⋯⋯⋯

　　魯欲使慎子為將軍。孟子曰：「不教民而用之，謂之殃民。殃民者，不容於堯、舜之世。一戰勝齊，遂有南陽，然且不可。」慎子勃然不悅，曰：「此則滑釐所不識也。」曰：「吾明告子。天子之地方千里；不千里，不足以待諸侯。諸侯之地方百里；不百里，不足以守宗廟之典籍。周公之封於魯，為方百里也；地非不足，而儉於百里。太公之封於齊也，亦為方百里也；地非不足也，而儉於百里。今魯方百里者五，子以為有王者作，則魯在所損乎，在所益乎？徒取諸彼以與此，然且仁者不為，況於殺人以求之乎？君子之事君也，務引其君以當道，志於仁而已。」

　　魯國打算叫會用兵的慎子做將軍。孟子說：「不先教導百姓，便利用他們打仗，這叫做加害於百姓。加害於百姓的人，如果在堯、舜時代，是不被容納的。即使只打一仗便戰敗了齊國，便得到了南陽，這樣尚且不可以。」慎子勃然不高興地說：「這話，就是我所不瞭解的了。」孟子說：「我明白地告訴你。天子的土地縱橫一千里；如果不到一千里，便不能接待諸侯。諸侯的土地縱橫一百里；如果不到一百里，便不能奉守歷代相傳的禮法制度。周公被封

於魯，是應該有縱橫一百里地的；土地並不是不夠，但實際上少於一百里。太公被封於齊，也應該有縱橫一百里地的；土地並不是不夠，但實際上少於一百里。如今魯國有五個一百里的長度和寬度，你認為假如有聖主賢君興起，魯國的土地在被減少之列呢，還是在被增加之列呢？不用兵力，白白地取自彼國給與這國，仁德的人尚且不幹，何況以殺人來求得土地呢？君子服事君王，只是專心一意地引導他走向正路，有志於仁道罷了。」

◇ 12‧9

孟子曰：「今之事君者曰：『我能為君辟土地，充府庫。』今之所謂良臣，古之所謂民賊也。君不鄉道，不志於仁，而求富之，是富桀也。『我能為君約與國，戰必克。』今之所謂良臣，古之所謂民賊也。君不鄉道，不志於仁，而求為之強戰，是輔桀也。由今之道，無變今之俗，雖與之天下，不能一朝居也。」

孟子說：「今天服事君主的人都說：『我能夠替君主開拓土地，充實府庫。』今天的所謂好臣子，正是古代的所謂戕害百姓者。君主不嚮往道德，無意於仁道，卻想讓他錢財富足，這等於讓夏桀錢財富足。〔又說：〕『我能夠替君主邀結盟國，每次作戰一定勝利。』今天的所謂好臣子，正是古代所謂戕害百姓者。君主不嚮往道德，無意於仁道，卻想為他勉強作戰，這等於幫助夏桀。從目前這樣的道路走去，也不改變今天這樣的風俗習氣，縱使把整個天下給他，他是一天也坐不穩的。」

◇ 12‧10

白圭曰：「吾欲二十而取一，何如？」孟子曰：「子之道，貉道也。萬室之國，一人陶，則可乎？」曰：「不可，器不足用也。」曰：「夫貉，五穀不生，惟黍生之；無城郭、宮室、宗廟、祭祀之禮，無諸侯幣帛饔飧，無百官有司，故

二十取一而足也。今居中國，去人倫，無君子，如之何其可也？陶以寡，且不可以為國，況無君子乎？欲輕之於堯、舜之道者，大貉、小貉也；欲重之於堯、舜之道者，大桀、小桀也。」

白圭（曾任魏相，善生產，曾築堤治水）說：「我想定稅率為二十抽一，怎麼樣？」孟子說：「你的方針是貉國的方針。假若在一萬戶的國家，一個人製作瓦器，那可以嗎？」白圭答道：「不可以，因為瓦器會不夠用。」孟子說：「在貉國，各種穀類都不生長，只生長糜（méi）子；又沒有城牆、房屋、祖廟和祭祀的禮節，也沒有各國間的互相往來，致送禮物和饗宴，也沒有各種衙門和官吏，所以二十抽一便夠了。如今在中國，不要社會間的一切倫常，不要各種官吏，那怎麼能行呢？做瓦器的太少，尚且不能使一個國家搞好，何況沒有官吏呢？想要比堯、舜十分抽一的稅率還輕的，是大貉、小貉；想要比堯、舜十分抽一的稅率還重的，是大桀、小桀。」

◇ 12‧11

白圭曰：「丹之治水也，愈於禹。」孟子曰：「子過矣。禹之治水，水之道也，是故禹以四海為壑。今吾子以鄰國為壑。水逆行，謂之洚水 —— 洚水者，洪水也 —— 仁人之所惡也。吾子過矣。」

白圭說：「我治理水患比大禹還強。」孟子說：「你錯了。禹治理水患，是順乎水的本性而行的，所以禹使水流注於四海。如今你卻使水流到鄰近的國家去。水逆流而行，叫做洚水 —— 洚水就是洪水 —— 這是有仁愛之心的人最厭惡的。你錯了。」

◇ 12‧12

孟子曰：「君子不亮，惡乎執？」

孟子説：「君子不講誠信，如何能有操守？」

魯欲使樂正子為政。孟子曰：「吾聞之，喜而不寐。」
公孫丑曰：「樂正子強乎？」曰：「否。」「有知慮乎？」曰：
「否。」「多聞識乎？」曰：「否。」「然則奚為喜而不寐？」
曰：「其為人也好善。」「好善足乎？」曰：「好善優於天下，
而況魯國乎？夫苟好善，則四海之內皆將輕千里而來告之以
善；夫苟不好善，則人將曰：『訑訑（yí），予既已知之矣。』
訑訑之聲音顏色距人於千里之外。士止於千里之外，則讒諂
面諛之人至矣。與讒諂面諛之人居，國欲治，可得乎？」

魯國打算叫樂正子治理國政。孟子説：「我聽到這一消息，高
興得睡不着。」公孫丑説：「樂正子很堅強嗎？」答道：「不。」「有
聰明有主意嗎？」答道：「不。」「見多識廣嗎？」答道：「不。」
「那你為什麼高興得睡不着呢？」答道：「他為人喜歡聽取善言。」
「喜歡聽取善言就夠了嗎？」答道：「喜歡聽取善言，用這個來治理
天下，是能夠應付餘裕的，何況僅僅治理魯國呢？如果喜歡聽取善
言，那四面八方的人都會從千里之外趕來把善言告訴他；如果不喜
歡聽取善言，那別人會〔模仿他的話〕説：『呵呵！我早已都曉得
了！』呵呵的聲音和臉色就會拒人於千里之外了。士人在千里之外
停止不來，那進讒言和當面奉承的人就會來了。與進讒言、當面奉
承的人住在一起，要把國家搞好，做得到嗎？」

陳子曰：「古之君子何如則仕？」孟子曰：「所就三，所
去三。迎之致敬以有禮，言，將行其言也，則就之；禮貌未
衰，言弗行也，則去之。其次，雖未行其言也，迎之致敬以
有禮，則就之；禮貌衰，則去之。其下，朝不食，夕不食，
飢餓不能出門戶，君聞之，曰：『吾大者不能行其道，又不能

從其言也，使飢餓於我土地，吾恥之。』周之，亦可受也，免死而已矣。」

孟子弟子陳子（名臻）說：「古代的君子要怎樣才出來做官呢？」孟子說：「就任的情況有三種，離任的情況也有三種。國君有禮貌、恭敬地前來迎接，說的話國君又打算實行，便就任；國君的禮貌雖未衰減，但對說的話已不實行了，便離任。其次，雖然沒有實行他說的話，國君還是很有禮貌、很恭敬地來迎接，也便就任；國君禮貌衰減了，便離任。最下等的是，早晨沒有吃的，黃昏也沒有吃的，餓得不能走出房門，君主知道了，說：『我在大的方面不能實行其見解，又不聽從他的話，致使他在我國土地上餓着肚皮，我引為恥辱。』於是接濟他，這也可以接受，只是免於死亡罷了。」

◇ 12 · 15 ⋯⋯⋯⋯⋯⋯⋯⋯⋯⋯⋯⋯⋯

孟子曰：「舜發於畎畝之中，傅說舉於版築之間，膠鬲舉於魚鹽之中，管夷吾舉於士，孫叔敖舉於海，百里奚舉於市。故天將降大任於是人也，必先苦其心志，勞其筋骨，餓其體膚，空乏其身，行拂亂其所為，所以動心忍性，曾益其所不能。人恆過，然後能改；困於心，衡於慮，而後作；徵於色，發於聲，而後喻。入則無法家拂士，出則無敵國外患者，國恆亡。然後知生於憂患而死於安樂也。」

孟子說：「舜從田野之中興發起來，傅說是從築牆的工作中被舉拔出來，膠鬲從販賣魚鹽的工作中被舉拔出來，管夷吾從獄官的手裏被釋放隨後被舉拔出來，孫叔敖從海邊被舉拔出來，百里奚從買賣場所被舉拔出來。所以上天將要把重大任務落到某人身上，一定先要困苦他的心意，勞累他的筋骨，飢餓他的軀體，窮乏他的身家，使他的每一行為總是不能如意，這樣，便可以激動他的心志，堅韌他的性情，增加他的能力。一個人，錯誤常常發生，才能改

正；心意困辱，思慮阻塞，才能有所奮發進而創造；表現在面色上，發表在言語中，才能被人瞭解。一個國家，如果國內沒有守法度的大臣和輔弼的賢士，國外沒有相與抗衡的鄰國和外來的憂患，常常容易被滅亡。這樣，就可以知道，憂患的環境足以使人生存，安樂的環境足以使人死亡的道理了。」

◇ 12 · 16

孟子曰：「教亦多術矣。予不屑之教誨也者，是亦教誨之而已矣。」

孟子說：「教育也有很多方式。我不屑於去教誨他，〔從而使他有所改悔，發憤圖強，〕這也是一種教誨呢。」

盡心章句上

凡四十六章。

◇ 13 · 1

孟子曰：「盡其心者，知其性也。知其性，則知天矣。存其心，養其性，所以事天也。夭壽不貳，修身以俟之，所以立命也。」

孟子說：「儘量保持善良的本心，這就是懂得了人的本性。懂得了人的本性，就懂得天命了。保持人的本心，培養人的本性，這就是對待天命的方法。短命也好，長壽也好，我都不三心二意，只是培養身心，等待天命，這就是安身立命的方法。」

◇ 13 · 2

孟子曰：「莫非命也，順受其正；是故知命者不立乎巖牆之下。盡其道而死者，正命也；桎梏死者，非正命也。」

孟子説：「無一不是命運，但順理而行，所接受的便是正命；所以懂得命運的人不站在有傾倒危險的牆壁之下。盡力行正道而死的人所受的是正命，犯罪而死的人所受的不是正命。」

◇ 13・3 ……………………………………………

孟子曰：「求則得之，舍則失之，是求有益於得也，求在我者也。求之有道，得之有命，是求無益於得也，求在外者也。」

孟子説：「〔有些東西〕探求便會得到，放棄便會失掉，這是有益於收穫的探求，因為所探求的物件存在於我本身之內。探求有一定的方式，得到或得不到卻聽之於命運，這是無益於收穫的探求，因為所探求的物件存在於我本身之外。」

◇ 13・4 ……………………………………………

孟子曰：「萬物皆備於我矣。反身而誠，樂莫大焉。強恕而行，求仁莫近焉。」

孟子説：「一切我都具備了。反躬自問，自己是忠誠踏實的，便引以為最大的快樂。不懈地按推己及人的恕道做去，達到仁德的途徑沒有比這更近便的了。」

◇ 13・5 ……………………………………………

孟子曰：「行之而不著焉，習矣而不察焉，終身由之而不知其道者，眾也。」

孟子説：「如此做去卻不明白應當這樣，習慣了卻不深知為什麼這樣，一生都隨着這樣做下去，卻不瞭解這是什麼道理的，這是一般的人。」

◇ 13·6 ....

孟子曰：「人不可以無恥，無恥之恥，無恥矣。」

孟子說：「人不可以沒有羞恥之心，不知羞恥的可恥，真是不知羞恥呀！」

◇ 13·7 ....

孟子曰：「恥之於人大矣，為機變之巧者，無所用恥焉。不恥不若人，何若人有？」

孟子說：「羞恥對於人關係重大，專幹機謀欺詐事情的人，是用不着什麼羞恥的。不以比不上別人為羞恥，怎樣能趕上別人呢？」

◇ 13·8 ....

孟子曰：「古之賢王好善而忘勢，古之賢士何獨不然？樂其道而忘人之勢，故王公不致敬盡禮，則不得亟見之。見且由不得亟，而況得而臣之乎？」

孟子說：「古代的賢君樂於善言善行，因而忘記自己的富貴權勢；古代的賢士何嘗不是這樣？他樂於走自己的道路，因而也忘記了別人的富貴權勢，所以王公不對他恭敬盡禮，就不能夠多次地和他相見。相見的次數尚且不能夠多，何況要他作為臣下呢？」

◇ 13·9 ....

孟子謂宋句踐曰：「子好遊乎？吾語子遊。人知之，亦囂囂；人不知，亦囂囂。」曰：「何如斯可以囂囂矣？」曰：「尊德樂義，則可以囂囂矣。故士窮不失義，達不離道。窮不失義，故士得己焉；達不離道，故民不失望焉。古之人得志，澤加於民；不得志，修身見於世。窮則獨善其身，達則兼善天下。」

孟子對宋句踐說：「你喜歡遊說各國的君主嗎？我告訴你遊說的態度。別人理解我，我自得其樂；別人不理解我，我也自得其樂。」宋句踐說：「要怎樣才能夠自得其樂呢？」答道：「崇尚道德，喜愛禮義，就可以自得其樂了。所以，士人窮困時，不失掉禮義；得意時，不離開正道。窮困時不失掉禮義，所以自得其樂；得意時不離開正道，所以百姓不致失望。古代的人，得意時，恩澤普施於百姓；不得意時，修養個人的品德，以此表現於世人。窮困時便獨自修養自己身心，得意時便使天下之人都受到好處。」

◇ 13‧10 ⋯⋯⋯⋯⋯⋯⋯⋯⋯⋯⋯⋯⋯⋯

孟子曰：「待文王而後興者，凡民也。若夫豪傑之士，雖無文王猶興。」

孟子說：「一定要等待文王出來而後奮發的，是一般百姓。至於傑出的人才，縱使沒有文王，也能奮發起來。」

◇ 13‧11 ⋯⋯⋯⋯⋯⋯⋯⋯⋯⋯⋯⋯⋯⋯

孟子曰：「附之以韓、魏之家，如其自視欿（kǎn）然，則過人遠矣。」

孟子說：「把春秋時晉國六卿中的韓、魏兩家大臣的財富增加給他，如果他並不自滿，這樣的人就遠遠超出一般人。」

◇ 13‧12 ⋯⋯⋯⋯⋯⋯⋯⋯⋯⋯⋯⋯⋯⋯

孟子曰：「以佚道使民，雖勞不怨。以生道殺民，雖死不怨殺者。」

孟子說：「在謀求老百姓安逸的原則下役使百姓，百姓雖然勞苦，也不怨恨。在謀求老百姓生存的原則下殺人，人雖被殺死，也不會怨恨那殺他的人。」

◇ 13・13 ┄┄┄┄┄┄┄┄┄┄┄┄┄┄┄┄┄┄┄┄

孟子曰：「霸者之民驩虞如也，王者之民皞皞如也。殺之而不怨，利之而不庸，民日遷善而不知為之者。夫君子所過者化，所存者神，上下與天地同流，豈曰小補之哉！」

孟子說：「霸主的〔功業顯著，〕百姓歡喜快樂，聖王的〔功德浩蕩，〕百姓心情舒暢。百姓被殺了，也不怨恨；得到好處，也不認為應該酬謝；百姓天天向好的方面發展，也不知道誰使他如此。聖人經過之處，人們受到感化；停留之處，所起的作用，更神祕莫測；〔他的功德〕上與天，下與地同時運轉，難道只是小小的補益嗎？」

◇ 13・14 ┄┄┄┄┄┄┄┄┄┄┄┄┄┄┄┄┄┄┄┄

孟子曰：「仁言不如仁聲之入人深也，善政不如善教之得民也。善政，民畏之；善教，民愛之。善政得民財，善教得民心。」

孟子說：「仁德的言語趕不上仁德的音樂深入人心，良好的政治趕不上良好的教育獲得民心。良好的政治，百姓怕它；良好的教育，百姓愛它。良好的政治能得到百姓的資財，良好的教育能得到百姓的心。」

◇ 13・15 ┄┄┄┄┄┄┄┄┄┄┄┄┄┄┄┄┄┄┄┄

孟子曰：「人之所不學而能者，其良能也；所不慮而知者，其良知也。孩提之童無不知愛其親者，及其長也，無不知敬其兄也。親親，仁也；敬長，義也；無他，達之天下也。」

孟子說：「人不待學習便能做到的，這是良能；不待思考便會知道的，這是良知。兩三歲的小孩沒有不愛他父母的，等到他長

大，沒有不知道尊敬兄長的。親愛父母是仁，尊敬兄長是義，這沒有其他原因，因為這兩種品德可以通行於天下。」

◇ 13·16

孟子曰：「舜之居深山之中，與木石居，與鹿豕遊，其所以異於深山之野人者幾希；及其聞一善言，見一善行，若決江河，沛然莫之能禦也。」

孟子說：「舜住在深山的時候，在家中只有跟樹木和石頭在一起，出外只跟鹿和豬同遊，跟深山中粗野之人差不多；等到他聽到一句好話，看到一樁好事，〔便立刻推行，〕這種力量，好像江河決了口一樣，浩浩蕩蕩地沒有人能阻擋得住。」

◇ 13·17

孟子曰：「無為其所不為，無欲其所不欲，如此而已矣。」

孟子說：「不幹我所不願幹的事，不要我所不願要之物，這樣就行了。」

◇ 13·18

孟子曰：「人之有德慧術知者，恆存乎疢（chèn）疾。獨孤臣孽子，其操心也危，其慮患也深，故達。」

孟子說：「一個人之所以有道德、智慧、本領、知識，經常是由於他有憂患。只有那孤立無援的臣子，不是正妻所生受歧視的兒子，他們才時常警惕不安，深切地憂慮禍患，〔使意志得到磨煉，〕所以才通達事理。」

◇ 13·19

孟子曰：「有事君人者，事是君則為容悅者也；有安社

稷臣者，以安社稷為悅者也；有天民者，達可行於天下而後行之者也；有大人者，正己而物正者也。」

孟子説：「有一種侍奉君主的人，侍奉某一君主，就一味討他喜歡；有一種安定國家之臣，以安定國家為愉快；有能盡天理的人，當他的道義能行於天下時，然後去實行；有道德高尚的人，那是端正了自己，外物便隨着端正了的人。」

◇ 13・20 ⋯⋯⋯⋯⋯⋯⋯⋯⋯⋯⋯⋯⋯⋯⋯

孟子曰：「君子有三樂，而王天下不與存焉。父母俱存，兄弟無故，一樂也；仰不愧於天，俯不怍於人，二樂也；得天下英才而教育之，三樂也。君子有三樂，而王天下不與存焉。」

孟子説：「君子有三種樂趣，但是以德服天下並不在其中。父母都健康，兄弟沒災禍，是第一種樂趣；抬頭無愧於上天，低頭無愧於他人，是第二種樂趣；得到天下優秀人才而對他們進行教育，是第三種樂趣。君子有三種樂趣，但是以德服天下並不在其中。」

◇ 13・21 ⋯⋯⋯⋯⋯⋯⋯⋯⋯⋯⋯⋯⋯⋯⋯

孟子曰：「廣土眾民，君子欲之，所樂不存焉；中天下而立，定四海之民，君子樂之，所性不存焉。君子所性，雖大行不加焉，雖窮居不損焉，分定故也。君子所性，仁、義、禮、智根於心，其生色也睟（sui）然，見於面，盎於背，施於四體。四體不言而喻。」

孟子説：「擁有廣大的土地、眾多的人民，是君子所希望的，但是樂趣不在這兒；居於天下的中央，安定天下的百姓，君子以此為樂，但是本性不在這兒。君子的本性，縱使他的理想通行於天下，並不因此而增加，縱使窮困隱居，並不因此而減少，這是本分已經定了的緣故。君子的本性，仁義禮智植根在他心中，而生發出

來的神色純和溫潤，它表現在顏面上，反映在肩背上，以至於手足四肢。通過手足四肢的動作，不必言語，別人一目瞭然。」

◇ 13·22

孟子曰：「伯夷辟紂，居北海之濱，聞文王作，興曰：『盍歸乎來？吾聞西伯善養老者。』太公辟紂，居東海之濱，聞文王作，興曰：『盍歸乎來？吾聞西伯善養老者。』天下有善養老，則仁人以為己歸矣。五畝之宅，樹牆下以桑，匹婦蠶之，則老者足以衣帛矣。五母雞，二母彘，無失其時，老者足以無失肉矣。百畝之田，匹夫耕之，八口之家足以無飢矣。所謂西伯善養老者，制其田里，教之樹、畜，導其妻子使養其老。五十非帛不暖，七十非肉不飽。不暖不飽，謂之凍餒。文王之民，無凍餒之老者，此之謂也。」

孟子説：「伯夷避開紂王，住在北海邊上，聽説文王興起，便説：『何不歸依到西伯那裏去呢？我聽説他是最能奉養老人的人。』姜太公避開紂王，住在東海邊上，聽説文王興起，便説：『何不歸依到西伯那裏去呢？我聽説他是最能奉養老人的人。』天下有最能奉養老人的人，那仁人便把他當作自己的依靠了。五畝地的房屋，在牆下栽培了桑樹，婦女養蠶繅絲，老年人便有足夠的絲綿穿了。五隻母雞，二隻母豬，加以飼養，使它們適時繁殖，老年人便有足夠的肉吃了。百畝的土地，男子去耕種，八口人的家庭足夠吃飽了。所謂西伯最能奉養老人，就在於他制定土地制度，教育人民栽種和畜牧，引導百姓奉養他們的老人。五十歲，沒有絲綿便穿不暖；七十歲，沒有肉食便吃不飽。穿不暖、吃不飽，叫做受凍受餓。在文王的百姓中，沒有受凍受餓的老人，就是這個意思。」

◇ 13·23

孟子曰：「易其田疇，薄其稅斂，民可使富也。食之以

時，用之以禮，財不可勝用也。民非水火不生活，昏暮叩人之門戶求水火，無弗與者，至足矣。聖人治天下，使有菽粟如水火。菽粟如水火，而民焉有不仁者乎？」

孟子說：「搞好耕種，減輕稅收，可以使百姓富足。按時食用，依禮法消費，財物是用不盡的。百姓沒有水和火便不能生存，黃昏夜晚敲別人的門戶來求水火，沒有不給與的。為什麼呢？這是水火極多的緣故。聖人治理天下，要使糧食如同水火那樣多。糧食如同水火那樣多了，百姓哪有不講仁愛的呢？」

◇ 13 · 24 ···

孟子曰：「孔子登東山而小魯，登泰山而小天下。故觀於海者難為水，遊於聖人之門者難為言。觀水有術，必觀其瀾。日月有明，容光必照焉。流水之為物也，不盈科不行；君子之志於道也，不成章不達。」

孟子說：「孔子上了東山，便覺得魯國很小了；上了泰山，便覺得天下也不大了。所以看過海洋的人，別的水便難於吸引他了；曾在聖人門下學習過的人，別的議論也就難於吸引他了。觀看水有方法，一定要看它壯闊的波浪。太陽、月亮都有光輝，連一點兒縫隙都必定照到。流水這個東西不把窪地流滿，便不再向前流；君子立志於道，沒有一定的成就，也就不能通達。」

◇ 13 · 25 ···

孟子曰：「雞鳴而起，孳孳為善者，舜之徒也；雞鳴而起，孳孳為利者，蹠之徒也。欲知舜與蹠之分，無他，利與善之間也。」

孟子說：「雞叫便起來，努力行善的人，是舜一類的人物；雞叫便起來，努力求利的人，是盜蹠一類的人物。要曉得舜和盜蹠的區別，沒有別的，謀利和行善的不同罷了。」

孟子曰:「楊子取為我,拔一毛而利天下,不為也。墨子兼愛,摩頂放踵利天下,為之。子莫執中,執中為近之。執中無權,猶執一也。所惡執一者,為其賊道也,舉一而廢百也。」

孟子說:「楊子(名朱)主張為我,拔一根汗毛有利於天下,都不肯幹。墨子(名翟)主張兼愛,摩禿頭頂,走破腳跟,只要對天下有利的事,一切都幹。子莫(魯國的賢人)主張中道,主張中道便差不多了。但是主張中道如果沒有靈活性,不懂得變通的辦法,便是執着一點。為什麼厭惡執着一點呢?因為它有損害於仁義之道,只是拿起一點而廢棄了其餘百事的緣故。」

孟子曰:「飢者甘食,渴者甘飲,是未得飲食之正也,飢渴害之也。豈惟口腹有飢渴之害?人心亦皆有害。人能無以飢渴之害為心害,則不及人不為憂矣。」

孟子說:「飢餓的人覺得任何食物都是美好的,乾渴的人覺得任何飲料都是甘甜的,他們不能知道飲食的正常滋味,這是飢餓乾渴損害味覺的緣故。難道只是口舌腸胃有飢餓乾渴的損害嗎?人心也有這種損害。如果人們〔能夠經常培養心志,〕不使它遭受口舌腸胃那樣的飢餓乾渴,那〔自然容易進入聖賢的境界,〕不會以趕不上別人為憂慮了。」

孟子曰:「柳下惠不以三公易其介。」

孟子說:「柳下惠不因有大官做便改變他高尚的操守。」

◇ 13・29 ⋯⋯⋯⋯⋯⋯⋯⋯⋯⋯⋯⋯⋯⋯⋯⋯⋯⋯

孟子曰：「有為者辟若掘井，掘井九軔而不及泉，猶為棄井也。」

孟子說：「做一件事情譬如掏井，掏到六七丈深還不見泉水，仍然是一口廢井。」

◇ 13・30 ⋯⋯⋯⋯⋯⋯⋯⋯⋯⋯⋯⋯⋯⋯⋯⋯⋯⋯

孟子曰：「堯、舜，性之也；湯、武，身之也；五霸，假之也。久假而不歸，惡知其非有也？」

孟子說：「堯舜實行仁義，是習於本性，因其自然；商湯和周武王便親身體驗，努力推行；五霸便借來運用，以此謀利。但是，借久了，總不歸還，你怎能知道他不〔弄假成真，〕變成自己的呢？」

◇ 13・31 ⋯⋯⋯⋯⋯⋯⋯⋯⋯⋯⋯⋯⋯⋯⋯⋯⋯⋯

公孫丑曰：「伊尹曰：『予不狎於不順，放太甲於桐，民大悅。太甲賢，又反之，民大悅。』賢者之為人臣也，其君不賢，則固可放與？」孟子曰：「有伊尹之志，則可；無伊尹之志，則篡也。」

公孫丑說：「伊尹說過：『我不願親近違背禮義的人，因此把太甲放逐到桐邑，百姓大為高興。當太甲變好了，又恢復他的王位，百姓也大為高興。』賢德的人作為臣屬，若君主不好，就可以放逐嗎？」孟子說：「有伊尹那樣的心志，未嘗不可；如果沒有伊尹那樣的心志，便是篡奪了。」

◇ 13・32 ⋯⋯⋯⋯⋯⋯⋯⋯⋯⋯⋯⋯⋯⋯⋯⋯⋯⋯

公孫丑曰：「《詩》曰：『不素餐兮。』君子之不耕而

食，何也？」孟子曰：「君子居是國也，其君用之，則安富尊榮；其子弟從之，則孝弟忠信。『不素餐兮』，孰大於是？」

公孫丑説：「《詩經·魏風·伐檀》上説：『不白吃飯呀。』可是君子不種莊稼，也來吃飯，為什麼呢？」孟子説：「君子居住在一個國家，君主用他，就會平安、富足、尊貴而有榮譽；少年子弟追隨他，就會孝順父母、尊敬兄長、忠心耿耿而守信實。『不白吃飯呀』，還有誰比這更好的呢？」

◇ 13·33

王子墊問曰：「士何事？」孟子曰：「尚志。」曰：「何謂尚志？」曰：「仁義而已矣。殺一無罪，非仁也；非其有而取之，非義也。居惡在？仁是也。路惡在？義是也。居仁由義，大人之事備矣。」

王子墊（齊國的王子）問道：「士幹什麼事？」孟子答道：「士要使自己的志向高尚。」問道：「怎樣才算使自己的志向高尚。」答道：「實行仁道和正義罷了。殺一個無罪的人，是不仁；不是自己所有，卻去拿了過來，是不義。一個人居心應在哪裏呢？仁便是。所行之路應在哪裏呢？義便是。居心在仁，行事在義，大德之人的工作便齊全了。」

◇ 13·34

孟子曰：「仲子，不義與之齊國而弗受，人皆信之。是舍簞食豆羹之義也。人莫大焉亡親戚君臣上下。以其小者，信其大者，奚可哉？」

孟子説：「陳仲子，如果不合理地把齊國交給他，他不會接受，別人都相信他。〔但是，〕這只是拋棄一筐飯一碗湯的義。人的罪過沒有比不要父兄君臣尊卑還大的〔，而仲子便是這種人〕。因為他有小的節操，便相信他的大節，怎麼可以呢？」

桃應問曰：「舜為天子，皋陶為士，瞽瞍殺人，則如之何？」孟子曰：「執之而已矣。」「然則舜不禁與？」曰：「夫舜惡得而禁之？夫有所受之也。」「然則舜如之何？」曰：「舜視棄天下，猶棄敝蹝也；竊負而逃，遵海濱而處，終身訢然，樂而忘天下。」

桃應（孟子弟子）問道：「舜做天子，皋陶做法官，假如瞽瞍殺了人，那怎麼辦？」孟子答道：「把他逮捕起來罷了。」「那麼，舜不阻止嗎？」答道：「舜怎麼能阻止呢？他去逮捕是有根據的。」「那麼，舜又怎麼辦呢？」答道：「舜把拋棄天子之位看成拋棄破鞋一樣；偷偷地揹着父親逃走了，沿着海邊住下來，一輩子快樂得很，忘記了曾經做過天子的事。」

孟子自范之齊，望見齊王之子，喟然歎曰：「居移氣，養移體，大哉居乎！夫非盡人之子與？」孟子曰：「王子宮室、車馬、衣服多與人同，而王子若彼者，其居使之然也；況居天下之廣居者乎？魯君之宋，呼於垤澤之門，守者曰：『此非吾君也，何其聲之似我君也？』此無他，居相似也。」

孟子從范邑到齊都，遠遠地望見了齊王的兒子，長聲歎氣說：「環境改變氣度，奉養改變體質，環境真是重要呀！他難道不也是人的兒子嗎？〔為什麼就顯得特別不同了呢？〕」孟子又說：「王子的住所、車馬和衣服多半與別人相同，為什麼王子卻像那樣呢？這因為他居住的環境使得他這樣的；何況以天下最廣闊的住所 —— 仁 —— 為自己住所的人呢？魯國君主到宋國去，在宋國的東城南門下呼喊，守門的說：『這不是我的君主啦，為什麼聲音同我們君主這樣相似呢？』這沒有別的緣故，只因為環境相似罷了。」

孟子曰:「食而弗愛,豕交之也;愛而不敬,獸畜之也。恭敬者,幣之未將者也。恭敬而無實,君子不可虛拘。」

孟子說:「〔對於人〕只養活而不愛,等於養豬;只愛而不恭敬,等於畜養狗馬。恭敬之心是在送禮物以前就有了的。徒有形式,沒有恭敬的實質,君子便不會被這種虛假的形式所留住。」

孟子曰:「形、色,天性也;惟聖人然後可以踐形。」

孟子說:「人的身體容貌是天生的,〔這種外表的美要靠內在的美來充實,〕只有聖人才能做到〔不愧於這一天賦〕。」

齊宣王欲短喪。公孫丑曰:「為期之喪猶愈於已乎?」孟子曰:「是猶或紾其兄之臂,子謂之,姑徐徐云爾。亦教之孝弟而已矣。」王子有其母死者,其傅為之請數月之喪。公孫丑曰:「若此者,何如也?」曰:「是欲終之而不可得也。雖加一日愈於已,謂夫莫之禁而弗為者也。」

齊宣王想要縮短守孝的時間。公孫丑說:「〔父母死了,〕守孝一年,總比完全不守孝還強些嗎?」孟子說:「這好比有人在扭他哥哥的胳膊,你卻對他說,暫且慢慢地扭吧。〔這算什麼呢?〕只要教導他孝順父母、尊敬兄長便行了。」有個王子死了母親,他的師傅替他請求守幾個月孝。公孫丑問道:「像這樣的事,怎麼樣?」孟子答道:「這是由於王子想要守完三年喪期,卻辦不到。那麼,〔我上次所講,〕縱使多守孝一天,也比不守孝好,這是對那些沒有人禁止而自己不去守孝的人說的。」

孟子曰：「君子之所以教者五：有如時雨化之者，有成德者，有達財者，有答問者，有私淑艾者。此五者，君子之所以教也。」

孟子說：「君子進行教育的方式有五種：有像及時雨那樣化育萬物的，有成全品德的，有培養才能的，有解答疑問的，還有以流風餘韻為後人私下自己學習的。這五種便是君子進行教育的方法。」

公孫丑曰：「道則高矣美矣，宜若登天然，似不可及也，何不使彼為可幾及而日孳孳也？」孟子曰：「大匠不為拙工改廢繩墨，羿不為拙射變其彀率。君子引而不發，躍如也。中道而立，能者從之。」

公孫丑說：「道是很高很好的，幾乎像登天一般，似乎不可攀，為什麼不使它變成有希望做到的，讓別人天天去努力呢？」孟子說：「高明的工匠不因為笨拙的工人而改變或廢棄規矩，羿也不因為笨拙的射手變更拉弓的標準。君子〔教導別人正如教人射箭一樣，〕張滿了弓，卻不發箭，做出躍躍欲試的樣子。他站立在正確道路之中，有能力的人便跟隨着去學。」

孟子曰：「天下有道，以道殉身；天下無道，以身殉道；未聞以道殉乎人者也。」

孟子說：「天下清平，〔君子得志，〕道因之得到施行；天下腐敗黑暗，〔君子守道，〕不惜為道而死；沒有聽說過犧牲道來遷就王侯的。」

公都子曰：「滕更之在門也，若在所禮，而不答，何也？」孟子曰：「挾貴而問，挾賢而問，挾長而問，挾有勳勞而問，挾故而問，皆所不答也。滕更有二焉。」

公都子説：「滕更（滕文公之弟，就學於孟子）在您門下的時候，似乎該在以禮相待之列，可是您卻不回答他的問題，為什麼呢？」孟子説：「倚仗自己的權勢地位來提問，倚仗自己的賢能來提問，倚仗自己年紀大來提問，倚仗自己有功勞來提問，倚仗自己是老交情來提問，都是我所不回答的。〔在這五條裏面〕滕更佔了兩條。」

孟子曰：「於不可已而已者，無所不已；於所厚者薄，無所不薄也。其進銳者，其退速。」

孟子説：「對於不可以停止的事卻停止了，那麼沒有什麼不可以停止的了；對於該厚待的人卻去薄待他，那麼沒有誰不可以薄待的了。前進太猛的人，後退也會快。」

孟子曰：「君子之於物也，愛之而弗仁；於民也，仁之而弗親。親親而仁民，仁民而愛物。」

孟子説：「君子對於禽獸草木萬物，愛惜它，卻不用仁德對待它；對於百姓，用仁德對待他，卻不親愛他。君子由親愛自己的親人，進而仁愛百姓；由仁愛百姓，進而愛惜萬物。」

孟子曰：「知者無不知也，當務之為急；仁者無不愛也，急親賢之為務。堯、舜之知而不遍物，急先務也；堯、舜之

仁不遍愛人，急親賢也。不能三年之喪，而緦（sī）、小功之察；放飯流歠，而問無齒決：是之謂不知務。」

孟子說：「智者沒有不該知道的事，但總是以當前的重要工作為急迫；仁者沒有不愛人的，但是務必先愛自己的親人和賢者。堯舜的智慧不可能知道一切事物，因為他急於先辦理首要事務；堯舜的仁德不能普遍愛一切的人，因為他急於先愛自己的親人和賢者。如果不能實行三年的喪禮，卻仔細講求緦麻三月、小功五月的喪禮；尊長之前用餐，大口吃飯，大口喝湯，〔沒有禮貌，〕卻講究不用牙齒嗑斷乾肉：這叫做不識大體。」

盡心章句下

凡三十八章。

◇ 14．1 ⋯⋯⋯⋯⋯⋯⋯⋯⋯⋯⋯⋯⋯⋯⋯⋯⋯

孟子曰：「不仁哉，梁惠王也！仁者，以其所愛及其所不愛；不仁者，以其所不愛及其所愛。」公孫丑曰：「何謂也？」「梁惠王以土地之故，糜爛其民而戰之；大敗，將復之，恐不能勝，故驅其所愛子弟以殉之。是之謂以其所不愛及其所愛也。」

孟子說：「梁惠王真是不仁道呀！仁德的人把他對所喜愛者的恩德推及他所不愛的人，不仁德的人卻把他加給所不喜愛者的禍害推及他喜愛的人。」公孫丑問道：「這話是什麼意思呢？」孟子答道：「梁惠王因為爭奪土地的緣故，驅使他所不喜愛的百姓去作戰，使他們〔暴屍郊野，〕骨肉糜爛；被打得大敗了，預備再戰，怕不能得勝，又驅使他所喜愛的子弟去死戰。這叫做把他加給所不喜愛者的禍害推及他喜愛的人。」

◇ 14·2 ···

孟子曰：「春秋無義戰。彼善於此，則有之矣。征者上伐下也，敵國不相征也。」

孟子說：「春秋時代沒有正義的戰爭。那個國君比這個國君好一點，則是有的。但是征討是指上級討伐下級，同等國家是不能互相征討的。」

◇ 14·3 ···

孟子曰：「盡信《書》，則不如無《書》。吾於《武成》，取二三策而已矣。仁人無敵於天下，以至仁伐至不仁，而何其血之流杵也？」

孟子說：「完全相信《書》，還不如沒有《書》。我對《尚書·武成》一篇，所取的不過兩三片竹簡罷了。仁德的人在天下沒有敵手，憑周武王這極為仁道的人去討伐商紂這極為不仁的人，怎麼會使血流得〔那麼多，以致〕連搗米的木槌都漂流起來了呢？」

◇ 14·4 ···

孟子曰：「有人曰：『我善為陳，我善為戰。』大罪也。國君好仁，天下無敵焉。南面而征，北狄怨，東面而征，西夷怨，曰：『奚為後我？』武王之伐殷也，革車三百兩，虎賁三千人。王曰：『無畏！寧爾也，非敵百姓也。』若崩厥角稽首。征之為言正也，各欲正己也，焉用戰？」

孟子說：「有人說：『我善於擺佈陣勢，我善於作戰。』其實這是大罪過。一國的君主如果喜好仁德，整個天下便不會有敵手。〔商湯〕征討南方，北方的狄人便怨恨，征討東方，西方的夷人便怨恨，說：『為什麼不先到我這裏來？』周武王討伐殷商，兵車三百輛，勇士三千人。武王〔對殷商的百姓〕說：『不要害怕！我是來使你們安定的，不是同你們為敵的。』百姓便都伏地頓首叩起頭

來，聲響像山崩一般。征的意思是正，各人都希望端正自己，哪裏還用得着戰爭呢？」

◇ 14‧5

孟子曰：「梓匠輪輿，能與人規矩，不能使人巧。」

孟子説：「木工以及專造車輪車廂的人，能夠傳授別人以製作的規矩準則，卻不能使別人心靈手巧〔，因為那是要靠自己去鑽研的〕。」

◇ 14‧6

孟子曰：「舜之飯糗茹草也，若將終身焉；及其為天子也，被袗（zhěn）衣，鼓琴，二女果，若固有之。」

孟子説：「當舜吃乾糧啃野菜的時候，似乎準備終身如此；等他做了天子，穿着麻葛單衣，彈着琴，堯的兩個女兒侍候着的時候，又好像這些都是本已有了的〔，一點也沒有改變常態〕。」

◇ 14‧7

孟子曰：「吾今而後知殺人親之重也：殺人之父，人亦殺其父；殺人之兄，人亦殺其兄。然則非自殺之也，一間耳。」

孟子説：「我今天才知道殺戮別人的親人，其報復之重：殺了別人的父親，別人也就會殺他的父親；殺了別人的哥哥，別人也就會殺他的哥哥。那麼，〔雖然父親和哥哥〕不是被自己殺掉的，但也相差無幾了。」

◇ 14‧8

孟子曰：「古之為關也，將以禦暴；今之為關也，將以為暴。」

孟子說：「古代設立關卡，是打算抵禦暴力的；今天設立關卡，〔徵收苛捐雜稅，〕是打算對人民實行殘暴。」

◇ 14.9

孟子曰：「身不行道，不行於妻子；使人不以道，不能行於妻子。」

孟子說：「本人不依正道而行，正道在妻子身上也行不通〔，更不要說對別人了〕；使喚別人不合於正道，要去使喚妻子也不可能〔，更不要說使喚別人了〕。」

◇ 14.10

孟子曰：「周於利者，凶年不能殺；周於德者，邪世不能亂。」

孟子說：「財利富足的人，荒年不受困窘；道德高尚的人，亂世不會心志迷惑。」

◇ 14.11

孟子曰：「好名之人能讓千乘之國，苟非其人，簞食豆羹見於色。」

孟子說：「喜好名聲的人可以把擁有千輛兵車的大國讓給別人，但是，若不是那種值得受讓的人，就是要他讓一筐飯、一碗湯，那不高興的神色也會在臉上表現出來。」

◇ 14.12

孟子曰：「不信仁賢，則國空虛；無禮義，則上下亂；無政事，則財用不足。」

孟子說：「不信任仁德賢能的人，國家就會空虛；沒有禮義，

上下的關係就會紊亂；沒有好的政治，國家的財力和費用就會不夠。」

◇ 14 · 13

孟子曰：「不仁而得國者，有之矣；不仁而得天下，未之有也。」

孟子說：「不行仁道卻能擁有一個國家的，有這樣的事；不行仁道卻能得到天下的，這樣的事就不曾有過。」

◇ 14 · 14

孟子曰：「民為貴，社稷次之，君為輕。是故得乎丘民而為天子，得乎天子為諸侯，得乎諸侯為大夫。諸侯危社稷，則變置。犧牲既成，粢盛既潔，祭祀以時，然而旱乾水溢，則變置社稷。」

孟子說：「百姓最為重要，土穀之神在其次，君主是最輕的。所以，得到百姓的歡心便可以做天子，得到天子的歡心便可以做諸侯，得到諸侯的歡心便可以做大夫。諸侯危害國家，那就改立一位賢君。犧牲既已肥壯，祭品又已潔淨，也按一定的時候祭祀，但是還遭受旱災水災，那就改立新的土穀之神。」

◇ 14 · 15

孟子曰：「聖人，百世之師也，伯夷、柳下惠是也。故聞伯夷之風者，頑夫廉，懦夫有立志；聞柳下惠之風者，薄夫敦，鄙夫寬。奮乎百世之上，百世之下，聞者莫不興起也。非聖人而能若是乎？——而況於親炙之者乎？」

孟子說：「聖人的風範是百代人的老師，伯夷和柳下惠便是這樣的人。所以聽到伯夷的品德的人，連貪得無厭的人也清廉起來了，懦弱的人也有獨立的意志了；聽到柳下惠的品德的人，刻薄的

人也厚道起來了，胸襟狹小的人也寬宏起來了。他們在百代以前就奮發有為，在百代以後，聽到的人沒有不為之感動奮發的。要不是聖人，能夠像這樣嗎？〔百代以後尚且如此，〕何況當時親自接受他們薰陶的人呢？」

◇ 14·16 ⋯⋯⋯⋯⋯⋯⋯⋯⋯⋯⋯⋯⋯⋯⋯⋯

孟子曰：「仁也者，人也。合而言之，道也。」

孟子說：「『仁』的意思就是『人』，『仁』和『人』合併起來說，便是『道』。」

◇ 14·17 ⋯⋯⋯⋯⋯⋯⋯⋯⋯⋯⋯⋯⋯⋯⋯⋯

孟子曰：「孔子之去魯，曰：『遲遲吾行也，去父母國之道也。』去齊，接淅而行 —— 去他國之道也。」①

①此語重出，見《萬章章句下》10·1。

孟子說：「孔子離開魯國，說：『我們慢慢走罷，這是離開祖國的態度。』離開齊國，便不等把米淘完、漉乾就走 —— 這是離開別國的態度。」

◇ 14·18 ⋯⋯⋯⋯⋯⋯⋯⋯⋯⋯⋯⋯⋯⋯⋯⋯

孟子曰：「君子之厄於陳、蔡之間，無上下之交也。」

孟子說：「孔子被困厄在陳國、蔡國之間，是由於跟兩國的君臣都沒有交往的緣故。」

◇ 14·19 ⋯⋯⋯⋯⋯⋯⋯⋯⋯⋯⋯⋯⋯⋯⋯⋯

貉稽曰：「稽大不理於口。」孟子曰：「無傷也。士憎茲多口。《詩》云：『憂心悄悄，慍于羣小。』孔子也。『肆不殄厥慍，亦不隕厥問。』文王也。」

貉稽説：「我被人家説得很壞。」孟子説：「沒有關係。士人常常被眾人七嘴八舌所譏訕。《詩經·邶風·柏舟》上説過：『煩惱重重壓在心，小人當我眼中釘。』孔子可以説是這樣的人。《詩經·大雅·綿》中又説：『不杜絕別人的怨恨，也不失去自己的名聲。』這説的是文王。」

◇ 14·20 ·······

孟子曰：「賢者以其昭昭，使人昭昭；今以其昏昏，使人昭昭。」

孟子説：「古時的賢人〔教導別人，〕必先使自己徹底明白了，然後才去使別人明白；今天的人〔教導別人，〕自己還模模糊糊，卻要去使別人明白。」

◇ 14·21 ·······

孟子謂高子曰：「山徑之蹊間，介然用之而成路；為間不用，則茅塞之矣。今茅塞子之心矣。」

孟子對高子説：「山坡的小道只一點點寬，經常行走，便變成了一條大路；只要有一個時候不去行走，又會被茅草堵塞了。現在茅草已把你的心堵塞了。」

◇ 14·22 ·······

高子曰：「禹之聲尚文王之聲。」孟子曰：「何以言之？」曰：「以追蠡。」曰：「是奚足哉？城門之軌，兩馬之力與？」

高子説：「禹的音樂高過文王的音樂。」孟子説：「這樣説有什麼根據呢？」高子答道：「因為禹傳下來的鐘鈕都快斷了。」孟子説：「這個怎麼足以證明呢？城門下的車跡那樣深，難道只是幾匹馬的力量嗎？〔是由於日子長久，車馬經過多的緣故。禹的鐘鈕要斷了，也是由於日子長久了。〕」

齊饑。陳臻曰:「國人皆以夫子將復為發棠,殆不可
復。」孟子曰:「是為馮婦也。晉人有馮婦者,善搏虎,卒為
善士。則之野,有眾逐虎。虎負嵎,莫之敢攖。望見馮婦,
趨而迎之。馮婦攘臂下車。眾皆悅之,其為士者笑之。」

齊國遭受饑荒,陳臻對孟子說:「國內的人都以為老師會再請
齊王打開棠地的倉廩賑濟人民,大概不能再這樣做了吧。」孟子
說:「再這樣做便成了馮婦了。晉國有個叫馮婦的,善於和老虎搏
鬥,後來變成善士〔,不再打虎了〕。有次他到野外,有許多人正
追逐老虎。老虎背靠着山角,沒有人敢去迫近它。他們望見馮婦
了,便快步向前去迎接。馮婦也就捋起袖子,伸出胳膊,走下車
來。大家都很高興,可是作為士的那些人卻在譏笑他。」

孟子曰:「口之於味也,目之於色也,耳之於聲也,鼻之
於臭也,四肢之於安佚也,性也,有命焉,君子不謂性也。
仁之於父子也,義之於君臣也,禮之於賓主也,智之於賢者
也,聖人之於天道也,命也,有性焉,君子不謂命也。」

孟子說:「口嘴喜歡美味,眼睛喜歡美色,耳朵喜歡聽音樂,
鼻子喜聞香氣,手足四肢喜歡舒服,這些都是天性,但是能否得
到,卻屬於命運,所以君子不認為這些是天性的必然〔,因此不去
強求〕。仁在父子之間,義在君臣之間,禮在賓主之間,智慧對於
賢者,聖人對於天道,能否實現,屬於命運,但也是天性的必然,
所以君子不認為這些是應該屬於命運的〔,因此努力去順從天性,
求其實現〕。」

浩生不害問曰:「樂正子何人也?」孟子曰:「善人也,

信人也。」「何謂善？何謂信？」曰：「可欲之謂善，有諸己之謂信，充實之謂美，充實而有光輝之謂大，大而化之之謂聖，聖而不可知之之謂神。樂正子，二之中，四之下也。」

浩生不害（齊國人）問道：「樂正子是怎樣的人？」孟子答道：「是好人，實在的人。」「怎麼叫做好？怎麼叫做實在？」答道：「值得可愛便叫做好；那些好處實際存在於自身便叫做實在；那些好處充滿於自身便叫做『美』；不但充滿，而且光輝地表現出來便叫做『大』；既光輝地表現出來了，又能融會貫通，便叫做『聖』；聖德到了妙不可測的境界便叫做『神』。樂正子是介於好和實在二者之中，『美』『大』『聖』『神』四者之下的人物。」

◇ 14 · 26

孟子曰：「逃墨必歸於楊，逃楊必歸於儒。歸，斯受之而已矣。今之與楊、墨辯者，如追放豚，既入其苙（lì），又從而招之。」

孟子說：「離棄墨子一派的，一定歸入楊朱一派；離棄楊朱一派的，一定歸入儒家。回來，這就接受他算了。今天同楊朱、墨翟兩家展開辯論的人，好像追逐已走失的豬一般，已經送回豬圈，還要把它的腳絆住〔，生怕它再走掉〕。」

◇ 14 · 27

孟子曰：「有布縷之征、粟米之征、力役之征。君子用其一，緩其二。用其二而民有殍，用其三而父子離。」

孟子說：「有徵收布帛的賦稅，有徵收穀米的賦稅，還有徵用人力的賦稅。君子在三者之中採用一種，其餘兩種便暫時不用。如果同時用兩種，百姓便會有餓死的；如果同時用三種，那父親便顧不得兒子，兒子也顧不得父親了。」

◇ 14・28 ┈┈┈┈┈┈┈┈┈┈┈┈┈┈┈┈┈┈┈┈┈

孟子曰：「諸侯之寶三：土地、人民、政事。寶珠玉者，殃必及身。」

孟子説：「諸侯的寶貝有三樣：土地、人民和政治。以珍珠美玉為寶貝的，禍害一定會降到他身上來。」

◇ 14・29 ┈┈┈┈┈┈┈┈┈┈┈┈┈┈┈┈┈┈┈┈┈

盆成括仕於齊。孟子曰：「死矣盆成括！」盆成括見殺，門人問曰：「夫子何以知其將見殺？」曰：「其為人也小有才，未聞君子之大道也，則足以殺其軀而已矣。」

盆成括（姓盆成，名括）在齊國做官，孟子説：「盆成括要死了！」盆成括被殺，學生問道：「老師怎麼知道他會被殺？」孟子答道：「他這個人有點小聰明，但是不知道君子做人的大道，那就足以招致殺身之禍了。」

◇ 14・30 ┈┈┈┈┈┈┈┈┈┈┈┈┈┈┈┈┈┈┈┈┈

孟子之滕，館於上宮。有業屨於牖上，館人求之弗得。或問之曰：「若是乎從者之廋也？」曰：「子以是為竊屨來與？」曰：「殆非也。夫子之設科也，往者不追，來者不拒。苟以是心至，斯受之而已矣。」

孟子到了滕國，住在上宮。有一雙沒有織成的草鞋在窗戶上不見了，旅館的人尋找不着。有人便問孟子，説：「像這樣，是跟隨您的人把它藏起來了吧？」孟子説：「你以為他們是來偷草鞋的嗎？」這人答道：「大概不是的。〔不過，〕您老人家開設課程，〔對學生的態度是〕離去的不追問，來學的不拒絕。只要他們抱着學習的願望來，便也接受了〔，那難免良莠不齊呢〕。」

孟子曰：「人皆有所不忍，達之於其所忍，仁也；人皆有所不為，達之於其所為，義也。人能充無欲害人之心，而仁不可勝用也；人能充無穿踰之心，而義不可勝用也；人能充無受『爾』『汝』之實，無所往而不為義也。士未可以言而言，是以言餂（tiǎn）之也；可以言而不言，是以不言餂之也：是皆穿踰之類也。」

孟子說：「人人都有不忍心幹的事，把它推廣到所忍心要幹的事上，便是仁；人人都有不肯幹的事，把它推廣到所肯幹的事上，便是義。〔換句話說，〕人能夠把不想害人的心擴而充之，仁便受用不盡了；人能夠把不挖洞翻牆偷盜的心擴而充之，義便受用不盡了；人能夠把不受輕賤的實際言行擴而充之，〔以至所言所行都不會招致輕賤，〕那無論到哪裏，言行都合於義了。〔怎樣叫做挖洞翻牆呢？譬如，〕一個士人，不可以同他談論時卻去同他談論，這是用言語來引誘他，以便自己取利；可以同他談論時，卻不去同他談論，這是用沉默來引誘他，以便自己取利：這些都屬於挖洞翻牆這一類型的。」

孟子曰：「言近而指遠者，善言也；守約而施博也，善道也。君子之言也，不下帶而道存焉；君子之守，修其身而天下平。人病舍其田而芸人之田，所求於人者重，而所以自任者輕。」

孟子說：「言語淺近，意義卻深遠的，這是『善言』；所堅持的簡單，效果卻博大的，這是『善道』。君子的言語，講的雖是眼前常見的事，可是『道』就在其中；君子的操守，從修養自己開始，〔然後推己及人，〕從而使天下太平。有些人的毛病就在於放棄自己的田地，而去替別人耘田——要求別人的很重，自己負擔的卻很輕。」

◇ 14·33 ....

孟子曰：「堯、舜，性者也；湯、武，反之也。動容周旋
中禮者，盛德之至也。哭死而哀，非為生者也。經德不回，
非以干祿也。言語必信，非以正行也。君子行法，以俟命而
已矣。」

　　孟子說：「堯、舜實行仁德是出於本性，商湯、周武王經過修
身來返回本性然後力行。動作、儀容、應對進退沒不合乎禮法的，
這是美德中最高的了。痛哭死去的人而感到悲慟，這並不是做給活
人看的。依據道德行事，不致違背禮節，這並不是為了謀求官職。
說話一定要講求信實，而不是為了讓別人知道我的行為端正。君子
依據法度行事，〔其結果如何，〕等待命運罷了。」

◇ 14·34 ....

孟子曰：「說大人則藐之，勿視其巍巍然。堂高數仞，
榱（cuī）題數尺，我得志，弗為也。食前方丈，侍妾數百
人，我得志，弗為也。般樂飲酒，驅騁田獵，後車千乘，我
得志，弗為也。在彼者皆我所不為也，在我者皆古之制也，
吾何畏彼哉？」

　　孟子說：「向達官貴人進言，就得輕視他，不要把他那高官顯
貴的樣子放在眼裏。殿堂的階基兩三丈高，屋簷幾尺寬，我如果
得志，決不這樣幹。菜餚滿桌，姬妾幾百，我如果得志，決不這樣
幹。飲酒作樂，往來馳驅打獵，跟隨的車子上千輛，我如果得志，
決不這樣幹。那些人所幹的，都是我所不幹的，我所幹的，都符合
古代制度，那我為什麼要怕他們呢？」

◇ 14·35 ....

孟子曰：「養心莫善於寡欲。其為人也寡欲，雖有不存
焉者，寡矣；其為人也多欲，雖有存焉者，寡矣。」

孟子說：「修養心性的方法，最好是減少物慾。為人，慾念不多，善性縱使有所喪失，也不會多；為人，慾念很多，善性縱使有所保存，也是極少的了。」

◇ 14‧36

曾皙嗜羊棗，而曾子不忍食羊棗。公孫丑問曰：「膾炙與羊棗孰美？」孟子曰：「膾炙哉！」公孫丑曰：「然則曾子何為食膾炙而不食羊棗？」曰：「膾炙所同也，羊棗所獨也。諱名不諱姓，姓所同也，名所獨也。」

曾皙喜歡吃羊棗，〔他死了以後〕曾子因而不忍吃羊棗〔，怕想起已死的父親〕。公孫丑問道：「炒肉末同羊棗哪一種好吃？」孟子答道：「炒肉末呀！」公孫丑又問：「那麼，曾子為什麼吃炒肉末卻不吃羊棗呢？」答道：「炒肉末是大家都喜歡吃的，羊棗只是個別人喜歡吃的。猶如父母之名應該避諱，姓卻不避諱，這是因為姓是大家相同的，名卻是個人獨有的。」

◇ 14‧37

萬章問曰：「孔子在陳，曰：『盍歸乎來？吾黨之士狂簡，進取不忘其初。』孔子在陳，何思魯之狂士？」孟子曰：「孔子：『不得中道而與之，必也狂狷乎。狂者進取，狷者有所不為也。』孔子豈不欲中道哉？不可必得，故思其次也。」「敢問何如斯可謂狂矣？」曰：「如琴張、曾皙、牧皮者，孔子之所謂狂矣。」「何以謂之狂也？」曰：「其志嘐嘐（xiāo）然，曰：『古之人，古之人！』夷考其行，而不掩焉者也。狂者又不可得，欲得不屑不潔之士而與之，是狷也，是又其次也。孔子曰：『過我門而不入我室，我不憾焉者，其惟鄉原乎！鄉原，德之賊也。』」曰：「何如斯可謂之鄉原矣？」曰：「『何以是嘐嘐也？言不顧行，行不顧言，則曰「古之人，古之人」。行何為踽踽涼涼？生斯世也，為斯世也，善

斯可矣。』閹然媚於世也者，是鄉原也。」萬子曰：「一鄉皆稱原人焉，無所往而不為原人，孔子以為德之賊，何哉？」曰：「非之無舉也，刺之無刺也，同乎流俗，合乎污世，居之似忠信，行之似廉潔，眾皆悅之，自以為是，而不可與入堯、舜之道，故曰『德之賊』也。孔子曰：『惡似而非者：惡莠，恐其亂苗也；惡佞，恐其亂義也；惡利口，恐其亂信也；惡鄭聲，恐其亂樂也；惡紫，恐其亂朱也；惡鄉原，恐其亂德也。』君子反經而已矣。經正則庶民興；庶民興，斯無邪慝矣。」

萬章問道：「孔子在陳國，說道：『何不回去呢？我那些學生們志氣大而閱歷不深，有進取心而不忘記初衷。』孔子在陳國，為什麼思念魯國這些狂放之人呢？」孟子答道：「孔子說過：『得不着守中道而行之士同他交往，那一定只能結識狂放之人和潔身自好之士吧。狂放之人勇於進取，潔身自好之士有所不為。』孔子難道不想要守中道而行之士嗎？不一定能得到，因此只想次一等的了。」萬章又問：「請問，怎麼才叫做狂放的人呢？」孟子答道：「像琴張、曾皙、牧皮這類人，就是孔子所說的狂放的人。」「為什麼說他們是狂放的人呢？」孟子答道：「他們志氣大，誇誇其談，嘴裏總是說：『古人呀，古人呀！』可是一考察他們的行為，卻不和言語相吻合。狂放之人如果又得不到，便想和不屑做壞事的人交往，這便是潔身自好之士，這又是次一等的。孔子說：『從我家大門經過，卻不進我屋裏，我不感到不滿意的，那只有偽善欺世的人吧。偽善欺世的人，是戕害道德的人哩。』」萬章問道：「怎樣就可叫做偽善欺世的人呢？」孟子答道：「〔偽善欺世的人批評狂放之人說：〕『為什麼這樣志氣高大呢？實在是說話不顧及行為，做事也不顧及自己的言語，就只說古人呀，古人呀。』〔他又批評潔身自好之士說：〕『為什麼這樣落落寡合呢？』〔還說：〕『生在這個世界上，為這個世界做事，只要過得去便行了。』八面玲瓏，四方討好的人，就是偽善欺世的人。」萬章說：「全鄉的人都說他是老好人，

他也到處表現出是一個老好人，孔子竟把他看做戕害道德的人，為什麼呢？」孟子答道：「這種人，要指摘他，又舉不出什麼大錯誤來，要指責他，也無可指責的，他只是同流合污，為人好像忠誠老實，行為好像廉正清潔，大家也都喜歡他，他自己也以為正確，但是與堯、舜之道完全違背，所以説他是戕害道德的人。孔子説過：『我厭惡那種似是而非的東西：厭惡狗尾草，因為怕它把禾苗搞亂了；厭惡巧言諂媚的才智，因為怕它把道義搞亂了；厭惡誇誇其談，因為怕它把信實搞亂了；厭惡鄭國的淫樂，因為怕它把雅樂搞亂了；厭惡紫色，因為怕它把朱紅色搞亂了；厭惡偽善的人，就因為怕他把道德搞亂了。』君子讓一切事物回到常道便行了。常道不被歪曲，老百姓就會奮發積極；老百姓奮發積極，邪惡就沒有了。」

◇ 14·38 ⋯⋯⋯⋯⋯⋯⋯⋯⋯⋯⋯⋯⋯⋯⋯⋯

　　孟子曰：「由堯、舜至於湯，五百有餘歲；若禹、皋陶，則見而知之；若湯，則聞而知之。由湯至於文王，五百有餘歲；若伊尹、萊朱，則見而知之；若文王，則聞而知之。由文王至於孔子，五百有餘歲；若太公望、散宜生，則見而知之；若孔子，則聞而知之。由孔子而來，至於今，百有餘歲，去聖人之世，若此其未遠也，近聖人之居，若此其甚也，然而無有乎爾，則亦無有乎爾。」

　　孟子説：「從堯、舜到商湯，經歷了五百多年；像禹、皋陶那些人，便是親身看見堯舜之道從而知道的；像商湯，便是只聽到堯舜之道從而知道的。從商湯到周文王，又有五百多年；像伊尹、萊朱（湯賢臣）那些人，便是親自看見從而知道的；像周文王，便只是聽到從而知道的。自文王到孔子，又有五百多年；像太公望、散宜生（文王賢臣）那些人，便是親自看見從而知道的；像孔子，便只是聽到從而知道的。自孔子一直到今天，一百多年了，離開聖人的年代是這樣的近，距離聖人的家鄉也是這樣的近，但是沒有後繼的人，那麼日後也會沒有後繼的人了。」

楊伯峻四書全譯

楊伯峻　著

責任編輯　周文博
裝幀設計　鄭喆儀
排　　版　賴艷萍
印　　務　劉漢舉

出版　　中華書局（香港）有限公司
　　　　香港北角英皇道 499 號北角工業大廈一樓 B
　　　　電話：（852）2137 2338　　傳真：（852）2713 8202
　　　　電子郵件：info@chunghwabook.com.hk
　　　　網址：http://www.chunghwabook.com.hk

發行　　香港聯合書刊物流有限公司
　　　　香港新界荃灣德士古道 220-248 號
　　　　荃灣工業中心 16 樓
　　　　電話：（852）2150 2100　　傳真：（852）2407 3062
　　　　電子郵件：info@suplogistics.com.hk

印刷　　美雅印刷製本有限公司
　　　　香港觀塘榮業街 6 號 海濱工業大廈 4 樓 A 室

版次　　2022 年 12 月初版
　　　　© 2022 中華書局（香港）有限公司

規格　　16 開（220mm×140mm）

ISBN　　978-988-8809-31-8

本書中文繁體字版由中華書局（北京）授權出版